Peter F. Drucker

DIE KUNST DES MANAGEMENTS

Peter F. Drucker

DIE KUNST DES MANAGEMENTS

Eine Sammlung der in der
Harvard Business Review
erschienenen Artikel

Aus dem Amerikanischen von
Ines Bergfort und Ralf Vogel

Econ

Die Originalausgabe erschien 1998 unter dem Titel »On the Profession of Management« bei Harvard Business School Press.
Deutsche Ausgabe aus dem Amerikanischen von Ines Bergfort und Ralf Vogel.

2. Auflage 2000

Der Econ Verlag ist ein Unternehmen
der Econ Ullstein List Verlag GmbH & Co. KG, München

ISBN 3-430-12237-6

Gesetzt aus der Rotis und Officina bei
Josefine Urban – KompetenzCenter, Düsseldorf
Druck und Bindung: Bercker, Kevelaer

INHALT

VORWORT

WIR LEBEN SCHON IN DER ZUKUNFT

Was die Entwicklung der Menschheit – in politischer, sozialer, wirtschaftlicher und unternehmerischer Hinsicht – anbelangt, so ist es sinnlos, die Zukunft oder gar ganze 75 Jahre vorherzusagen. Aber es ist möglich – und es macht Sinn, wesentliche Ereignisse zu identifizieren, die bereits unumkehrbar stattgefunden haben und die aus diesem Grunde vorhersehbare Effekte auf das nächste Jahrzehnt oder die nächsten zwei Jahrzehnte haben werden. Es ist, mit anderen Worten, möglich, die Zukunft, in der wir heute schon leben, zu identifizieren und sich auf sie vorzubereiten.

Der bestimmende Faktor der kommenden zwei Jahrzehnte für die Unternehmen – vorausgesetzt, wir werden von Kriegen, Epidemien und Zusammenstößen mit Kometen verschont – wird nicht wirtschaftlicher oder technologischer, sondern vielmehr demographischer Natur sein. Der Schlüsselfaktor wird für die Unternehmen nicht die Überbevölkerung der Welt sein, vor der wir seit 40 Jahren gewarnt werden, sondern vielmehr die Unterbevölkerung der entwickelten Länder – Japans und der Staaten Europas und Nordamerikas.

Die entwickelte Welt ist im Begriff, kollektiven Selbstmord zu begehen. Ihre Bürger bringen nicht genügend Babys auf die Welt, um sich selbst zu erhalten, und der Grund liegt auf der Hand. Ihre jüngeren Menschen sind nicht länger in der Lage, die immer schwerer werdende Last zu tragen, eine wachsende Bevölkerung alter, nicht arbeitender Menschen zu unterstützen. Sie können sich dieser Belastung nur stellen, indem sie Einschnitte am anderen Ende des Abhängigkeitsspektrums hinnehmen, und das bedeutet, daß sie weniger oder keine Kinder bekommen.

Natürlich steigen die Geburtenraten langsam wieder an, obwohl es bislang in keinem entwickelten Land auch nur den geringsten Hinweis darauf gibt, daß ein neuer Babyboom bevorstehen könnte. Aber selbst wenn sich die Geburtenzahlen über Nacht verdreifachen und die Ausmaße des amerikanischen Babybooms vor 50 Jahren erreichen würden, so dauerte es noch 25 Jahre, bis aus diesen Kindern vollständig ausgebildete und produktive Erwachsene würden. Mit anderen Worten, in den nächsten 25 Jahren ist die Unterbevölkerung der entwickelten Welt eine unumstößliche Tatsache, mit der folgende Auswirkungen für Gesellschaft und Wirtschaft einhergehen werden:

- Das gegenwärtige Pensionierungsalter – das Alter, in dem die Menschen aufhören zu arbeiten – wird in allen entwickelten Ländern auf 75 Jahre angehoben. Das gilt für alle gesunden Menschen, die ohnehin in der Mehrheit sind. Die Anhebung des Pensionierungsalters wird noch deutlich vor dem Jahre 2010 stattfinden.
- Wirtschaftliches Wachstum wird nicht länger dadurch zu erzeugen sein, daß mehr Menschen arbeiten – also durch einen höheren Ressourcen-Input, der in der Vergangenheit den größten Teil des Wachstums erzeugt hat – und ebensowenig durch eine höhere Nachfrage. Es kann nur durch eine sehr deutliche und ständige Zunahme in der Produktivität der einen Ressource zustande kommen, in der die entwickelten Länder noch einen Nachholbedarf haben (den sie wahrscheinlich auch noch einige Jahrzehnte lang beibehalten werden): in der Produktivität der Wissensarbeit und der Wissensarbeiter.
- Es wird keine einzelne bestimmende Weltwirtschaftsmacht geben, weil keines der entwickelten Länder über eine ausreichende Bevölkerungsbasis verfügt, um eine solche Rolle auszufüllen. Es kann für kein Land der Welt, für keine Industrie, kein Unternehmen einen langfristigen Wettbewerbsvorteil geben, weil weder die finanziellen Mittel noch die technologischen Möglichkeiten es gestatten, die wachsenden Unausgewogenheiten in den Arbeitsressourcen dauerhaft auszugleichen. Die Trainingsmethoden, die – hauptsächlich in den

Vereinigten Staaten – während der zwei Weltkriege entwickelt wurden, ermöglichen es heute, die Produktivität einer vorindustriellen und ungelernten Arbeitnehmerschaft praktisch unverzüglich auf Weltklasseniveau anzuheben – wie Korea vor dreißig Jahren und Thailand in den vergangenen Jahren demonstrierten. Technologie – brandneue Technologie – ist in der Regel relativ preiswert auf dem freien Markt erhältlich. Der einzige Wettbewerbsvorteil der entwickelten Welt liegt darin, über Wissensarbeiter zu verfügen. Dabei handelt es sich keineswegs um einen qualitativen Vorteil; die gebildeten Menschen in den Schwellenländern können durchaus mit denen in der entwickelten Welt mithalten. In quantitativer Hinsicht dagegen haben die entwickelten Länder einen enormen Vorsprung. Diesen quantitativen in einen qualitativen Vorteil umzuwandeln, ist eine – und vielleicht die einzige – Möglichkeit für die entwickelten Nationen, ihre Wettbewerbsposition in der Weltwirtschaft zu erhalten. Dies bedeutet kontinuierliche, systematische Arbeit an der Produktivität des Wissens und der Wissensarbeiter, eine Arbeit, die immer noch vernachlässigt wird und verschwindend gering ist.

Wissen ist anders als alle anderen Ressourcen. Es macht sich selbst ständig überflüssig, so daß das fortgeschrittene Wissen von heute zur Unwissenheit von morgen wird. Und das Wissen, das zählt, ist schnellen und abrupten Veränderungen unterworfen – von der Pharmakologie zur Genetik in der Pharmaindustrie beispielsweise, oder vom PC zum Internet in der Computerindustrie.
Die Produktivität des Wissens und des Wissensarbeiters wird nicht der einzige Wettbewerbsfaktor in der Weltwirtschaft sein. Er wird jedoch wahrscheinlich zum entscheidenden Faktor werden, zumindest für die meisten Industriezweige in den entwickelten Ländern. Die Wahrscheinlichkeit dieser Vorhersage bringt Auswirkungen für Unternehmen und Führungskräfte mit sich.

- Die erste – und wichtigste – Auswirkung wird die sein, daß die Weltwirtschaft auch weiterhin höchst turbulent und wettbewerbsorientiert und abrupten Veränderungen ausgesetzt sein wird, da sowohl die Natur als auch der Inhalt des relevanten Wissens ständigen und unvorhersehbaren Veränderungen unterworfen ist.

- Das Informationsbedürfnis von Unternehmen und Führungskräften wird sich mit hoher Wahrscheinlichkeit rapide verändern. Wir haben uns in den vergangenen Jahren darauf konzentriert, traditionelle Informationen zu verbessern, und davon waren fast ausschließlich Informationen betroffen, die Auskunft darüber geben, was *innerhalb* einer Organisation geschieht. Die Buchhaltung, das traditionelle Informationssystem und gleichzeitig dasjenige, auf das die meisten Führungskräfte sich noch immer am meisten verlassen, gibt Aufschluß über alles, was innerhalb der Firma passiert. Alle gegenwärtigen Veränderungen und Verbesserungen in der Buchhaltung – wie beispielsweise das Activity-based Accounting, das Balanced-Scorecard-Konzept (Kaplan/Norton) und die Economic Value Analysis (EVA) zielen immer noch darauf ab, Ereignisse wiederzugeben, die innerhalb des Unternehmens geschehen sind. Die Daten, die von den meisten neuen Informationssystemen produziert werden, dienen ebenfalls diesem Zweck. Zusammengenommen machen etwa 90 Prozent oder mehr aller Daten, die ein beliebiges Unternehmen sammelt, Informationen über die innere Welt der Organisation aus. Zunehmend werden gewinnbringende Strategien jedoch Informationen über Ereignisse und Bedingungen *außerhalb* der Institution erfordern: Nichtkunden, Technologien, die gegenwärtig nicht von dem Unternehmen und seinen Konkurrenten genutzt werden, Märkte, die gegenwärtig nicht bedient werden und so weiter. Nur mit diesen Informationen kann ein Unternehmen entscheiden, wie es seine Wissensressourcen einsetzt, um den höchsten Ertrag zu erzielen. Nur mit solchen Informationen kann sich ein Unternehmen auch auf die neuen Veränderungen und Herausforderungen vorbereiten, die aus plötzlichen Verlagerungen in der Weltwirtschaft und in der Natur sowie im Inhalt des Wissens selbst entstehen. Die Entwicklung rigoroser Methoden zur Sammlung und Analyse von Informationen, die die Außenwelt des Unternehmens abdecken, werden zunehmend zu einer wesentlichen Herausforderung für Unternehmen und Informationsexperten werden.

- Wissen macht Ressourcen mobil. Wissensarbeiter verfügen, im Gegensatz zum klassischen Arbeiter im produzierenden Gewerbe, selbst über die Produktionsmittel: Sie haben ihr Wissen im Kopf und können es deshalb immer mitnehmen. Gleichzeitig werden sich die Wissensbedürfnisse der Unternehmen mit großer Wahrscheinlichkeit ständig ändern. Als Ergebnis wird ein immer größerer Bestandteil der Arbeitskräfte in den entwickelten Ländern – und zwar der Teil, der am höchsten bezahlt wird – zunehmend aus Menschen bestehen, die nicht im traditionellen Sinne des Wortes gemanagt werden können. In vielen Fällen werden sie noch nicht einmal die Angestellten der Organisationen sein, für die sie arbeiten, sondern Vertragspartner, Experten, Berater, Teilzeitkräfte, Jointventure-Partner und so weiter. Eine zunehmende Zahl dieser Menschen wird sich selbst über ihr eigenes Wissen identifizieren, und nicht über die Organisation, die sie bezahlt.
- All dies schließt eine Veränderung der Bedeutung des Begriffes *Organisation* an sich ein. Mehr als ein Jahrhundert lang – angefangen bei J. P. Morgan und John D. Rockefeller in den Vereinigten Staaten, über Georg Siemens in Deutschland, Henri Fayol in Frankreich bis hin zu Alfred Sloan bei GM und zur gegenwärtigen Durchdringung der Unternehmen mit Teams – haben wir nach der einen *richtigen* Organisationsform für unsere Unternehmen gesucht. So etwas kann es nicht länger geben. Es wird nur »Organisationen« geben – sie werden sich so deutlich voneinander unterscheiden wie eine Ölraffinerie, eine Kathedrale und ein Vorstadtbungalow, denen nur gemeinsam ist, daß man sie als »Gebäude« bezeichnet. Jede Organisation in den entwickelten Ländern (und nicht nur Unternehmen) werden ausgerichtet auf eine bestimmte Aufgabe, auf eine bestimmte Zeit und einen bestimmten Ort (sowie eine Kultur) entworfen werden müssen.
- Es wird auch Auswirkungen auf die Kunst und die Wissenschaft des Managements geben. Das Management wird sich in

Zukunft immer mehr von seinem Ursprung entfernen, den es vor etwa 125 Jahren im rein geschäftlichen Bereich als Versuch nahm, die Produktion von *Dingen* zu organisieren. Der wichtigste Bereich, um neue Konzepte, Methoden und Praktiken zu entwickeln, wird das Management der *Wissensressourcen* der Gesellschaft sein – insbesondere im Bildungs- und im Gesundheitswesen, zwei Bereichen, die heute völlig überbürokratisiert und unzureichend gemanagt sind.

Vorhersagen? Nein? Dies sind die Auswirkungen einer Zukunft, *in der wir heute schon leben.*

EINFÜHRUNG

NAN STONE

Das Management ist ein sehr vertrauter und allgegenwärtiger Teil unseres Lebens geworden. Daher versetzt einen die Erkenntnis in Erstaunen, daß dieses Gebiet als Forschungsobjekt und als Beruf noch so jung ist. Aber als Peter Drucker im Jahre 1943 begann, die Struktur und die Strategien von General Motors zu untersuchen, fand er (so waren seine Worte) »erbärmlich wenig Bücher und Artikel ... über das, was wir heute als ›Management‹ bezeichnen«. Das wenige Material, das es gab, handelte fast ausschließlich von den Besonderheiten, durch die sich Betriebsabläufe in Fabriken auszeichneten, oder diskutierte die guten Eigenschaften eines Verkäufers oder Details aus dem Finanzwesen. Die Idee des Managements mußte noch definiert werden; »eigentlich hatten viele Manager noch gar nicht erkannt, daß sie Management praktizierten«.
Ein halbes Jahrhundert später sieht die Situation deutlich anders aus. Ganze Bände über die Disziplin des Managements füllen die Regale im Buchhandel und in den Bibliotheken. Nicht nur in den USA, sondern weltweit sind Wirtschaftsschulen und akademische Abschlüsse in diesem Bereich wie Pilze aus dem Boden geschossen. Die Ausbildung von Führungskräften ist ein blühendes Geschäft, ebenso wie die Unternehmensberatung. Kurz, Management ist zu einer etablierten Disziplin geworden; und das Buch, das maßgeblich dazu beitrug, daß diese Disziplin entstand, heißt *Das Großunternehmen (The Concept of the Corporation)* und entstand aus Druckers Analyse des General-Motors-Konzerns.
Drucker selbst beschreibt den Zeitpunkt des Erscheinens dieses Buches als Glückssache: »Ich war zufällig als erster da.« Aber es bedurfte bei Drucker genauso wie bei jedem anderen Pionier in

jedwedem Bereich mehr als nur einer gehörigen Portion Glück, als erster da zu sein. Geboren in Wien im Jahre 1909 wuchs Drukker umgeben von Männern und Frauen auf, die sich mit Politik und Gesellschaft, Kunst und Geschichte intensiv auseinandersetzten. Wenn er auch eine klassische Ausbildung genoß und Rechtswissenschaften studierte, so wurde sein Werdegang jedoch bestimmt durch die Menschen, denen er begegnete, und durch die Arbeit, die er leistete, erst als Journalist und Herausgeber einer Zeitung in Frankfurt, dann als Mitarbeiter einer Handelsbank in London und schließlich als College-Lehrer in den Vereinigten Staaten. Die Kombination dieser vielfältigen Erfahrungen ließ Donaldson Brown, Vizepräsident bei General Motors, auf Drucker aufmerksam werden. Brown hatte Druckers Buch *»Die Zukunft der Industriegesellschaft« (The Future of Industrial Man)* gelesen und dachte, Drucker habe vielleicht ein Interesse daran, einige Zeit bei GM zu verbringen und das Unternehmen aus der Perspektive eines Sozialwissenschaftlers zu analysieren. Und obwohl Drucker wußte, daß seine Wahl eines so unangemessenen Studienobjektes wie es ein Großunternehmen darstellte, ihn in den Augen konventioneller Akademiker für immer abstempeln würde, war er doch mehr als interessiert; er war enthusiastisch. Er hatte bereits erkannt, daß das große Wirtschaftsunternehmen zur wichtigsten Institution der Industriegesellschaft geworden war, und er wollte verstehen, wie es funktionierte.[1)]

Eine Wahl mit größerem Gewinn kann man sich kaum vorstellen. *Das Großunternehmen* erwies sich als erster einer langen Reihe von Bestsellern über die Praxis des Managements und seine Rolle in der modernen Gesellschaft. Drucker blickt darüber hinaus auf eine lange und einzigartige Karriere als Managementprofessor zurück, erst an der New York Universitys Graduate School of Business und seit 1971 an der Claremont Graduate School in Kalifornien, die ihr Managementzentrum nach ihm benannt hat. Er hat einen einzigartigen Ruf als Berater erfahrener Manager: Seit mehr als 50 Jahren suchen hochrangige Führungskräfte aus Unternehmen in aller Welt Druckers Rat – und sie finden ihn, ebenso wie zahlreiche Führungskräfte aus Verwaltungsbehörden und aus dem gemeinnützigen Sektor.

Druckers ebenso einzigartige Verbindung mit der *Harvard Business Review* begann im Jahre 1950 mit dem Artikel *»Management Must Manage«* und hält bis heute an. Sein jüngster Artikel *»Wir leben schon in der Zukunft«* erscheint als Leitartikel in dem Sonderteil zum 75. Geburtstag des *Harvard Business Review.* In den dazwischenliegenden Jahren veröffentlichte Peter Drucker in der *Review* mehr als 30 Artikel, von denen sechs Mc Kinsey-Auszeichnungen erhielten.[2)] Kein anderer Autor des *Harvard Business Review* war bislang so erstaunlich produktiv und so zielsicher provokant.[3)]
Obwohl Drucker die Rolle des Widerspenstigen eindeutig genießt, ist die provokative Art seines Schreibens weniger auf den Wunsch zurückzuführen, schockieren zu wollen, als vielmehr auf eine bestimmte Geisteshaltung: insbesondere auf seine Gewohnheit, die Dinge so zu betrachten, wie sie sind – und nicht so, wie sie sein könnten oder abhängig von dem Ruf, den sie genießen –, und dann intensiv über die Konsequenzen nachzudenken. Das Vorwort zu seiner Sammlung »Wir leben schon in der Zukunft« beweist seine Herangehensweise an aktuelle Themen vortrefflich. Als er von den Herausgebern des *Harvard Business Review* gefragt wurde, was seiner Meinung nach die größte Herausforderung sein werde, der sich das Management im nächsten Jahrhundert zu stellen habe, zitierte Drucker weder die üblichen Verdächtigen (wie technologische Veränderungen oder die Globalisierung der Wirtschaftsbeziehungen), noch erging er sich in Spekulationen. Stattdessen wies er auf ein Phänomen hin, auf das bislang nur Demographen aufmerksam geworden waren (nämlich die zunehmende Unterbevölkerung in den entwickelten Ländern der Welt), und erklärte, warum – und wie – diese Entwicklung sowohl die Wettbewerbsumgebung der Unternehmen als auch die wichtigsten Aufgaben des Managements beeinflussen werde.
»Das Entstehen der neuen Organisation« (»The Coming of the New Organizations«), ein Artikel, der im Jahre 1988 veröffentlicht wurde, bot mir erstmals die Gelegenheit, mit Peter Drucker zusammenzuarbeiten. Dieser Artikel, der davon handelt, auf welche Weise die neue Informationstechnologie nicht nur die Organisation der Arbeit, sondern auch die Struktur der Organisatio-

nen verändern würde, ist mit seinem fast hellseherischen Wissen charakteristisch für die Arbeit Druckers. Hier nimmt er viele der Veränderungen vorweg, die im Laufe der 90er Jahre in Unternehmen rund um die Welt tatsächlich stattfanden, darunter auch die Reengineering-Bestrebungen im wirklichen Sinne dieses Begriffes. Innerhalb von nur zehn Jahren sind so viele Erkenntnisse Druckers zum festen Bestandteil des Allgemeinwissens des Managers von heute geworden, daß es fast unmöglich ist, wirklich anzuerkennen, wie innovativ sie eigentlich waren.

Mit Drucker zusammenzuarbeiten stellt eine herausfordernde, einfache und außerordentlich vergnügliche Arbeit dar. Seine Analysen beinhalten immer einen Aspekt (häufiger noch mehrere Aspekte), der den Leser dazu bewegt, die gewohnten Bahnen seines Denkens zu verlassen und sich mit neuen Konzepten auseinanderzusetzen. Das historische Wissen und die moralische Vorstellungskraft, die er in seine Arbeiten einbringt, sind fundiert und verläßlich. Weil Peter Drucker, einfach ausgedrückt, einer der ehrlichsten, am wenigsten anmaßenden Menschen ist, die man sich vorstellen kann, ist es eine wirkliche Freude, mit ihm zusammenzuarbeiten. Er spricht aus, was er denkt, und erwartet diese Direktheit auch von den Menschen, die ihn umgeben. Er freut sich über Fragen. Vor allem schätzt und anerkennt er den Beitrag anderer, egal, ob es sich um einen bekannten Managementexperten handelt oder um die anonyme Belegschaft einer Redaktion.

Ich stellte mir, als ich das Material für dieses Buch auswählte, zwei einfache Fragen: Ist der jeweilige Artikel für den Leser von heute noch aktuell und relevant? Ist er als einzelner Artikel verständlich? Texte, die einer Einführung bedurft hätten, um sie in den rechten Zusammenhang zu rücken, oder solche, die ohne Anmerkungen über wichtige historische Ereignisse nicht verständlich gewesen wären, fielen von vornherein aus, auch wenn sie noch so viele Einsichten und Ratschläge vermittelt hätten. Unter den zahlreichen Gründen, eine so gegenwartsbezogene Auswahl zu treffen, war nicht zuletzt Druckers Beharren ausschlaggebend, daß jede Sammlung, die wir veröffentlichen könnten, die Frage des Lesers beantworten sollte: Warum gerade dieses Buch, zu diesem Zeitpunkt? Schließlich wollte ich vor allem

Druckers Arbeit direkt darstellen, in seinen eigenen Worten, mit denen er auf wichtige Anliegen der Gegenwart eingehen sollte, so, wie er bislang in all seinen Artikeln in der *Harvard Business Review* erschienen ist. Das war eines meiner wichtigsten Anliegen in meiner Auswahl der Artikel für diese Sammlung.

Die 13 Kapitel, die letztendlich aus diesem Entscheidungsprozeß hervorgingen, ließen sich in zwei unterschiedliche Teile einordnen. Der erste trägt den Titel *»Die Verantwortung des Managers«* und befaßt sich mit der grundlegenden Arbeit des Managements. Auch wenn zwischen dem ältesten Artikel aus diesem Abschnitt, *»Effektives Management«*, und dem jüngsten, *»Die Unternehmensphilosophie«*, 30 Jahre liegen, so befassen sich doch beide mit der wichtigsten Aufgabe einer Führungskraft – der harten und riskanten Arbeit, sicherzustellen, daß die langfristige Gesundheit des Unternehmens gewahrt bleibt. Andere wiederaufgegriffene Themen in diesem Teil betreffen die effektive Entscheidungsfindung, den systematischen Umgang mit Innovationen und das verantwortliche Management anderer Menschen.

Der zweite Teil, *»Die Welt des Managers«*, spricht die besonderen Herausforderungen an, die es darstellt, in einer wissensbasierten Wirtschaft als Manager tätig zu sein. Peter Drucker war einer der ersten, die die Wandlung der industriell bestimmten Wirtschaftsordnung in eine wissensbasierte beobachteten und die Auswirkungen dieser Veränderung auf die Arbeit des Managements untersuchten. Schon 1969, als die meisten, wenn nicht alle Autoren von Wirtschaftsliteratur noch ausschließlich die Produktivität des klassischen Arbeiters im Blick hatten, begann Drucker über den Wissensarbeiter zu schreiben. Die Motivation und Organisation der Menschen, die auf Wissensbasis arbeiten, die Herausforderungen, die es mit sich bringt, Dienstleistungsarbeit produktiv zu gestalten, und die Informationen, die Führungskräfte wirklich benötigen, um ihre Organisationen erfolgreich zu managen, sind weitere Themen, die im zweiten Teil diskutiert werden.

An dieser Stelle kann nichts hinzugefügt werden als die Aufmunterung »Steigen Sie ein, lesen Sie!«. Ich hoffe, daß Ihnen das Lesen dieses Buches ebensoviel Freude bereiten wird wie mir die Zusammenstellung dieser Sammlung.

ARTIKEL VON PETER F. DRUCKER,

Die von 1950 bis 1995 in der *Harvard Business Review* erschienen sind

»Management Must Manage«, Jg. 28, Nr. 2 (1950)
»Population Trends and Management Policy«, Jg. 29, Nr. 3 (1951)
»Basic Elements of a Free, Dynamic Society – Part I« (mit Hoffmann et al.), Jg. 29, Nr. 6 (1951)
Elements of a Free, Dynamic Society – Part II«, Jg. 30, Nr. 1 (1952)
»Management and the Professional Employee«, Jg. 30, Nr. 3 (1952)
»Integration of People and Planning«, Jg. 33, Nr. 6 (1955)
»Potentials of Management Science«, Jg. 37, Nr. 1, (1959)
»Realities of Our World Position«, Jg. 37, Nr. 3 (1959)
»This Competitive World«, Jg. 39, Nr. 2 (1961)
»Big Business and the National Purpose«, Jg. 40, Nr. 2 (1962)
»Twelve Fables of Research Management«, Jg. 41, Nr. 1 (1963)
»The Big Power of Little Ideas«, Jg. 42, Nr. 3 (1964)
»Is Business Letting Young People Down?«, Jg. 43, Nr. 6 (1965)
»The Effective Decision«, Jg. 45, Nr. 1 (1967)
»Managements New Role«, Jg. 47, Nr. 6 (1969)
»What Can We Learn from Japanes Management?«, Jg. 49, Nr. 2 (1971)
»New Templates for Todays Organizations«, Jg. 52, Nr. 1 (1974)
»Behind Japans Success«, Jg. 59, Nr. 1 (1981)
»Our Entrepreneurial Economy«, Jg. 62, Nr. 1 (1984)
»The Discipline of Innovation«, Jg. 63, Nr. 3 (1985)
»How to Make People Decisions«, Jg. 63, Nr. 4 (1985)
»The Coming of The New Organization«, Jg. 64, Nr. 1 (1988)
»Management and the Worlds Work«, Jg. 64, Nr. 5 (1988)
»What Business Can Learn from Nonprofits«, Jg. 65, Nr. 4 (1989)
»The Emerging Theory of Manufacturing«, Jg. 66, Nr. 3 (1990)
»Reckoning with the Pension Fund Revolution«, Jg. 67, Nr. 2 (1991)

»The New Productivity Challenge«, Jg. 67, Nr. 6 (1991)
»The New Society of Organizations«, Jg. 68, Nr. 5 (1992)
»The Post-Capitalist Executive: An Interview with Peter F. Drukker«, Jg. 69, Nr. 3 (1993)
»The Theory of the Business«, Jg. 70, Nr. 5 (1994)
»The Information Executives Truly Need«, Jg. 71, Nr. 1 (1995)

TEIL 1

DIE VERANTWORTUNG DES MANAGERS

DIE UNTERNEHMENSPHILOSOPHIE

Vor nicht allzu langer Zeit – vielleicht in den späten vierziger oder in den frühen fünfziger Jahren – tauchten plötzlich all die neuen Managementtechniken auf, die uns heute geläufig sind: Downsizing, Outsourcing, Total Quality Management, Geschäftswert-Analyse, Benchmarking, Reengineering – jedes einzelne von ihnen ein wirkungsvolles Werkzeug. Aber abgesehen von Outsourcing und Reengineering sind all diese Werkzeuge in erster Linie so beschaffen, daß Dinge, die schon praktiziert wurden, nur ein wenig anders ausgeführt werden. Es sind Werkzeuge, bei denen die Frage »Wie-mache-ich« im Vordergrund steht.

In zunehmendem Maße gewinnt jedoch die Frage »Was-mache-ich« an Bedeutung, besonders in großen Konzernen, die auf eine lange und erfolgreiche Geschichte zurückblicken können. Die folgende Geschichte kommt einem bekannt vor. Ein Unternehmen, das noch gestern als leuchtender Stern seiner Branche am Firmament galt, wird plötzlich mit Stagnation und Frustration konfrontiert und schlittert in eine ausweglose Krise. Dieses Phänomen tritt keineswegs nur in den Vereinigten Staaten auf. Es ist in Japan und Deutschland, in den Niederlanden und in Frankreich, in Italien und Schweden nur allzu verbreitet. Und es taucht genauso häufig in Gewerkschaften und Behörden, sozialen, kulturellen und karitativen Institutionen auf. Scheinbar läßt es sich dort sogar am wenigsten verhindern.

Die Ursache fast all dieser Krisen liegt nicht darin begründet, daß Dinge falsch gemacht werden. Es ist noch nicht einmal so, daß die falschen Dinge gemacht würden. Im Gegenteil, in den meisten Fällen werden die *richtigen* Dinge getan, nur leider vergebens.

Wie kommt es nun zu diesem offensichtlichen Paradoxon? Die Annahmen, auf denen die gesamte Struktur und die Führung der

Institution gründen, entsprechen nicht länger der Wirklichkeit. Es sind Annahmen, die das Verhalten eines Unternehmens, seine Entscheidungen über notwendige oder nicht notwendige Schritte und die Definition seiner Unternehmensziele beeinflussen. Diese Annahmen betreffen Märkte. Sie betreffen die Kunden und den Wettbewerb, deren Werte und Verhalten. Sie betreffen Technologien und deren Dynamik, die Stärken und Schwächen eines Unternehmens. Diese Annahmen betreffen also das, wofür ein Unternehmen bezahlt wird. Sie entsprechen dem, was ich als Unternehmensphilosophie bezeichne.

Jede Organisation, sei sie nun wettbewerbsorientiert oder nicht, hat ihre eigene Unternehmensphilosophie. Und tatsächlich ist eine solche Theorie, sofern sie deutlich, konzentriert und in sich stimmig ist, ein sehr wirkungsvolles Instrument. Im Jahre 1809 beispielsweise gründete der deutsche Staatsmann und Wissenschaftler Wilhelm von Humboldt die Universität zu Berlin auf der Grundlage einer radikal neuen Theorie des Bildungssystems. Und mehr als ein Jahrhundert lang, bis zur Machtergreifung Hitlers, bestimmte diese Theorie das deutsche Bildungswesen, insbesondere die Forschung und die Lehrinhalte. Im Jahre 1870 entwarf der Architekt und erste Leitende Geschäftsführer der Deutschen Bank, Georg Siemens, eine ebenso deutliche Unternehmensphilosophie: Mit finanzieller Unterstützung der deutschen Unternehmer sollte das noch immer ländliche und zersplitterte Deutschland durch eine forcierte Industrialisierung zusammenwachsen. Innerhalb von zwanzig Jahren entwickelte sich die Deutsche Bank zum ersten Finanzinstitut Europas, und trotz zweier Weltkriege, der Inflation und trotz Hitler ist sie es bis heute geblieben. In den Jahren nach 1870 wurde Mitsubishi gegründet, ebenfalls mit einer klaren, völlig neuen Unternehmensphilosophie, die den Konzern innerhalb von zehn Jahren zum führenden Unternehmen des aufsteigenden Japans und innerhalb weiterer zwanzig Jahre zu einem der ersten wirklich multinationalen Konzerne machte.

Eine derartige Unternehmensphilosophie erklärt auch den Erfolg von Unternehmen wie General Motors oder IBM, die die amerikanische Wirtschaft in der letzten Hälfte des zwanzigsten Jahrhunderts bestimmten, wie auch die Herausforderungen, die sie nun zu bewältigen haben. Tatsächlich ist die Ursache der gegenwärtigen Malaise so vieler großer und erfolgreicher Unternehmen weltweit darin zu sehen, daß ihre Unternehmensphilosophie nicht mehr greift.

Wann immer große Unternehmen in Schwierigkeiten geraten – und besonders dann, wenn sie über einen so langen Zeitraum erfolgreich waren –, werden Trägheit, Selbstgefälligkeit, Arroganz und der bürokratische Überbau dafür verantwortlich gemacht. Sind das plausible Erklärungen? Ja – Aber kaum relevant oder richtig. Denken Sie beispielsweise einmal über die zwei bekanntesten und wegen ihrer »arroganten Bürokratie« meistgeschmähten großen US-Unternehmen nach, die in der letzten Zeit in Schwierigkeiten gerieten. Seit der Geburtsstunde des Computers war es für IBM unbestreitbar, daß der Computer den gleichen Weg gehen würde wie die Elektrizität. Die Zukunft lag, so wußte es IBM – und verstand dies mit wissenschaftlicher Fundiertheit zu belegen – in der Entwicklung des Zentralrechners, des ach so mächtigen Mainframe, in den sich eine Riesenzahl von Nutzern einloggen konnte. Alles – die Wirtschaft, die Logik der Informationsübermittlung, die Technologie – ließ nur diesen einen Schluß zu. Aber dann, plötzlich, als es wirklich so schien, als würde ein solches auf Zentralrechnern und Mainframes basierendes Informationssystem zum Leben erwachen, tauchten zwei junge Männer auf, die gerade den ersten Personal Computer entwickelt hatten. Jeder Computerhersteller damals wußte, daß der PC eine absurde Erfindung war: Er hatte weder den Speicherplatz noch die Datenbank, noch die Geschwindigkeit, noch die Rechenkapazität, um erfolgreich sein zu können. Wirklich, jeder Computerhersteller wußte, daß der PC scheitern mußte – schon Xerox war nur wenige Jahre zuvor zu demselben Schluß gekommen, als ihre Entwicklungsabteilung den wirklich ersten PC der Welt gebaut hatte. Aber als dann diese scheußlichen Monster – erst der Apple, später der Macintosh – auf den Markt kamen, liebten die Leute sie nicht nur – sie kauften sie auch noch!
Bislang hat sich jedes große, erfolgreiche Unternehmen der Wirt-

schaftsgeschichte, das mit solchen Überraschungen konfrontiert wurde, geweigert, diese zu akzeptieren. »Eine alberne Modeerscheinung, die in drei Jahren wieder verschwunden ist«, sagte der Vorstandsvorsitzende der Zeiss-Gruppe im Jahre 1888 angesichts des neuen Kodak-Verfahrens, als das deutsche Unternehmen die Fotobranche so beherrschte wie IBM den Computermarkt ein Jahrhundert später. Die meisten Mainframe-Hersteller reagierten ebenso. Die Liste war lang: Control Data, Univac, Burroughs und NCR in den Vereinigten Staaten; Siemens, Nixdorf, Machines Bull und ICL in Europa; Hitachi und Fujitsu in Japan. IBM, der absolute Marktführer mit rekordverdächtigen Gewinnen und einem Marktanteil, der so groß war wie der aller Konkurrenten zusammengenommen, hätte genauso reagieren können, ja, hätte geradezu so reagieren *müssen*. Statt dessen aber akzeptierte IBM den PC augenblicklich als Realität. Fast in einer Nacht-und-Nebel-Aktion wischte IBM seine jahrelang bewährte Unternehmenspolitik, seine Regeln und Vorgaben vom Tisch und bildete nicht eines, nein, zwei miteinander konkurrierende Teams, die einen noch simpleren PC entwickeln sollten. Einige Jahre später war IBM der weltgrößte PC- Hersteller und setzte die Industriestandards.

Für diese Leistung gibt es in der gesamten Wirtschaftsgeschichte absolut kein Vorbild, sie straft jeden Vorwurf des Bürokratentums, der Trägheit oder Arroganz Lügen. Trotz dieser einmaligen Flexibilität, Agilität und Fruchtbarkeit mühte IBM sich einige Jahre später jedoch sowohl im PC- als auch im Mainframe-Geschäft ab. Plötzlich war IBM unfähig, sich zu bewegen, Entscheidungen zu fällen, sich zu verändern.

Der »Fall GM« ist ebenso erstaunlich: In den frühen Achtzigern – den Jahren, in denen General Motors' Hauptgeschäft, die Pkw-Fertigung, fast brachlag – übernahm der Konzern zwei große Unternehmen: Hughes Electronics und Ross Perots Electronic Data Systems. Experten betrachteten beide Unternehmen als marode und schalten GM, sie hätten sich über den Tisch ziehen lassen. Doch innerhalb einiger weniger Jahre hatte GM die Einkünfte und Gewinne aus dem angeblich maroden EDS-Geschäft mehr als verdreifacht. Und zehn Jahre später, im Jahre 1994, hatte sich der Marktwert von EDS gegenüber dem Zeitpunkt der

Übernahme durch GM versechsfacht, und seine ursprünglichen Einnahmen und Gewinne hatten sich verzehnfacht. Ähnlich verlief die Übernahme von Hughes Electronics – einem riesigen, aber unprofitablen Unternehmen, das ausschließlich in der Rüstungsindustrie tätig war – kurz vor dem Zusammenbruch der Rüstungsindustrie. Unter dem Management von GM hat Hughes seine Gewinne drastisch gesteigert und ist der einzige große Vertragspartner des Verteidigungsministeriums, dem die Umstellung auf eine ausgedehnte Produktpalette im zivilen Bereich gelungen ist. Bemerkenswert, daß genau die Erbsenzähler, die in der Automobilindustrie so erfolglos waren – GM-Veteranen, die seit dreißig Jahren bei GM beschäftigt waren, ohne jemals in andere Unternehmen hineingerochen zu haben – diese erstaunlichen Resultate erzielten. In beiden aufgekauften Unternehmen wurden schlicht die Strategien, Praktiken und Prozeduren übernommen, die schon GM benutzt hatte.

Doch wie läßt sich die Tatsache erklären, daß in beiden Unternehmen, sowohl bei IBM als auch bei GM, die Strategien, Praktiken und Verhaltensmuster, die jahrzehntelang funktionierten – und im Falle von GM, auf etwas anderes und Neues angewandt, dies noch immer tun – plötzlich nicht länger in den Organisationen funktionieren, für die sie ursprünglich entwickelt wurden? Nun: Die Wirklichkeiten, denen sich eine Organisation heute stellen muß, haben sich gegenüber denen, die ihrer Meinung nach noch immer gültig sind, schlicht und einfach drastisch verändert. Mit anderen Worten, die Wirklichkeit hat sich gewandelt, ohne daß die Unternehmensphilosophie damit Schritt gehalten hätte.

Vor der schnellen Antwort auf die neue Wirklichkeit des PC hatte IBM schon einmal über Nacht seine Unternehmensphilosophie vollständig verändert. Im Jahre 1950 stellte Univac, zu dieser Zeit die weltgrößte Computerfirma, der Öffentlichkeit den Prototyp eines multifunktionalen Computers vor. Bis zu diesem Zeitpunkt waren alle anderen Entwicklungen nur auf jeweils eine einzige Anwendung ausgerichtet. Frühere Modelle, die IBM in den dreißiger und vierziger Jahren dieses Jahrhunderts entwickelt hatte, konnten jeweils nur astronomische Berechnungen vollziehen. Die Anlage, die 1950 bei IBM auf dem Reißbrett lag und für das

SAGE-Luftverteidigungssystem in der kanadischen Arktis bestimmt war, hatte allein eine Bestimmung: die rechtzeitige Identifikation feindlicher Flugzeuge. IBM stoppte sofort seine Strategie der Entwicklung ausgereifter, nur auf eine einzige Aufgabe ausgerichteter Anlagen. Sie setzten ihre besten Ingenieure daran, das Univac-System zu perfektionieren und daraus hervorgehend den ersten multifunktionalen Computer zu entwickeln, der in die Serienproduktion gehen und für den eine Serviceleistung angeboten werden konnte. Drei Jahre später war IBM zum weltweit dominierenden Computerhersteller aufgestiegen und setzte die Standards. IBM hat damit den Computer nicht erfunden, aber 1950 begründete das Unternehmen durch seine Flexibilität, seine Schnelligkeit und seine Fähigkeit zu selbstkritischem Handeln die Computerindustrie.

Wie auch immer, die gleichen Voraussetzungen, unter denen IBM im Jahre 1950 so erfolgreich war, sollten dem Konzern dreißig Jahre später beinahe zum Verhängnis werden. In den siebziger Jahren nahm IBM noch immer an, daß es so etwas wie *den* Computer gebe – wie in den fünfziger Jahren. Das Auftauchen des PC jedoch machte diese Annahme zunichte. Zentralrechner und PCs haben nicht mehr gemeinsam als ein Kraftwerk und ein Toaster. Während letztere, so unterschiedlich sie auch sein mögen, zumindest miteinander in Verbindung stehen und einander ergänzen, sind Mainframe-Computer und PCs in erster Linie Konkurrenten. Und in ihrer grundlegenden Definition von *Information* widersprechen sie einander eigentlich: Für den Zentralrechner bedeutet Information Gedächtnis, für den gedächtnislosen PC bedeutet sie Software. Der Bau von Kraftwerken und die Herstellung von Toastern müssen als getrennte Geschäftsbereiche geführt werden, aber sie können zu einem einzigen Unternehmen gehören, wie es bei General Electric über Jahrzehnte hinweg der Fall war. Im Gegensatz dazu können Zentralrechner und PCs vermutlich nicht nebeneinander in demselben Unternehmen existieren.

IBM versuchte, beide Geschäftsbereiche miteinander zu kombinieren. Aber weil die PC-Herstellung der schneller wachsende Geschäftsbereich war, konnte IBM ihn dem Zentralrechner-

Bereich nicht unterordnen. Das Resultat war, daß das Unternehmen das Zentralrechner-Geschäft nicht optimieren konnte. Und weil der Mainframe-Bereich noch immer ein Zuschußgeschäft war, konnte IBM den PC-Bereich ebensowenig optimieren. Letztendlich mußte die Annahme, ein »Computer sei ein Computer« oder, etwas prosaischer, die Industrie sei Hardware-bestimmt, IBM lähmen.

GM hatte eine noch mächtigere – und erfolgreichere – Unternehmensphilosophie als IBM, die es zum größten und profitabelsten produzierenden Unternehmen der Welt machte. Der Konzern erlitt nicht einen Rückschlag in siebzig Jahren – ein bisher ungebrochener Rekord in der Wirtschaftsgeschichte –, General Motors' Philosophie kombinierte in einem losen Rahmen Annahmen über Märkte und Kunden mit Annahmen über grundlegende Fähigkeiten und Unternehmensstrukturen.

Seit den frühen zwanziger Jahren nahm GM an, daß der Automobilmarkt in seinen Ansprüchen sehr homogen sei und sich in sehr stabile Einkommensgruppen aufteilen lasse. Der Wiederverkaufswert eines »guten« Gebrauchtwagens war die einzige unabhängige Variable unter der Kontrolle des Managements. Hohe Wiederverkaufswerte erlaubten es den Kunden, ihre Neuwagenkäufe in der nächsthöheren Kategorie zu tätigen – mit anderen Worten, Autos zu kaufen, die wiederum höhere Gewinnspannen versprachen. Nach dieser Überlegung konnten regelmäßige oder radikale Veränderungen an den Modellen nur die Wiederverkaufswerte drücken. Unternehmensintern gingen diese Marktannahmen Hand in Hand mit Annahmen, wie die Produktion organisiert sein müsse,um den größten Marktanteil und die höchsten Gewinne zu erzielen. Im Fall von GM lautete die Antwort: Endlose Reihen massenproduzierter Autos mit einem Minimum von Veränderungen an jeder Modellgeneration und der niedrigsten Fixkostenrate pro Jahr.

Dann übertrug das Management von GM diese Annahmen über Markt und Produktion in eine Struktur halbautonomer Abteilungen, von denen sich jede auf eine bestimmte Einkommensgruppe konzentrierte und dabei so angelegt war, daß sich ihr jeweils teuerstes Modell mit dem jeweils preiswertesten der Abteilung für

die nächsthöhere Einkommensgruppe preislich überschnitt, so daß die Käufer fast gezwungen waren, ein teureres Auto zu kaufen, vorausgesetzt, die Gebrauchtwagenpreise waren hoch.
Siebzig Jahre lang funktionierte diese Formel wie ein Naturgesetz. Sogar in den Tiefen der Depression machte GM Jahr für Jahr Gewinne und steigerte stetig seine Marktanteile. Aber in den späten siebziger Jahren verloren die Annahmen plötzlich ihre Gültigkeit. Der Markt zersplitterte unvermittelt in höchst flüchtige »Lifestyle«-Segmente. Das Einkommen war nur noch einer von vielen Faktoren in der Kaufentscheidung, nicht mehr der einzige. Zur selben Zeit wurde mit der schlanken Produktion die Herstellung kleinerer Einheiten möglich. Dadurch wurden Ausstattungsvariationen sowie die Verkürzung der Lebenszeit der einzelnen Modellgenerationen preiswerter und gewinnbringender als lange Laufzeiten uniformer Modelle.
General Motors wußte darum, wollte es aber einfach nicht wahrhaben. Statt dessen versuchte es das Unternehmen mit Flickwerk. GM behielt die bestehenden Abteilungen bei, die auf der Einteilung der Zielgruppe nach der Einkommenshöhe basierte. Jede Abteilung bot aber nun ein »Auto für jeden Geldbeutel« an. Sie versuchten, durch Lean-Produktionsmethoden, durch eine Automatisierung der Massenproduktion mit langen Laufzeiten konkurrenzfähig zu bleiben – und verloren in diesem Prozeß 30 Milliarden Dollar.
Entgegen der öffentlichen Meinung leistete GM dieses Flickwerk mit erstaunlicher Energie, harter Arbeit und verschwenderischer Investition von Zeit und Geld. Aber die Reparaturmaßnahmen verwirrten nur die Kunden, die Händler, die Angestellten und selbst das Management von General Motors. In der Zwischenzeit vernachlässigte das Unternehmen seinen tatsächlichen Wachstumsmarkt, in dem es führend war und unschlagbar hätte werden können: leichte Lkws und Minivans.

Eine Unternehmensphilosophie umfaßt drei Bereiche. Erstens enthält sie Annahmen über die Umwelt der Organisation: die Gesellschaft und ihre Struktur, den Markt, den Kunden und die Technologie.

Zweitens enthält sie Annahmen über die spezifische Zielsetzung der Organisation. Sears, Roebuck und Company etwa definierten während und nach dem Ersten Weltkrieg ihre Zielsetzung dahingehend, die informierten Einkäufer für die amerikanische Familie zu sein. Ein Jahrzehnt später wiederum sahen Marks and Spencer in Großbritannien ihren Auftrag darin, einen Wandel in der britischen Gesellschaft einzuleiten, indem sie zum ersten klassenlosen Einzelhandelsunternehmen wurden. AT & T wiederum sah in den Jahren während des Ersten Weltkrieges und direkt danach seine Rolle darin, jeder Familie und jedem Unternehmen zu ermöglichen, ein Telefon zu besitzen. Derart ehrgeizige Ziele muß natürlich nicht jedes Unternehmen verfolgen. GM formulierte seine Zielsetzung wesentlich bescheidener – das führende Unternehmen der »Ausstattung für den motorisierten Transport zu Lande« zu sein, so die Worte von Alfred P. Sloan, Jr.

Drittens enthält eine Unternehmensphilosophie Annahmen über die konzeptionellen Grundlagen, die nötig sind, um den Auftrag der Organisation zu erfüllen. West Point, gegründet im Jahre 1802, sah zum Beispiel seine grundlegende Leistung in dem Vermögen, Führungspersönlichkeiten auszubilden, die Vertrauen verdienen. Und AT & T definierte um 1920 seine wesentliche Fähigkeit dahingehend, Technologieführer zu sein und damit bei stetig sinkenden Preisen den Service kontinuierlich verbessern zu können.

Die Annahmen über die Umwelt bestimmen, wofür ein Unternehmen bezahlt wird. Die Annahmen über die Zielsetzung geben an, welche Ergebnisse eine Organisation für erstrebenswert hält; mit anderen Worten, sie zeigen auf, wo eine Organisation sich selbst im Spannungsfeld zwischen Wirtschaft und Gesellschaft einordnet. Die Annahmen über grundlegende Fähigkeiten schließlich bestimmen, in welchem Bereich eine Organisation herausragende Leistungen zeigen muß, um ihre Führung zu behaupten.

Natürlich klingt dies alles geradezu lächerlich einfach. Üblicherweise erfordert es aber Jahre harter Arbeit, intensiven Nachdenkens und mutiger Experimente, um zu einer klaren, konsistenten und gültigen Unternehmensphilosophie zu gelangen. Um jedoch erfolgreich zu sein, muß jedes Unternehmen sich eine solche erarbeiten. Was nun sind die genauen Spezifikationen eines derartigen Unterfangens?

① *Die Einschätzungen der Umwelt, des Auftrages und der zentralen Fähigkeiten eines Unternehmens müssen der Wirklichkeit entsprechen.*
Als vier junge Männer aus Manchester – Simon Marks und seine drei Schwäger – ohne einen Pfennig Geld in der Tasche in den frühen zwanziger Jahren beschlossen, aus einem langweiligen Billigwarenladen ein Zentrum sozialen Wandels zu machen, hatte der Erste Weltkrieg die Klassengesellschaft ihres Landes gerade in seinen Grundfesten erschüttert. Eine Folge dieser Entwicklung war das Auftreten neuer Käuferschichten für preiswerte, modische Ware von hoher Qualität wie Unterwäsche, Blusen und Strümpfe – Marks and Spencers erste erfolgreiche Produktgruppen. Dann begannen die Unternehmer, systematisch brandneue grundlegende Kompetenzen aufzubauen, von denen vorher noch nie jemand etwas gehört hatte. Bis dahin gehörte zum Rüstzeug eines guten Kaufmannes, gut einkaufen zu können. Marks and Spencer kam zu dem Schluß, daß es der Kaufmann, nicht der Hersteller sei, der den Kunden kenne. Also sollte der Kaufmann, nicht der Hersteller, die Produkte entwerfen und weiterentwickeln und Produzenten finden, die die Waren nach seinen Entwürfen und Spezifikationen und zu seinen Kostenvorstellungen herstellten. Es nahm fünf bis acht Jahre in Anspruch, bis diese neue Definition des Kaufmannes entwickelt war und von den traditionellen Vertragspartnern, die sich immer als »Hersteller«, nicht als »Zulieferer« verstanden hatten, akzeptiert wurde.

② *Die Einschätzungen aller drei Bereiche müssen zueinander passen.*
Vielleicht war dies General Motors' größte Stärke während der langen Phase seines Aufstiegs. Die Einschätzungen des Marktes und des optimalen Herstellungsprozesses fügten sich perfekt ineinander. GM beschloß Mitte der zwanziger Jahre,

neue und bislang unbekannte grundlegende Fähigkeiten eines Unternehmens zu etablieren: die finanzielle Kontrolle des Herstellungsprozesses und einen neuen Ansatz der Kapitalbindung. Das Ergebnis: GM erfand die moderne Kostenrechnung und den ersten durchdachten Kapitalbindungsprozeß.

③ *Die Unternehmensphilosophie muß im gesamten Unternehmen bekannt sein und verstanden werden.*
In den Anfangstagen eines Unternehmens ist dies eine leichte Übung. Mit wachsendem Erfolg neigt ein Unternehmen jedoch mehr und mehr dazu, seine Geschäftstheorie als selbstverständlich zu erachten und ihrer immer weniger bewußt zu sein. Dann wird das Unternehmen nachlässig. Es beginnt, Unebenheiten glattzubügeln, Dinge zu verfolgen, die sich auszahlen, statt solcher, die richtig wären. Es hört auf zu denken. Es hört auf zu fragen. Es erinnert sich an die Antworten, hat jedoch die Fragen vergessen. Die Unternehmensphilosophie wird zur »Kultur«. Aber Kultur ist kein Ersatz für Disziplin, und die Unternehmensphilosophie ist eine Disziplin.

④ *Die Unternehmensphilosophie muß ununterbrochen überprüft werden.*
Sie ist nicht in Steintafeln gemeißelt. Sie ist eine Hypothese. Und sie ist eine Hypothese über Dinge, die sich in einem stetigen Fluß befinden – Gesellschaft, Märkte, Kunden, Technologie. So muß im Rahmen des theoretischen Konzepts eines Unternehmens die ständige Möglichkeit enthalten sein, sich selbst zu verändern.

Manch eine Unternehmensphilosophie ist so stark, daß sie eine lange Zeit überdauert. Aber als ein vom Menschen geschaffenes Artefakt lebt sie nicht ewig, und heute übersteht sie nur in den seltensten Fällen einen längeren Zeitraum. Irgendwann ist jede Unternehmensphilosophie veraltet und wertlos. Genau das geschah mit den Unternehmensphilosophien, auf denen die großen US-Unternehmen der zwanziger Jahre gründeten. Es geschah bei GM und bei AT&T. Es ist bei IBM geschehen. Es geschieht augenblicklich bei der Deutschen Bank mit ihrer Universalbankphilosophie. Und es geschieht ebenso deutlich bei der sich in hohem Tempo entwirrenden japanischen *keiretsu.*

Die erste Reaktion einer Organisation, deren Unternehmensphilosophie sich als veraltet erweist, ist in fast allen Fällen eine defensive. Sie tendiert dahin, ihren Kopf in den Sand zu stecken und vorzugeben, es sei ja gar nichts passiert. Die nächste Reaktion dann ist der Versuch, den Scherbenhaufen zu kitten, wie bei GM in den frühen Achtzigern oder bei der Deutschen Bank heute. Tatsächlich beweisen die plötzlichen und unerwarteten Krisen, die mehr und mehr große deutsche Unternehmen erfassen, deren Hausbank die Deutsche Bank ist, daß ihre Unternehmensphilosophie nicht länger funktioniert. Weil die Deutsche Bank nicht länger die Bestimmung erfüllt, für die sie eigentlich aus der Taufe gehoben wurde: eine effektive Verwaltung für die moderne Wirtschaft bereitzustellen.

Aber Flickwerk funktioniert nie. Vielmehr wäre es jetzt Zeit zu fragen, welche Annahmen über die Umwelt des Unternehmens, über seine Zielsetzung und seine grundlegenden Fähigkeiten die Realität noch am ehesten widerspiegeln – immer vor dem Hintergrund, daß die historisch überlieferten Konzepte, mit denen wir alle aufgewachsen sind, nicht länger greifen.

Was also muß getan werden? Es besteht ein Bedarf an Vorsorge – nämlich die, in einer strukturellen Unternehmensorganisation die regelmäßige Überprüfung der Geschäftsphilosophie vorzusehen. Es besteht ein Bedarf an einer frühzeitigen Diagnose und der Durchsetzung daraus zu schließender Konsequenzen, etwa um die Unternehmenspolitik und -praktiken zu verändern, das Verhalten der Organisation mit den neuen Realitäten ihrer Umgebung in Einklang zu bringen, mit einer neuen Definition ihres Auftrages und mit neuen grundlegenden Fähigkeiten, die es zu entwickeln und zu erwerben gilt.

VORSORGE

Es gibt nur zwei Vorsorgemaßnahmen. Aber wenn diese konsequent angewandt werden, können sie dazu beitragen, daß ein Unternehmen wachsam und fähig bleibt, sich und seine Philosophie schnell zu verändern. Die erste Maßnahme nenne ich *Infragestellung*. Alle drei Jahre sollte ein Unternehmen jedes einzelne Produkt, jede Dienstleistung, jeden Vertrag, jeden Absatzkanal daraufhin überprüfen, ob sie, wenn sie nicht schon Bestandteil der unternehmerischen Tätigkeiten wären, in dieses Spektrum aufgenommen würden. Durch das Infragestellen anerkannter Strategien und Routinen zwingt eine Organisation sich selbst, über ihre Unternehmensphilosophie nachzudenken. Sie zwingt sich zu fragen: Warum hat das hier nicht funktioniert, obwohl es so vielversprechend aussah, als wir vor fünf Jahren damit begonnen haben? Ist es, weil wir Fehler gemacht haben? Ist es, weil wir die falschen Dinge getan haben? Oder hängt es damit zusammen, daß die richtigen Dinge nicht funktionieren?

Ohne eine systematische und zweckorientierte Infragestellung wird ein Unternehmen sehr schnell von Ereignissen überrollt werden. Es wird seine besten Ressourcen für Dinge verschwenden, die es nie hätte in Angriff nehmen dürfen oder nicht länger praktizieren sollte. Als Ergebnis werden diesem Unternehmen wirklich wichtige Ressourcen fehlen, vor allen Dingen fähige Mitarbeiter, die benötigt werden, um die sich ergebenden Chancen zu nutzen, wenn Märkte, Technologien und zentrale Beschäftigungsfelder sich ändern. Mit anderen Worten, es wird nicht in der Lage sein, konstruktiv auf die Möglichkeiten zu reagieren, die sich bieten, wenn die theoretischen Grundlagen des Unternehmens überholt sind.

Die zweite Vorsorgemaßnahme ist die Analyse dessen, was sich außerhalb der eigenen geschäftlichen Aktivitäten abspielt, hier vor allem eine Analyse des Verhaltens der Nicht-Kunden. Vor einigen Jahren kam das »Walk-around-Management« in Mode. Und es ist ohne Zweifel wichtig, soviel wie möglich über seine eigenen Kunden zu wissen. Doch die ersten Anzeichen fundamentaler Veränderungen sind kaum innerhalb der eigenen Firma oder unter den eigenen Kunden auszumachen. Fast immer zeigen

sie sich unter den Nicht-Kunden eines Unternehmens, denn ihre Zahl ist immer größer als die der Kunden. Wal-Mart, der derzeitige Riese unter den Einzelhändlern, hat einen Marktanteil von 14 Prozent am US-Konsumgütermarkt – das heißt, 86 Prozent des Marktes bestehen aus Nicht-Kunden.
Mit Sicherheit sind die amerikanischen Kaufhäuser das derzeit beste Beispiel für die Bedeutung der Nicht-Kunden. Auf ihrem unternehmerischen Höhepunkt vor etwa zwanzig Jahren versorgten die Kaufhäuser 30 Prozent des Nonfood-Einzelhandelsmarktes. Sie befragten ihre Kunden kontinuierlich, studierten und analysierten sie. Doch sie schenkten den 70 Prozent des Marktes keine Aufmerksamkeit, die nicht zu ihrem Kundenstamm zählten. Sie sahen keinen Grund, dies zu tun, ihre Unternehmensphilosophie setzte voraus, daß fast alle Menschen, die es sich leisten konnten, in einem Kaufhaus einzukaufen, dies auch taten. Vor fünfzig Jahren wäre diese Annahme genau richtig gewesen. Doch als die Babyboomer in die Jahre kamen, war sie nicht mehr gültig. Für den dominierenden Teil der Babyboomer-Generation – Frauen in Doppelverdienerfamilien mit hohem Bildungsniveau – bestimmte nicht das Geld, wo Einkäufe getätigt wurden. Der ausschlaggebende Faktor war die Zeit, und die Frauen dieser Generation konnten es sich nicht leisten, ihre Zeit mit Shopping in Kaufhäusern zu verbringen. Da die Kaufhauskonzerne aber nur ihre eigenen Kunden im Blickfeld hatten, hatten sie diese Veränderung bis vor einigen Jahren nicht erkannt. Doch zu dem Zeitpunkt stagnierte das Geschäft schon. Es war zu spät, um die Babyboomer als Kunden zurückzugewinnen. Die Kaufhauskonzerne lernten auf bittere Art und Weise, daß Kundenorientierung war lebenswichtig ist, allein aber nicht ausreicht. Ein Unternehmen muß auch marktorientiert sein.

FRÜHZEITIGE DIAGNOSE

Um Probleme frühzeitig diagnostizieren zu können, müssen Manager auf Warnsignale achten. Die Unternehmensphilosophie ist beispielsweise immer dann überholt, wenn eine Firma ihre ursprünglichen Zielsetzungen erreicht hat. Das Ziel erreicht zu haben, ist also kein Grund zu feiern – es ist vielmehr ein Grund, mit neuen Überlegungen zu beginnen. AT & T hatte seine Zielsetzung, jeder US-amerikanischen Familie und jedem Unternehmen den Zugang zu einem Telefon zu ermöglichen, Mitte der fünfziger Jahre erreicht. Einige Führungskräfte vertraten nun die Ansicht, daß es an der Zeit sei, die Unternehmensphilosophie zu erneuern und beispielsweise die regionalen Dienste von den wachstumsorientierten und zukunftsweisenden Geschäftsbereichen zu trennen, angefangen mit der Vermittlung von Ferngesprächen bis hin zur weltweiten Telekommunikation. Ihre Argumente verhallten ungehört. Einige Jahre später geriet AT & T ins Schleudern und wurde nur durch die Kartellbehörde gerettet, die mit Zwang das erreichte, was die Unternehmensführung freiwillig zu tun versäumt hatte.

Ein schnelles Wachstum ist ein weiteres sicheres Zeichen für eine Krise der Unternehmensphilosophie. Jedes Unternehmen, das seinen Umfang innerhalb eines recht kurzen Zeitraumes verdoppelt oder verdreifacht, hat seine theoretischen Grundlagen notwendigerweise überstrapaziert. Auch im Silicon Valley mußte man feststellen, daß die abendliche Kommunikation bei einem Glas Bier nicht mehr ausreicht, wenn ein Unternehmen so groß wird, daß die Menschen dort Namensschilder tragen müssen. Ein solches Wachstum erfordert eine viel tiefergreifende Überprüfung von Voraussetzungen, Unternehmenspolitik und Gewohnheiten. Um auch weiterhin als gesunde Firma existieren – oder sogar wachsen – zu können, muß ein Unternehmen sich wiederum selbst die Fragen nach seiner Umwelt, nach seiner Zielsetzung und seinen zentralen Fähigkeiten stellen.

Es gibt noch zwei weitere eindeutige Signale dafür, daß sich eine Unternehmensphilosophie überholt hat: Zum einen ein unerwarteter Erfolg, entweder der eigene oder der eines Konkurrenten, zum anderen ein unerwartetes Scheitern, wiederum entweder das eigene oder das eines Konkurrenten.

Zur selben Zeit, als die japanischen Automobilimporte den großen Drei aus Detroit zu schaffen machten, hatte Chrysler einen völlig unerwarteten Erfolg zu verzeichnen. Die normalen Pkws der Marke verloren ihre Marktanteile sogar schneller als die GM und Ford. Doch die Jeeps und neuen Minivans – letztere beinahe ein zufälliges Entwicklungsprodukt – wurden zu Verkaufsschlagern. Zu diesem Zeitpunkt war GM führend auf dem US-amerikanischen Markt für Kleinlastwagen und darüber hinaus unschlagbar, was das Design und die Qualität der Produkte betraf, doch wurde den Kleinlastwagen keinerlei Aufmerksamkeit geschenkt. (Hinzu kommt, daß Minivans und Kleinlastwagen meist eher als Fahrzeuge für gewerbliche Nutzung in den Statistiken geführt wurden denn als Fahrzeuge für die Personenbeförderung, obwohl die meisten von ihnen inzwischen als Pkw gekauft wurden). Doch hätte GM dem Erfolg seines schwächeren Konkurrenten Chrysler Aufmerksamkeit geschenkt, so hätte es viel eher realisieren können, daß die Einschätzungen des Marktes wie auch der eigenen Kompetenz nicht länger gültig waren. Von Beginn an war der Minivan- und Kleinlastwagenmarkt nicht an Einkommensklassen gebunden, und die Preise waren nur wenig durch den Wiederverkaufswert beeinflußt. Und paradoxerweise handelte es sich bei den Kleinlastwagen um den Unternehmensbereich, in dem sich GM schon vor fünfzehn Jahren in eine Richtung bewegte, die wir heute als Lean Production bezeichnen.

Ein unerwartetes Scheitern ist ebenso eine Warnung wie ein unerwarteter Erfolg, und es sollte genauso ernst genommen werden wie ein erster und scheinbar nicht ganz so dramatischer Herzanfall. Vor sechzig Jahren, inmitten der Depression, kam Sears zu dem Schluß, daß Automobilversicherungen ein wesentliches »Zubehör« geworden seien und daß ihr Verkauf dem Auftrag des Unternehmens als informierter Anbieter für die amerikanischen Familie exakt entsprechen würde. Jeder dachte, das Unternehmen sei verrückt. Doch Automobilversicherungen wurden nahezu augenblicklich zu Sears' einträglichstem Geschäft. Zwanzig Jahre später, in den fünfziger Jahren, entschied Sears, daß Diamantringe eher eine »Notwendigkeit« denn ein Luxus seien, und das Unternehmen wurde zum größten – und wahrscheinlich erfolgreichsten – Diamant-Einzelhändler der Welt. Es schien daher nur logisch, daß Sears im Jahre 1981 beschloß, daß Investmentbanking für die amerikanische Familie zu einer Art Konsumgut geworden war. Sears kaufte Dean Witter und brachte die Büros in den Sears-Kaufhäusern unter. Dieser Schritt war ein absolutes Desaster. Die amerikanische Bevölkerung brachte deutlich zum Ausdruck, daß sie ihre finanziellen Angelegenheiten keineswegs als »Konsumgut« ansah. Als Sears schließlich aufgab und beschloß, Dean Witter als einen eigenen Geschäftsbereich außerhalb der Sears-Kaufhäuser zu führen, blühte die kleine Investmentbank plötzlich auf. (1992 verkaufte Sears Dean Witter mit einem beträchtlichen Gewinn.)

Hätte Sears erkannt, daß das Scheitern seines Vorhabens, die amerikanische Familie mit Leistungen des Investmentbanking zu versorgen, kein Einzelfall war, sondern das Scheitern seiner Theorie bedeutete, wäre es vielleicht möglich gewesen, mit der Restrukturierung und Neupositionierung am Markt zu beginnen. Denn das gescheiterte Dean Witter-Experiment zog das gesamte Konzept der Homogenität des Marktes in Zweifel – das Konzept also, auf dem Sears seine Strategie über Jahre hinweg aufgebaut hatte.

Wir sind es gewohnt, nach dem Wunderheiler mit dem Zauberstab zu suchen, der das lahmende Unternehmen wieder auf den rechten Weg bringt. Um eine Unternehmensphilosophie jedoch zu etablieren, aufrechtzuerhalten und zu erneuern, bedarf es keines Dschinghis Khan oder Leonardo da Vinci in der Vorstandsetage. Kein Genie, sondern harte Arbeit ist gefragt. Keine Cleverness, sondern Gewissenhaftigkeit. Es bedarf dessen, wofür Mitglieder der Geschäftsführung eigentlich bezahlt werden.

Es gibt aber tatsächlich nur wenige Geschäftsführungen, die ihre Unternehmensphilosophie erfolgreich verändert haben. Der Geschäftsführer, der Merck zum erfolgreichsten Pharmakonzern der Welt ausbaute, indem er sich nur auf die Erforschung und Entwicklung patentierter, neuentwickelter Arzneimittel mit hohen Gewinnspannen beschränkte, veränderte die Unternehmensphilosophie durch den Aufkauf eines großen Distributors für nicht verschreibungspflichtige Arzneimittel. Er vollzog diesen Wandel ohne eine »Krise«, da Merck offensichtlich in sehr guter Verfassung war. Auf ähnliche Art und Weise änderte vor einigen Jahren die neue Geschäftsführung von Sony, dem weltweit bekanntesten Hersteller elektronischer Hardware für Endverbraucher, die Unternehmensphilosophie. Sie erwarb eine Filmproduktionsgesellschaft in Hollywood und verlagerte durch diesen Kauf den Schwerpunkt des Unternehmens von einem Gerätehersteller, der auf Software angewiesen ist, hin zu einem Softwareproduzenten, der eine Marktnachfrage für Hardware schafft. Wenn man persönlich mit diesen vermeintlichen »Wunderheilern« spricht, so wehren sie sich vehement gegen die Annahme, ihr Handeln sei charismatisch, visionär oder gar vom »Handauflegen« bestimmt. Sie beginnen mit Diagnose und Analyse. Sie nehmen in Kauf, daß das Erreichen von Zielen und das schnelle Wachstum ihrer Firmen ein ernsthaftes Überdenken der Unternehmensphilosophie erfordert. Sie tun unerwartetes Scheitern nicht als Inkompetenz ihrer Untergebenen oder als Mißgeschick ab, sondern behandeln es wie das Symptom eines »Systemfehlers«. Sie sonnen sich nicht in unerwartetem Erfolg, sondern werten diesen vielmehr als Herausforderung für ihre Ideen. Sie akzeptieren, daß eine obsolete Unternehmensphilosophie einer degenerativen und letztendlich lebensbedrohlichen Krankheit entspricht. Und sie wissen um und akzeptieren die alte medizinische Weisheit, das älteste Prinzip, Entscheidungen effektiv zu treffen: Eine degenerative Erkrankung wird nicht durch Zaudern geheilt. Sie erfordert beherztes Handeln.

DIE EFFEKTIVE ENTSCHEIDUNG

Effektiv agierende Führungskräfte treffen gar nicht so viele Entscheidungen. Sie konzentrieren sich auf das Wesentliche. Sie versuchen, die wenigen wirklich wichtigen Entscheidungen auf der konzeptionellen Ebene ihres Unternehmens zu treffen. Sie versuchen, die Konstanten einer Situation zu bestimmen, um darüber nachdenken zu können, wie ein strategisches und angemessenes Handeln aussehen kann, ohne daß dabei die direkte Problemlösung im Vordergrund stünde. Die Geschwindigkeit, mit der der Prozeß der Entscheidungsfindung vonstatten geht, hat daher keine besonders große Bedeutung für sie. Sie empfinden das Geschick, eine außergewöhnliche Vielfalt von Symptomen zu kurieren, als ein Zeichen nachlässigen Denkens. Sie möchten die gesamte Tragweite einer Entscheidung kennen und wissen, welches die zugrundeliegenden Tatsachen sind, denen diese Entscheidung gerecht werden muß. Ihnen ist die Wirkung wichtiger als die Technik, und sie ziehen eine besonnene und gründliche Entscheidungsfindung der Cleverness vor.

Effektiv handelnde Führungskräfte wissen genau, wann eine Entscheidung auf Prinzipien basieren muß und wann eine Entscheidung pragmatisch auf den jeweiligen Einzelfall bezogen sein muß. Sie wissen, daß die Entscheidung zwischen dem falschen und dem richtigen Kompromiß besonders tückisch ist, und sie wissen die eine von der anderen zu unterscheiden. Sie sind sich dessen bewußt, daß nicht der Prozeß der Entscheidungsfindung die meiste Zeit beansprucht, sondern ihre Umsetzung. Bevor eine Entscheidung nicht in den Arbeitsprozeß eingeflossen ist, ist sie gar keine, sie ist bestenfalls ein guter Vorsatz. Das bedeutet, während die effektive Entscheidung auf der höchsten Ebene eines konzeptbezogenen Verständnisses basiert, sollte der

Handlungsbezug so direkt wie möglich auf die Fähigkeiten der Menschen ausgerichtet sein, die die Entscheidung umsetzen müssen. Über alldem weiß die effektive Führungskraft, daß der Entscheidungsfindung ein eigenständiger systematischer Prozeß und klar umrissene Bestandteile zugrunde liegen.

AUFEINANDERFOLGENDE SCHRITTE

Nicht die Bestandteile selbst bestimmen die Entscheidung. Doch ohne die Bestandteile, die Stufen des Entscheidungsprozesses sind, wird die Führungskraft nicht zur richtigen und mit Sicherheit nicht zu einer effektiven Entscheidung gelangen. Darum möchte ich in diesem Kapitel die Abfolge der Schritte veranschaulichen, die während des Prozesses der Entscheidungsfindung zu beobachten sind.

① *Das Problem klassifizieren.* Ist es ein allgemeines Problem? Ist es ein spezifisches Problem? Oder ist es die erste Ausprägung eines neuen Problemfeldes, für dessen Lösung die Regeln noch zu bestimmen sind?

② *Das Problem definieren.* Womit haben wir es zu tun?

③ *Die Lösung des Problems eingrenzen.* Wie sehen die Voraussetzungen aus?

④ *Es gilt die richtigen und nicht nur annehmbare Entscheidungen zu treffen, um den Voraussetzungen gerecht zu werden.* Was wird den Anforderungen vollständig gerecht, bevor die Aufmerksamkeit sich auf Kompromisse, Anpassungen und Zugeständnisse richtet, die notwendig sind, um eine Entscheidung akzeptabel zu machen?

⑤ *Die Umsetzung in die Entscheidung mit einbeziehen.* Wie muß der Handlungsbezug aussehen? Wer muß davon in Kenntnis gesetzt werden?

⑥ *Gültigkeit und Effektivität der Entscheidung in bezug auf aktuelle Ereignisse prüfen.* Sind die Annahmen, auf die sich die Entscheidung stützt, angemessen oder überholt?

Lassen Sie uns diese Punkte im einzelnen betrachten:

DIE KLASSIFIZIERUNG

Der effektive Entscheidungsträger fragt: Ist dies ein Symptom fundamentaler Unordnung oder ein vereinzeltes Phänomen? Das, was zugrunde liegt, verlangt immer nach einer Regel, einem Ordnungsprinzip. Doch dem wirklich außergewöhnlichen Ereignis kann nur direkt und auf den Einzelfall bezogen begegnet werden.

Genaugenommen sollte die Führungskraft eher zwischen vier als zwischen zwei unterschiedlichen Erscheinungsformen unterscheiden.

Als erstes wäre das wirklich allgemeine Ereignis zu nennen, dessen individuelles Auftreten nur ein Symptom ist. Die meisten »Probleme«, die sich im Rahmen der Arbeit einer Führungskraft ergeben, sind diesen Ursprungs. Entscheidungen, die den Warenbestand eines Unternehmens betreffen, sind keine wirklichen »Entscheidungen«. Es sind Anpassungen. Das Problem ist allgemeiner Natur. Das gilt noch viel mehr für Probleme, die sich innerhalb herstellender Unternehmen einstellen. Zum Beispiel:

> Eine Abteilung, die sich mit Produktüberwachung und -entwicklung beschäftigt, wird sich im Laufe eines Monats typischerweise mit Hunderten von Problemen auseinandersetzen. Doch sobald es an die Analyse dieser Probleme geht, erweisen sich die meisten als Symptome und offenbaren darunter verborgene grundlegende Begebenheiten. Der jeweilige Ingenieur, der für die Prozeßüberwachung zuständig ist und in einem bestimmten Bereich der Fabrik arbeitet, kann das nicht erkennen. Er mag vielleicht ein paar Probleme pro Monat mit den Verbindungsstücken der Versorgungsleitungen, die Dampf oder heiße Flüssigkeiten transportieren, haben – aber das ist alles.

Nur wenn die gesamte Arbeitsleistung des Bereiches über mehrere Monat hinweg analysiert wird, wird das zugrundeliegende Problem erkannt werden. Erst dann wird deutlich, daß Temperaturen oder Druck für das vorhandene Material zu hoch waren und daß die Verbindungsstücke, die die verschiedenen Verzweigungen zusammenhalten, überarbeitet werden müssen, um der stärkeren Beanspruchung gerecht zu werden. Bis diese Analyse abgeschlossen ist, wird die Prozeßüberwachung viel Zeit darauf verwenden, Löcher zu stopfen, ohne die gesamten Umstände unter Kontrolle zu bringen.

Die zweite Erscheinungsform wäre ein Problem, das tatsächlich allgemein ist, auch wenn es sich um ein einmaliges Ereignis für das jeweilige Unternehmen handelt:

> Ein Unternehmen, das ein Übernahmeangebot durch ein anderes, größeres Unternehmen erhält, wird ein solches Angebot nicht noch einmal erhalten. Es handelt sich um eine außergewöhnliche Situation, wenn sie das jeweilige Unternehmen, seinen Aufsichtsrat und seine Geschäftsführung betrifft. Doch es ist ohne Zweifel ein allgemeines Ereignis, das sich immer wieder einstellt. Der Prozeß des Abwägens, ob das Angebot abzulehnen oder anzunehmen sei, bedarf einiger allgemeingültiger Regeln. Um diese erkennen zu können, muß die Führungskraft auch die Erfahrungen anderer berücksichtigen.

Als nächstes wäre das wirklich außergewöhnliche Ereignis zu nennen, das die Führungskraft von den drei anderen unterscheiden muß.

> Die folgenschwere Störung der Stromversorgung, die im November 1965 den gesamten Nordosten Nordamerikas von St. Lawrence bis Washington im Dunkeln hat sitzen lassen, war, nach ersten Einschätzungen, ein wirklich außergewöhnliches Ereignis. Ebenso der Contergan-Skandal, die in den frühen 60er Jahren dazu führte, daß unzählige Babys mit schweren Mißbildungen geboren wurden. Die Wahrscheinlichkeit, so wurde uns versichert, daß eines dieser Ereignisse hätte eintreten können, lag bei eins zu zehn Mil-

lionen oder sogar zu hundert Millionen, und eine Wiederholung der Verkettungen, die zu diesen Ereignissen geführt hatten, dürfte ebenso unwahrscheinlich sein, wie es zum Beispiel unwahrscheinlich wäre, daß der Stuhl, auf dem ich sitze, sich in seine kleinsten Bestandteile auflösen würde.

Wirklich einzigartige Ereignisse sind selten, aber dennoch muß sich der Entscheidungsträger für den Fall, daß ein solches Ereignis eintritt, fragen: Handelt es sich hier um eine wirkliche Ausnahme oder nur um die erste Ausprägung eines neuen Problemfeldes? Und das – die frühe Manifestation eines neuen allgemeinen Problems – ist die vierte und letzte Kategorie von Ereignissen, die sich um den Prozeß der Entscheidungsfindung drehen.

Wir wissen inzwischen, daß sowohl der Stromausfall im Nordosten der USA als auch die Contergan-Fälle nur die ersten Ausprägungen dessen waren, was angesichts der immer weiter reichenden Elektrifizierung und der Entwicklung der modernen Pharmazie wahrscheinlich recht häufig geschehen wird, wenn nicht allgemeingültige Lösungen gefunden werden.

Alle Ereignisse, bis auf die wirklich einzigartigen, bedürfen einer allgemeinen Lösung. Sie verlangen nach einer Regel, einer Strategie oder einem Ordnungsprinzip. Ist das richtige Ordnungsprinzip erst einmal entwickelt, können alle Ausprägungen der gleichen allgemeinen Umstände pragmatisch angegangen werden – das heißt, daß die Regeln auf die konkrete Situation des Einzelfalls angewandt werden. Wirklich einzigartige Ereignisse müssen individuell angegangen werden. Die Führungskraft kann keine Regeln für das Außergewöhnliche entwickeln.

Der effektive Entscheidungsträger verwendet genug Zeit darauf, festzustellen, welche der vier unterschiedlichen Situationen vorliegt. Eine falsche Entscheidung wird dann getroffen, wenn die Situation falsch zugeordnet wird.

Der bei weitem am meisten verbreitete Fehler unter Entscheidungsträgern ist es, allgemeine Umstände als eine Abfolge einzigartiger Ereignisse zu verstehen – deutlich gesagt, es mangelt an einem Verständnis der zugrundeliegenden Umstände und Ordnungsprinzipien. Das führt unausweichlich zu Frustration und unsinnigen Handlungen. Solches wurde im Rahmen der meisten strategischen Konzepte der Kennedy-Administration offenkundig.

> Trotz ihrer hochqualifizierten Mitglieder konnte die Administration nur einen wirklichen Erfolg verzeichnen – und zwar in der Kubakrise. Ansonsten konnte sie letztlich nichts vorweisen. Hauptgrund dafür war mit Sicherheit das, was die Mitglieder der Administration »Pragmatismus« nannten – nämlich die Weigerung, Regeln und Prinzipien zu entwikkeln und das Beharren darauf, alles auf den speziellen Fall bezogen zu entscheiden. Doch es war für jeden, selbst für die Mitglieder der Administration, offenkundig, daß die grundlegenden Voraussetzungen, die für die Jahre direkt nach dem Krieg Gültigkeit hatten und auf denen die strategischen Konzepte beruhten, im internationalen Kontext der 60er Jahre ebenso unrealistisch geworden waren wie in der Innenpolitik.

Ebenso verbreitet ist der Fehler, einem neuen Ereignis so zu begegnen, als sei es nur ein weiters Beispiel für ein bekanntes Problem, auf das aus diesem Grunde die alten Regeln angewandt werden sollten:

> Genau dieser Fehler ließ den zuerst nur regional begrenzten Stromausfall an der Grenze zwischen New York und Ontario zum völligen »Blackout« des gesamten Nordostens werden. Die Ingenieure wandten, vor allem in New York City, die richtigen Regeln für eine ganz normale Überlastung des Systems an. Und das, obwohl ihre eigenen Überwachungsinstrumente signalisiert hatten, daß etwas sehr Außergewöhnliches ablief, das ebenso außergewöhnliche Gegenmaßnahmen und keine Standardlösungen erforderte.

Im Gegensatz dazu beruhte der große Triumph von Präsident Kennedy in der Kubakrise darauf, die Herausforderung zu akzeptieren, die es bedeutet, sich eines außergewöhnlichen Ereignisses anzunehmen. Als er das akzeptiert hatte, kam sein ungeheures Potential an Intelligenz und Mut ins Spiel.

DIE DEFINITION

Ist ein Problem erst einmal als allgemein oder einzigartig erkannt oder klassifiziert, so ist es gewöhnlich recht einfach zu definieren. »Worum geht es hier?« – »Was ist hier relevant?« – »Wie müssen wir diese Situation angehen?« Fragen wie diese sind vertraut. Doch nur die wirklich effektiven Entscheidungsträger sind sich dessen bewußt, daß die eigentliche Gefahr in diesem Schritt nicht die falsche Definition des Problems ist, sondern die einleuchtende und naheliegende, aber unvollständige Definition:

> Die amerikanische Automobilindustrie beharrte auf einer plausiblen, aber unvollständige Definition der Sicherheit im automobilen Straßenverkehr. Es war viel mehr mangelnde Einsicht – als der Widerstand, Mittel für die Sicherheitstechnik im Automobilbau freizusetzen –, die schließlich 1966 dazu führte, daß sich die gesamte Industrie angesichts ihrer unsicheren Fahrzeuge unvermittelt der harschen Kritik des Kongresses ausgesetzt sah, die sie völlig aus dem Konzept brachte. Es stimmte einfach nicht, daß die Automobilindustrie die Sicherheit vernachlässigt hatte.
>
> Ganz im Gegenteil, man hatte intensiv an höheren Sicherheitsstandards der Highways gearbeitet und die Ausbildung der Fahrer erheblich verbessert, denn man nahm an, daß diesen Bereichen die größte Aufmerksamkeit geschenkt werden müsse. Daß Unfälle durch unsichere Straßen und unsichere Fahrer verursacht werden, war überzeugend genug. Und alle Behörden, die sich mit der Sicherheit im Straßenverkehr beschäftigten, von der Highway-Polizei bis hin zur High-School, richteten ihre Kampagnen auf diese Ziele aus. Die Kampagnen waren erfolgreich. Die Zahl der Unfälle auf sicheren Highways waren rückläufig, und die gut ausgebildeten Fahrer waren viel seltener in Unfälle verwickelt.

Doch im gleichen Maße, wie das Verhältnis der Unfälle bezogen auf tausend Fahrzeuge oder tausend Kilometer Fahrleistung sank, wuchs die absolute Zahl der Unfälle – und die wurden immer schwerer. So hätte man der kleinen, aber signifikanten Wahrscheinlichkeit, daß sich Unfälle trotz aller Vorschriften und Ausbildungen, die der Sicherheit zugute kommen, ereignen, schon viel eher Aufmerksamkeit schenken müssen.
Das mußte zur Folge haben, daß zukünftige Kampagnen für mehr Sicherheit im Straßenverkehr durch konstruktionsrelevante Entwicklungen ergänzt wurden, um die Unfälle weniger gefährlich zu machen. Wer Autos entwickelt, die sicher sind, wenn sie richtig bedient werden, der muß auch dafür sorgen, daß ihre Konstruktion sicher ist, wenn sie falsch bedient werden.

Um sich nicht im Teufelskreis unvollständiger Definitionen zu verfangen, gibt es nur einen Weg: Es gilt, die Definition angesichts *aller* zur Verfügung stehenden Fakten immer und immer wieder zu hinterfragen und eine Definition in dem Moment über Bord zu werfen, wenn sie auch nur einem Aspekt nicht gerecht wird.
Effektive Entscheidungsträger sind immer bereit, Anzeichen dafür wahrzunehmen, daß etwas Ungewöhnliches oder Atypisches geschieht. Sie sind immer mit der Frage beschäftigt: Liefert die Definition die Erklärung für die beobachteten Ereignisse, und hat sie für alle Gültigkeit? Sie machen immer wieder deutlich, welche Erwartungen an eine Entscheidung gestellt werden – zum Beispiel, daß durch sie Verkehrsunfälle vermieden werden – und überprüfen sie regelmäßig, um zu erkennen, ob diese Erwartungen tatsächlich erfüllt werden konnten. Schließlich kehren sie wieder an den Ausgangspunkt zurück und überdenken das Problem von neuem, wann immer sie etwas Ungewöhnliches beobachten, wann immer ein erklärungsbedürftiges Phänomen auftritt oder die Abfolge des Geschehens (und sei es im Detail) von den Erwartungen abweicht.
Das sind im Kern die Regeln der medizinischen Diagnose, die Hippokrates schon vor weit über 2000 Jahren aufgestellt hat. Es sind

die Regeln wissenschaftlicher Beobachtung, die erstmals von Aristoteles formuliert und mehr als ein Jahrtausend später von Galilei untermauert worden sind – alte, wohlbekannte und über Jahrhunderte bewährte Regeln, die eine Führungskraft erlernen und systematisch anwenden kann.

DIE EINGRENZUNG

Der nächste wichtige Bestandteil des Prozesses zur Entscheidungsfindung ist die Eingrenzung dessen, was mit der Entscheidung erreicht werden soll. Wie sehen die Ziele aus? Welche Minimalforderungen müssen erfüllt werden? Unter welchen Umständen wird die Entscheidung getroffen? Eine effektive Entscheidung muß alle Rahmenbedingungen berücksichtigen. Bedenken Sie dazu:
»Können wir unseren Anforderungen gerecht werden, indem wir die Autonomie der Unternehmensführungen der General-Motors-Gruppe beschränken?« Diese Frage stellte sich Alfred P. Sloan vermutlich, als er die Leitung von General Motors 1922 übernahm. Seine Antwort war ein klares »Nein«. Die Voraussetzungen zur Lösung seines Problems erforderten Durchsetzungsvermögen und Verantwortungsbereitschaft in den zentralen Verwaltungspositionen. Diese Eigenschaften waren genauso notwendig wie die Geschlossenheit und Kontrollierbarkeit der Unternehmensgruppe. Vor Sloan wurde dieses Problem ausschließlich auf die jeweilige Persönlichkeit bezogen gelöst – einzig und allein durch den Kampf um die Macht, den eine Person als Sieger für sich entschied. Die Lösung eines konstitutionellen Problems, dem nur mit einer neuen Struktur begegnet werden konnte, war nun zur Voraussetzung geworden: eine Form der Dezentralisierung, die sich dadurch auszeichnete, daß sich die Autonomie der Arbeit vor Ort und die zentrale Kontrolle von Richtung und Strategie die Waage hielten.
Eine Entscheidung, die auf falschen Voraussetzungen beruht, ist schlimmer als eine Entscheidung, die auf der falschen Interpretation eines Problems beruht. Eine Entscheidung auch dann noch

umzusetzen, wenn die falschen Schlußfolgerungen gezogen wurden, die Voraussetzungen jedoch stimmen, ist immer möglich. Zudem sind sorgfältig überprüfte Voraussetzungen unverzichtbar, wenn eine Entscheidung verworfen werden muß. Die meisten Entscheidungen, die verworfen werden müssen, sind denn auch nicht auf einen Fehler zurückzuführen, der am Anfang des Entscheidungsprozesse gemacht wurde, vielmehr liegt ihnen eine spätere Veränderung der Ziele – der Umstände – zugrunde, die eine zuvor richtige Entscheidung mit einem Mal unangemessen macht. Und solange der Entscheidungsträger die Voraussetzungen für seine Entscheidung nicht genau kennt – zum Beispiel die Möglichkeiten zu schaffen, daß eine überholte Entscheidung unverzüglich durch eine neue und angemessene ersetzt werden kann –, wird er noch nicht einmal wahrnehmen, daß die Dinge sich verändert haben:

> Franklin D. Roosevelt wurde auf das Heftigste für seinen Wandel von einem konservativen Präsidentschaftskandidaten im Jahr 1932 zu einem radikal agierenden Präsidenten nur ein Jahr später gescholten. Doch nicht Roosevelt hatte sich geändert. Der plötzliche wirtschaftliche Niedergang zwischen Sommer 1932 und Frühjahr 1933 hatte die »Umstände« verändert. Eine Politik, die auf die Gesundung der nationalen Wirtschaft abzielte – was einer konservativen Wirtschaftspolitik entspricht –, war nicht mehr angemessen, als die Aufrechterhaltung des inneren Zusammenhaltes von Politik und Gemeinwesen diese Zielsetzung ablöste. Nachdem die Rahmenbedingungen sich geändert hatten, ersetzte Roosevelt seine ursprünglich wirtschaftliche Zielsetzung (Gesundung) durch eine politisch motivierte (Reform).

Ein genaue Einschätzung der Voraussetzungen ist notwendig, um die riskanteste aller möglichen Entscheidungen erkennen zu können: eine Entscheidung, deren Voraussetzungen grundsätzlich nicht miteinander zu vereinbaren sind. Mit anderen Worten, eine Entscheidung, die wirklich nur unter der Voraussetzung umsetzbar wäre, daß nichts schiefläuft. Ein klassisches Beispiel ist die

Entscheidung Präsident Kennedys für die Invasion Kubas in der Schweinebucht.

> Die eine Voraussetzung für ihre Umsetzbarkeit war mit Sicherheit das Bestreben, Fidel Castro zu stürzen. Die andere war, die Invasion als einen »spontanen« Aufstand der kubanischen Bevölkerung erscheinen zu lassen. Doch diese beiden Bedingungen hätten sich nur dann ergänzen können, wenn ein plötzlicher landesweiter Aufstand gegen Castro die gesamte kubanische Armee lahmgelegt hätte. Auch wenn das nicht unmöglich gewesen wäre, so war es in einem so engmaschig kontrollierten Polizeistaat doch recht unwahrscheinlich.

Entscheidungen dieser Kategorie werden gewöhnlich Glücksspiele genannt. Doch tatsächlich sind sie noch weniger rational als jedes Glücksspiel: Es ist nicht nur die Hoffnung, daß die Entscheidung letztlich richtig war, sondern ebenso die Hoffnung, daß zwei (oder mehr) offensichtlich unvereinbare Voraussetzungen gleichzeitig erfüllt werden können. Es ist die Hoffnung auf ein Wunder; und das Ärgerliche an Wundern ist nicht, daß sie so selten geschehen, sondern daß man sich einfach nicht auf sie verlassen kann.
Jeder kann eine falsche Entscheidung treffen, und jeder wird irgendwann eine falsche Entscheidung treffen. Doch eine Führungskraft sollte keine Entscheidung treffen, die oberflächlich betrachtet sinnvoll erscheint, in der Praxis jedoch daran scheitert, daß die Voraussetzungen nicht erfüllt werden können.

DIE ENTSCHEIDUNG

Die effektive Führungskraft muß von dem ausgehen, was richtig ist, und nicht von dem, was akzeptabel ist; denn ein Kompromiß ist am Ende immer notwendig. Doch wenn das, was die Rahmenbedingungen erfüllt, unbekannt ist, kann der Entscheidungsträger nicht zwischen dem richtigen Kompromiß und dem falschen Kompromiß unterscheiden – denn er läuft Gefahr, letztendlich den falschen Kompromiß zu wählen.

> Diese Lektion lernte ich 1944, als ich meinen ersten großen Auftrag als Unternehmensberater abwickelte. Es war eine Untersuchung der Managementstrukturen und -strategien bei General Motors. Alfred P. Sloan, Jr., der zu diesem Zeitpunkt Präsident und Vorstandsvorsitzender des Unternehmens war, bat mich zu Beginn meines Auftrags in sein Büro und sagte: »Ich muß Ihnen nicht erzählen, was Sie zu untersuchen haben, was Sie zu schreiben haben und zu welchen Schlußfolgerungen Sie gelangen. Das ist Ihre Aufgabe. Meine einzige Vorgabe an Sie ist, daß Sie das niederschreiben, was nach Ihrer Einschätzung das Richtige ist. Kümmern Sie sich dabei nicht um unsere Reaktion und ebensowenig darum, ob wir das mögen oder nicht. Und beschäftigen Sie sich nicht mit den Kompromissen, die notwendig wären, um ihre Schlußfolgerungen akzeptabel zu machen. Denn alle Führungskräfte in diesem Unternehmen, ohne Ausnahme, sind in der Lage, ohne Ihre Hilfe jeden nur denkbaren Kompromiß zu erzielen. Doch keine Führungskraft hier kann einen richtigen Kompromiß erzielen, wenn Sie ihr nicht zuvor klar gemacht haben, was *richtig* ist.«

Die effektive Führungskraft weiß, daß es zwei unterschiedliche Formen der Kompromißfindung gibt. Die eine richtet sich nach dem Sprichwort »Ein halbes Brot ist besser als gar keines«, die andere basiert eindeutig auf der salomonischen Erkenntnis »Ein halbes Baby ist schlimmer als gar keines«. Im ersten Fall sind die Voraussetzungen noch erfüllt. Brot ist ein Lebensmittel und ein halber Laib ist das genauso wie ein ganzer. Ein »halbes Baby« erfüllt die Voraussetzungen jedoch nicht, denn ein halbes Baby ist keineswegs ein halbes lebendes und wachsendes Kind.
Es ist Zeitverschwendung, sich darüber Gedanken zu machen, was akzeptabel wäre und was der Entscheidungsträger sagen sollte oder was nicht, um so keinen Widerstand auszulösen. (Die Dinge, um die man sich Gedanken macht, treten nur sehr selten sein, während häufig Einwände und Schwierigkeiten zu fast unüberwindbaren Hindernissen werden, mit denen niemand gerechnet hat.) Entscheidungsträger haben nichts davon, wenn

sie mit der Frage beginnen: »Was ist akzeptabel?« Während sie damit beschäftigt sind, diese Frage zu beantworten, laufen sie Gefahr, wichtige Punkte außer acht zu lassen und verlieren somit jede Chance, eine effektive – geschweige denn die richtige – Antwort zu finden.

DER HANDLUNGSBEZUG

Die Entscheidung in praktisches Handeln umzusetzen, ist der fünfte wesentliche Bestandteil im Rahmen des Entscheidungsprozesses. Während die Einschätzung der Rahmenbedingungen den schwierigsten Schritt in einem Entscheidungsprozeß darstellt, erweist sich die Umsetzung einer Entscheidung in effektives Handeln in den meisten Fällen als zeitraubendster Schritt. Doch eine Entscheidung wird kaum effektiv sein, wenn der Handlungsbezug nicht schon von Beginn an berücksichtigt wurde. Tatsächlich kann erst dann von einer Entscheidung gesprochen werden, wenn jemand mit der Ausführung der jeweiligen Schritte betraut wird und hierfür die Verantwortung übernimmt. Bis zu diesem Punkt bleibt die Entscheidung nicht mehr als eine gute Absicht.

Der Knackpunkt vieler Strategiepapiere, besonders der wirtschaftlichen, ist die Tatsache, daß ihnen der Handlungsbezug fehlt – mit der Ausführung wird niemand betraut –, und niemand ist verantwortlich. Kaum ein Wunder, daß die Mitarbeiter in den Unternehmen solche Strategiepapiere zynisch bewerten, oft als Absichtserklärungen dessen, was das Topmanagement mit Sicherheit *nicht* umsetzen will.

Um eine Entscheidung in praktisches Handeln umsetzen zu können, ist es notwendig, Antworten auf mehrere spezifische Fragen zu finden: Wer muß von dieser Entscheidung wissen? Was muß getan werden? Wer muß das leisten? Wie muß der Handlungsbezug aussehen, damit die Menschen, die mit der Ausführung betraut werden, in der Lage sind, das zu leisten? Die erste und die letzte dieser Fragen werden zu häufig übersehen – mit fatalen Folgen. Eine Geschichte, die jeder Unternehmensberater kennt, verdeutlicht die Bedeutung der Frage: Wer muß von der Entscheidung wissen?

> Ein großer Investitionsgüterhersteller hatte vor mehreren Jahren entschieden, eines seiner Modelle zu stoppen, das jahrelang zur Standardausrüstung an einer Fertigungsstraße für Maschinenwerkzeuge gehört hatte und das vielfach noch benutzt wurde. So wurde entschieden, das Modell als Ersatzteil noch drei weitere Jahre an diejenigen zu verkaufen, die noch über das alte Equipment verfügten und Herstellung und Verkauf nach drei Jahren einzustellen. Die Bestellungen für dieses spezielle Modell waren seit einigen Jahren rückläufig. Doch plötzlich stiegen sie sprunghaft an, weil die Kunden sich noch vor dem Auslauf des Modells bevorraten wollten. Keiner jedoch hatte zuvor gefragt: Wer muß über diese Entscheidung informiert werden?
>
> So unterrichtete natürlich niemand den Mitarbeiter, der in der Einkaufsabteilung für den Einkauf der Teile zuständig war, die für den Bau des Modells benötigt wurden. Seinen Anweisungen zufolge mußte er die Bestellungen der Teile den jeweils aktuellen Umsatzzahlen anpassen – und diese Anweisungen blieben unverändert.
>
> Dadurch hatte das Unternehmen noch Teile für weitere acht bis zehn Produktionsjahre auf Lager, als das Modell endgültig eingestellt wurde. Teile, die mit beträchtlichen Verlusten abgeschrieben werden mußten.

Die Umsetzung in die Praxis muß darüber hinaus den Fähigkeiten derjenigen entsprechen, die sie ausführen:

> Vor einigen Jahren war eine beträchtliche Summe der flüssigen Mittel eines großen US-amerikanischen Chemiekonzerns in zwei westafrikanischen Ländern blockiert. Um dieses Geld zu sichern, entschied das Management, Investitionen in Unternehmen vor Ort zu tätigen. Mit den Zielen: (1) einen Beitrag zur wirtschaftlichen Entwicklung zu leisten, (2) nicht auf Importe aus dem Ausland angewiesen zu sein, (3) um sie, sollten sie erfolgreich sein, an Investoren vor Ort verkaufen zu können, sobald die Wechselkurse wieder

freizügig gehandelt würden. Um diese Unternehmen etablieren zu können, entwickelte der Konzern einen einfachen chemischen Prozeß zur Konservierung einer tropischen Frucht, die einen großen Teil der Ernte in beiden Ländern ausmachte, deren Transport auf westliche Märke zu diesem Zeitpunkt jedoch mit einem erheblichen Ausschuß verbunden war.
Das Geschäft florierte in beiden Ländern. Doch in einem der Länder strukturierte der Manager vor Ort das Unternehmen so, daß es ein hochspezialisiertes und technisch versiertes Management voraussetzte, und das war in Westafrika kaum zu finden. In dem anderen Land dagegen berücksichtigte der Geschäftsführer die eingeschränkten Fähigkeiten der Manager, die das Unternehmen schließlich leiten sollten. Folgerichtig arbeitete er intensiv daran, die Abläufe und das gesamte Unternehmen einfach und nachvollziehbar zu gestalten und stellte von Beginn an Einheimische bis hinauf in den Bereich der Geschäftsführung ein.
Einige Jahre später war der Devisentransfer aus beiden Ländern wieder möglich. Doch obwohl das Unternehmen florierte, konnte im ersten Land kein Käufer gefunden werden. Niemand vor Ort verfügte über die notwendigen betriebswirtschaftlichen und technischen Fähigkeiten, um den Betrieb des Unternehmens aufrechtzuerhalten, und so mußte es mit Verlusten liquidiert werden. Im anderen Land waren so viele einheimische Unternehmer daran interessiert, das Unternehmen zu erwerben, daß die ursprüngliche Investition sich amortisiert hatte und ein ansehnlicher Gewinn erzielt werden konnte. Das chemische Verarbeitungsverfahren und das Geschäft, das sich daraus ergab, waren in beiden Ländern identisch. Doch im ersten Land hatte keiner gefragt: »Welche Mitarbeiter stehen uns zur Verfügung, um diese Investitionsentscheidung effektiv zu gestalten?« und »Wo liegen ihre Fähigkeiten?« So wurde aus der Entscheidung eine Fehlentscheidung.

Diese Form des Handlungsbezugs wird um so wichtiger, wenn die betroffenen Menschen ihr Verhalten, ihre Gewohnheiten oder ihre Einstellungen ändern müssen, damit eine Entscheidung effektiv umgesetzt werden kann. Hier muß die Führungskraft nicht nur sicherstellen, daß die Verantwortung für das Handeln eindeutig zugewiesen wird, sondern auch, daß die mit der Ausführung betrauten Personen in der Lage sind, die Handlungen auszuführen. Daher muß der verantwortliche Entscheidungsträger sicherstellen, daß Bewertungsmaßstäbe und Anreize für diejenigen, die für die Umsetzung verantwortlich sind, gleichzeitig verändert werden. Andernfalls werden sich die Mitarbeiter intern einem zermürbenden und emotionalen Konflikt gegenübersehen. Hierzu die folgenden zwei Beispiele:

Theodor Vail traf vor 60 Jahren als Präsident von Bell Telephone Systems die Entscheidung, daß das Unternehmen eine Dienstleistung anbiete. Diese Entscheidung erklärt weitestgehend, warum die Vereinigten Staaten und Kanada heute von privaten und nicht von staatlichen Telefongesellschaften versorgt werden. Doch auch dieses strategische Konzept wäre im Sande verlaufen, wenn Vail nicht gleichzeitig Maßstäbe für ein effektives Dienstleistungsmanagement gesetzt und diese als Mittel zur Bewertung und schließlich als Grundlage für die Entlohnung der Arbeit im Management genutzt hätte. Für die zu dieser Zeit bei Bell beschäftigten Manager war es nichts Ungewöhnliches, aufgrund der Rentabilität ihrer Bereiche bewertet zu werden (oder zumindest gemessen an den Kosten, die sie verursachten). Diese neuen Maßstäbe führten zu einer schnellen Akzeptanz der neuen Zielsetzung.

In krassem Gegensatz dazu steht der erst vor kurzem gescheiterte Versuch eines exzellenten Vorstandsvorsitzenden, neue Unternehmensstrukturen und neue Zielsetzungen in einem alten, großen und angesehenen US-Unternehmen umzusetzen. Daß Veränderungen notwendig waren, wurde von niemandem in Frage gestellt. Das Unternehmen wies, nach Jahren der Marktführerschaft in seinem Industriesegment, eindeutige Anzeichen eines fortschreitenden Alterungsprozesses auf. Auf vielen Märkten wurde es von jüngeren, kleineren und aggressiver agierenden Wettbewerbern überrundet. Doch statt so zu handeln, wie es erforderlich gewesen wäre, um Akzeptanz für die neuen Ideen zu finden, berief der Vorstandsvorsitzende – um die Opposition zu beschwichtigen – prominente Fürsprecher der alten Schule in die repräsentativsten und bestbezahlten Positionen. Das vermittelte den Mitarbeitern im Unternehmen nur eine Botschaft: »Die meinen das nicht ernst.« Wenn die höchsten Gehälter für ein Verhalten bezahlt werden, das dem widerspricht, was der neue Kurs des Unternehmens verlangt, werden alle anderen zu dem Schluß kommen, daß das Topmanagement letztlich genau dieses Verhalten erwartet und somit auch belohnen wird.

Nur die effektivsten Führungskräfte sind wie Theodore Vail in der Lage, die Umsetzung einer Entscheidung in die Entscheidung selbst miteinzubeziehen. Doch jede Führungskraft sollte berücksichtigen, welchen Handlungsbezug die jeweilige Entscheidung erfordert, welche Arbeiten sich daraus ergeben und wer verfügbar ist, um sie auszuführen.

DAS FEEDBACK

Schließlich müssen die Kontrolle und der stetige Fluß von Informationen in den Entscheidungsprozeß integriert werden, um so eine kontinuierliche Überprüfung der Erwartungen, die an die Entscheidung geknüpft werden, zu gewährleisten. Diese Überprüfung muß sich immer auf die aktuelle Situation beziehen. Entscheidungen werden von Menschen getroffen, und Menschen machen Fehler. Mit ein wenig Glück verliert ihre Arbeit dann schnell an Wirkung. Selbst die hervorragendste Entscheidung birgt eine große Wahrscheinlichkeit, sich als falsch zu erweisen. Selbst die effektivste Entscheidung ist irgendwann überholt.
Das bedarf keiner weiteren Erklärung. Jede Führungskraft baut ein systematisches Feedback – Berichte, Zahlen und Untersuchungen – in die Entscheidung ein, um deren Umsetzung zu überwachen und Informationen über ihre Wirkung zu erhalten.

Doch trotz all dieser Überprüfungen führen zu viele Entscheidungen nicht zu den gewünschten Zielen und werden nicht effektiv umgesetzt. Ebensowenig wie die Aussicht vom Gipfel des Matterhorns auf einer Landkarte der Schweiz nachvollzogen werden kann, kann die Qualität einer Entscheidung vollständig und richtig überprüft werden, wenn man nur einen Bericht liest. Berichte sind notwendigerweise Abstraktionen.

Effektive Entscheidungsträger wissen das und folgen einer Regel, die schon vor langem für das Militär entwickelt wurde. Der Kommandeur, der eine Entscheidung fällt, verläßt sich nicht auf Berichte, um zu sehen, wie die Entscheidung umgesetzt wird. Er (oder ein Bevollmächtigter) macht sich auf den Weg, um sich die Umsetzung vor Ort anzuschauen. Diesem Handeln liegt weniger das Mißtrauen den Untergebenen gegenüber zugrunde, sondern vielmehr das oft in niederschmetternden Erfahrungen erworbene Mißtrauen gegenüber »abstrakten« Kommunikationsformen.

Angesichts der Computertechnologie wird das »Feedback-Element« noch wichtiger. Sollte die Entscheidungsträgerin oder der Entscheidungsträger es versäumen, das Geschehen vor Ort zu verfolgen, wird sie oder er sich immer weiter von der Realität entfernen. Ein Computer ist ausschließlich in der Lage, abstrakte Informationen zu verarbeiten. Und abstrakte Ergebnisse sind nur dann verläßlich, wenn sie konstant mit konkreten Ergebnissen verglichen werden. Ansonsten führen sie mit Sicherheit in die Irre.

Sich auf den Weg zu machen und vor Ort zu beobachten, ist entschieden der beste, wenn nicht der einzige Weg für eine Führungskraft, sicherzustellen, daß die Voraussetzungen, die einer Entscheidung zugrunde liegen, immer noch gültig sind, oder herauszufinden, ob sie veraltet sind und der Überarbeitung bedürfen. Denn früher oder später *muß* damit gerechnet werden, daß die Voraussetzungen ihre Gültigkeit verlieren. Die Realität verharrt niemals sehr lange auf einer Stelle.

Das Versäumnis, sich auf den Weg zu machen und zu beobachten, ist der typische Grund dafür, in einem Handlungsbezug zu verharren, der schon lange nicht mehr angemessen oder sogar schon völlig unlogisch geworden ist. Das gilt für unternehmensstrategi-

sche Entscheidungen ebenso wie für politische Entscheidungen. Das Scheitern von Stalins Politik des »Kalten Krieges« in Europa mag als ebenso beispielhaft hierfür gelten, wie das Versäumnis der USA, ihre Politik der Realität eines wirtschaftlich wiedererstarkten Europas anzupassen oder die englische Verweigerungshaltung gegenüber den Realitäten des gemeinsamen europäischen Marktes. Darüberhinaus entpuppt sich in jedem Unternehmen, das ich kenne, das Versäumnis, vor Ort Kunden und Märkte, Konkurrenten und ihre Produkte zu beobachten, als Hauptgrund für schlechte, wenig effektive und falsche Entscheidungen.
Entscheidungsträger benötigen systematische Informationen, um ein Feedback zu gewährleisten. Sie benötigen Berichte und Zahlen. Doch wenn sie dieses Feedback nicht direkt mit der Realität konfrontieren – wenn sie nicht über die notwendige Disziplin verfügen, um selbst vor Ort ihre Beobachtungen anzustellen –, dann werden sie selbst in einen sterilen und unglaubwürdigen Dogmatismus verfallen.

SCHLUSSBEMERKUNG

Entscheidungen zu treffen ist nur eine der Aufgaben einer Führungskraft. Sie beansprucht nur einen kleinen Teil ihrer Zeit. Doch wirklich wichtige Entscheidungen zu treffen, ist das spezifische Merkmal einer Führungsaufgabe. Denn nur eine Führungskraft ist in der Lage, eine solche Entscheidung zu treffen.
Eine effektive Führungskraft trifft solche Entscheidungen im Rahmen eines systematischen Prozesses mit klar definierten Bestandteilen und als logische Abfolge einzelner Schritte. Die Tatsache, daß von ihr erwartet wird und erwartet werden darf, Entscheidungen zu treffen, die einen wesentlichen und positiven Einfluß auf das ganze Unternehmen haben, auf seine Leistungsfähigkeit und die Ergebnisse, zeichnet die effektive Führungskraft aus.

TREFFEN SIE DIE RICHTIGEN PERSONALENTSCHEIDUNGEN

Führungskräfte verbringen mehr Zeit mit Personalmanagement und mit Entscheidungsfindung in bezug auf Angelegenheiten, die Menschen betreffen, als mit jeder anderen Beschäftigung – und das sollte auch so sein. Es gibt keine anderen Entscheidungen, die so langfristige Konsequenzen haben oder so schwierig wieder rückgängig zu machen sind. Und dennoch sind die Entscheidungen, die die eigenen Mitarbeiter oder zum Beispiel verkaufsfördernde Maßnahmen betreffen, im großen und ganzen miserabel. Unter Berücksichtigung aller Faktoren ist ihre Trefferquote nicht höher als 0,333, das heißt, daß höchstens ein Drittel dieser Entscheidungen erfolgreich ist, ein Drittel minimale Auswirkungen hat und ein Drittel der Entscheidungen unzweifelhaft gescheitert ist.
In keinem anderen Managementbereich würden wir uns mit derart ungenügenden Leistungen zufriedengeben. Und das müssen und sollten wir auch nicht. Manager, die Personalentscheidungen treffen, werden natürlich niemals perfekt sein, aber sie sollten doch alles daransetzen, sich mit ihrer Erfolgsquote der 100-Prozent-Marke zu nähern – besonders, da wir in keinem anderen Managementbereich über ein so ausgereiftes Wissen verfügen.
Und es gibt tatsächlich Führungskräfte, deren Personalentscheidungen nahezu perfekt sind. Zu Zeiten Pearl Harbors war in der US-Armee das Corps der Offiziere im Generalsrang überaltert. Obwohl keiner der jüngeren Männer in Kampfsituationen oder in besonderen Truppenkommandos getestet worden war, gingen die Vereinigten Staaten mit dem größten Corps kompetenter Offiziere im Generalsrang aus dem Zweiten Weltkrieg hervor, das eine Armee jemals hat vorweisen können. George C. Marshall, der Stabschef, hatte alle Männer persönlich ausgewählt. Nicht alle

waren sehr erfolgreich, aber praktisch keiner erwies sich als wirklicher Fehlgriff.
In den etwa vierzig Jahren, in denen Alfred P. Sloan Jr. General Motors führte, bestimmte er jede GM-Führungskraft – bis hin zu den Betriebsleitern, Leitenden Ingenieuren und Mechanikermeistern selbst in der kleinsten Zubehörabteilung persönlich. Nach heutigen Standards mögen Sloans visionäre Kraft und seine Werte engstirnig erscheinen. Sie waren es. Für ihn zählte nur die Leistung bei und für GM. Langfristig betrachtet ist jedoch seine Fähigkeit, Menschen auf die richtigen Positionen zu versetzen, ohne Zweifel unübertroffen.

DIE GRUNDLEGENDEN PRINZIPIEN

Es gibt kein unfehlbares Urteil über Menschen, zumindest nicht in diesem Leben. Es gibt jedoch einige wenige Führungskräfte, die ihre Personalentscheidungen ernst nehmen und an ihnen arbeiten.
Marshall und Sloan waren die unterschiedlichsten Menschen, die man sich vorstellen kann, aber in ihren Personalentscheidungen folgten sie, und dies recht bewußt, weitgehend gleichen Prinzipien:

- Wenn ich einer Person eine Aufgabe zuweise und sie dort keine Leistung zeigt, habe ich einen Fehler gemacht. Ich habe keinen Grund, dieser Person die Schuld zuzuweisen, keinen Grund, mich auf das Peter-Prinzip zu berufen, keinen Grund, mich zu beschweren. Ich habe einen Fehler gemacht.
- »Jeder Soldat hat ein Recht auf kompetente Befehle«, lautete schon eine alte Maxime zu Zeiten Julius Cäsars. Es ist die Pflicht eines Managers, sicherzustellen, daß die verantwortlichen Menschen in ihren Organisationen angemessene Leistungen erbringen.
- Von allen Entscheidungen, die eine Führungskraft trifft, sind keine so wichtig wie diejenigen, die Menschen betreffen, weil sie über die Leistungsfähigkeit der Organisation bestimmen.

Aus diesem Grunde sorgt man besser dafür, daß diese Entscheidungen erfolgreich sind.

- Nur vor einer Sache sollte Sie sich hüten: Weisen Sie grundlegend neue Aufgaben, die von großer Bedeutung sind, niemals neuen Mitarbeitern zu, weil damit das Risiko nur erhöht wird. Sie sollten derartige Aufgaben Menschen vorbehalten, deren Verhalten und Gewohnheiten Sie kennen, und die sich innerhalb Ihrer Organisation Vertrauen und Glaubwürdigkeit erworben haben. Weisen Sie einem guten Newcomer als erstes eine etablierte Position zu, in der die Erwartungen bekannt und Hilfestellungen verfügbar sind.

Von einigen der gravierendsten Personalfehlentscheidungen, die ich miterlebt habe, waren brilliante Europäer betroffen, die von US-Unternehmen beschäftigt wurden – eines in Pittsburgh, das andere in Chicago ansässig – mit dem Ziel, geschäftlich in Europa tätig zu werden. Dr. Hans Schmidt und M. Jean Perrin (nur die Namen wurden geändert) wurden, als sie begannen, als Genies gepriesen. Ein Jahr später waren sie wieder draußen, gescheitert und vernichtend geschlagen.

Niemand in Pittsburgh hatte verstanden, daß Schmidts Ausbildung und seine Mentalität dazu führen würden, angesichts der neuen Aufgabe sechs oder neun Monate dazusitzen und nachzudenken, zu studieren und zu planen, um sich darauf vorzubereiten, entschlossen handeln zu können. Schmidt hingegen hatte nicht einen Gedanken daran verschwendet, daß Pittsburgh sofortiges Handeln und augenblickliche Resultate erwartete.

Niemand in Chicago wußte, daß Perrin, obwohl er als solider und absolut zielbewußter Mann galt, reizbar und launisch war, daß er die Hände rang, Reden über Bedeutungslosigkeiten schwang und einen Versuchsballon nach dem anderen startete. Obwohl beide Männer später zu sehr erfolgreichen Vorständen großer europäischer Unternehmen wurden, waren sie doch in den Unternehmen, die sie nicht verstanden und kannten, zum Scheitern verurteilt.

Zwei andere US-Unternehmen gründeten zur selben Zeit (das heißt in den späten 60er bzw. frühen 70er Jahren) erfolgreich ihre ersten Niederlassungen in Europa. Um ihre Projekte in die Wege

zu leiten, schickten beide eine amerikanische Führungskraft nach Europa, die niemals zuvor dort gelebt oder gearbeitet hatte, die jedoch die Mitarbeiter im amerikanischen Hauptsitz gut kannten und verstanden. Ebenso waren die zwei Manager von Grund auf mit ihren Unternehmen vertraut. Gleichzeitig stellten beide Organisationen ein halbes Dutzend junger Europäer ein, die eine höhere Position im mittleren Management in den Vereinigten Staaten bekleideten. Innerhalb weniger Jahre verfügten beide Unternehmen über eine solide europäische Niederlassung und eine qualifizierte, angemessene und vertrauenswürdige Riege von Führungskräften, die diese führten.
Schon Winston Churchills Vorfahr, der große Duke of Marlborough, hatte dreihundert Jahre zuvor die folgende Beobachtung gemacht: »Die größte Schwierigkeit in der Kriegführung an der Seite eines Koalitionärs ist es, daß man den Sieg, wenn nicht gar sein Leben, einem Kommandanten anvertrauen muß, den man zumeist nur aufgrund seines Rufes und nicht aufgrund früherer Leistungen kennt.«
In einem Unternehmen gilt das gleiche wie im Militär – ohne das persönliche Wissen, das sich über eine lange Zeit eingestellt hat, kann es weder Vertrauen noch effektive Kommunikation geben.

DIE SCHRITTE ZUR ENTSCHEIDUNG

Genauso wie es nur einige wenige grundlegende Prinzipien gibt, lassen sich nur wenige wichtige Schritte darstellen, denen Sie folgen sollten, um effektive Personal- und verkaufsfördernde Entscheidungen zu treffen:

Machen Sie sich Gedanken über die Stellenbeschreibung

Stellenbeschreibungen können eine lange Lebensdauer haben. In einem großen produzierenden Unternehmen zum Beispiel hat sich die Beschreibung für die Position des Generaldirektoren einer Unternehmenseinheit kaum verändert, seit das Unternehmen vor 30 Jahren mit der Dezentralisierung begann. Und die

Stellenbeschreibung für Bischöfe in der römisch-katholischen Kirche hat sich nicht ein bißchen verändert, seit im dreizehnten Jahrhundert erstmals das Kanonische Recht erlassen wurde. Die Aufgabenstellungen ändern sich jedoch ständig und unvorhersehbar.

Zu Beginn der 40er Jahre sagte ich Alfred Sloan einmal, er scheine einen unangemessenen Zeitaufwand zu betreiben, um die Aufgaben abzuwägen, die eine leitende Position auf einem relativ niedrigen Niveau mit sich brachte – es ging um die Stelle des regionalen Vertriebsmanagers in einem kleinem Zubehörbetrieb –, bevor er sich für einen der drei gleichqualifizierten Kandidaten entschied. »Sehen Sie sich die Aufgabenstellungen der letzten Male doch an, als wir die gleiche Stelle zu besetzen hatten«, antwortete Sloan. Zu meiner Überraschung sah ich, daß die Beschreibungen in allen Fällen ganz unterschiedlich ausfielen.

Immer wenn er während des Zweiten Weltkrieges den Rang eines Divisionskommandeurs zu besetzen hatte, befaßte sich George Marshall zuerst eingehend mit der Aufgabenstellung der nächsten achtzehn Monate oder zwei Jahre. Eine Division aufzubauen und zu unterrichten, ist eine Aufgabe. Sie in Kampfsituationen zu führen ist eine andere. Das Kommando über eine Einheit zu übernehmen, die schwer geschädigt wurde, und ihre Moral und Kampfstärke wiederherzustellen, ist wieder eine andere.

Wenn eine verantwortliche Führungskraft vor der Aufgabe steht, einen neuen regionalen Vertriebsmanager auszuwählen, muß sie als erstes wissen, was der Kern der neuen Aufgabe ist: neue Verkäufer einzustellen und auszubilden, weil die gegenwärtige Verkaufsflotte sich zum Beispiel dem Rentenalter nähert? Oder sollen neue Märkte erschlossen werden, weil die Produkte des Unternehmens, auch wenn sie in den herkömmlichen Industriezweigen der Region gut laufen, nicht in der Lage waren, in neue und wachsende Märkte einzudringen? Oder soll, weil der Großteil der Verkäufe von 25 Jahre alten Produkten erwirtschaftet wird, eine Marktpräsenz für die neuen Produkte des Unternehmens geschaffen werden? All diese Aufgabenstellungen weichen voneinander ab und erfordern eine andere Person, um sie zu bewältigen.

Suchen Sie nach einer größeren Anzahl eventuell qualifizierter Leute

Der wesentliche Begriff hier ist »Anzahl«. Formale Qualifikationen müssen selbstverständlich in Betracht gezogen werden; fehlen diese, ist der Kandidat sofort aus dem Rennen. Ebenso wichtig ist es jedoch, daß die Person und die Aufgabe zu einander passen. Um eine effektive Entscheidung zu treffen, muß eine Führungskraft drei bis fünf qualifizierte Kandidaten zur Auswahl haben.

Denken Sie intensiv darüber nach, wie Sie diese Kandidaten beurteilen wollen

Wenn eine Führungskraft die Aufgabenstellung genau unter die Lupe genommen hat, versteht sie, was ein neuer Mitarbeiter mit hoher Priorität und Motivation tun müßte. Die zentrale Frage lautet nicht »Was kann dieser oder jener Kandidat tun oder nicht tun?«, sie lautet vielmehr: »Über welche Stärken verfügt dieser oder jener, und sind dies die geeigneten Stärken für die Aufgabe?« Schwächen sind Beschränkungen, die einen Kandidaten natürlich aus dem Rennen werfen können. So kann ein Mensch zum Beispiel hervorragend für die technischen Aspekte einer Position geeignet sein; aber wenn die Aufgabe vor allem die Fähigkeit erfordert, ein Team aufzubauen und diese Fähigkeit fehlt, dann ist die Übereinstimmung nicht gegeben.

Aber effektive Führungskräfte beginnen nicht damit, nach Schwächen zu suchen. Sie können Leistung nicht auf Schwächen gründen. Sie können nur auf Stärken setzen. Sowohl Marshall als auch Sloan waren sehr anspruchsvolle Männer, aber beide wußten, daß nur die Fähigkeit, die Aufgabe zu bewältigen, wirklich zählt. Wenn das der Fall ist, kann das Unternehmen immer das noch Fehlende ergänzen. Wenn es nicht der Fall ist, ist der Rest nutzlos.

Wenn eine Abteilung beispielsweise einen Offizier für die Ausbildung benötigte, suchte Marshall nach Leuten, die Rekruten zu Soldaten machen konnten. Jeder Mann, der auf diesem Gebiet gut war, hatte üblicherweise ernsthafte Schwächen auf anderen Gebieten. Einer war als Befehlshaber nicht besonders effektiv in taktischen Fragen und war schlichtweg überfordert, wenn es um

strategische Dinge ging. Ein anderer hatte die Maul- und Klauenseuche und bekam Schwierigkeiten mit der Presse. Ein dritter war eitel, arrogant und egoistisch und lag in ständigem Clinch mit seinem diensthabenden Offizier. Wie auch immer – konnte er Rekruten ausbilden? Wenn die Antwort »ja« lautete – und besonders, wenn die Antwort »er ist der Beste« lautete – bekam er die Position.
Wenn es um die Auswahl ihrer Kabinettsmitglieder ging, standen Franklin Roosevelt und Harry Truman auf folgendem Standpunkt: »Persönliche Schwächen hin oder her – Sagen sie mir als erstes, was jeder von ihnen tun kann.« Es kann kein Zufall sein, daß diese zwei Präsidenten über die stärksten Kabinette der US-Regierung im 20. Jahrhundert verfügten.

Reden Sie über die Kandidaten mit möglichst vielen Menschen, die mit ihnen zusammengearbeitet haben

Das Urteil einer einzelnen Führungskraft allein ist wertlos. Weil alle von uns einen ersten Eindruck, Vorurteile, Vorlieben und Antipathien haben, müssen wir auf das hören, was andere Menschen denken. Wenn das Militär Generäle im Offiziersrang auswählt oder wenn die katholische Kirche das Amt eines Bischofs besetzen will, ist diese ausführliche Diskussion ein formaler Schritt in ihrem Auswahlprozeß. Kompetente Führungskräfte führen diesen Prozeß auf informelle Weise durch. Hermann Abs, der frühere Chef der Deutschen Bank, hat in der jüngeren Vergangenheit mehr erfolgreiche Manager ausgewählt als irgend jemand sonst. Er hat die meisten Topmanager, die das Wirtschaftswunder im Nachkriegsdeutschland herbeigeführt haben, persönlich ausgesucht, und er hat jeden von ihnen erst mit drei oder vier früheren Vorgesetzten oder Kollegen auf Herz und Nieren überprüft.

Vergewissern Sie sich, daß der Auserwählte die Aufgabe versteht

Wenn der Kandidat, der den Zuschlag bekommen hat, drei oder vier Monate in seiner neuen Position gearbeitet hat, sollte er sich auf die Anforderungen dieser Position konzentrieren und nicht mehr auf die seiner alten Aufgabe. Es ist die Verantwortung der

Führungskraft, diese Person zu sich zu rufen und zu sagen: »Sie sind nun seit drei Monaten regionaler Verkaufsleiter (oder was auch immer). Was haben Sie getan, um in ihrer neuen Position erfolgreich zu sein? Denken Sie darüber nach und kommen Sie in einer Woche oder in zehn Tagen wieder und zeigen Sie es mir – schriftlich. Aber ich kann Ihnen schon jetzt eines sagen: Das, was Sie getan haben, um befördert zu werden, ist mit Sicherheit nicht das, was Sie jetzt tun sollten.«

Wenn Sie diesem Schritt nicht folgen, schieben Sie nicht dem Kandidaten die Schuld für schlechte Leistungen in die Schuhe. Geben Sie sich selbst die Schuld. Sie haben in Ihrer Pflicht als Manager versagt.

Die Hauptursache für gescheiterte Beförderungen – und ich kenne keine größere Verschwendung im amerikanischen Management – ist das Versäumnis, nachzudenken, – und anderen zu helfen, darüber nachzudenken – welche Anforderungen eine neue Position mit sich bringt. Nur zu typisch ist die Situation, die ich vor einigen Monaten erlebte. Einer meiner brillantesten ehemaligen Studenten rief mich fast in Tränen aufgelöst an. »Ich habe vor einem Jahr meine erste große Chance bekommen«, erzählte er. »Mein Unternehmen hat mich zum Leitenden Ingenieur berufen. Nun sagen sie mir, daß ich gehen muß. Und ich habe besser gearbeitet als jemals zuvor. Ich habe drei erfolgreiche neue Produkte entworfen, für die wir nun Patente anmelden werden.«

Es ist nur menschlich, wenn wir zu uns selbst sagen: »Ich muß etwas richtig gemacht haben, sonst hätte ich den Job nicht bekommen. Also mußte ich nun, da ich den neuen Job habe, das, wofür ich ihn bekommen habe, noch mehr und noch besser tun.« Es ist den meisten Menschen nicht intuitiv klar, daß eine neue und andere berufliche Aufgabe neue und andere Verhaltensweisen erfordert. Vor fast 50 Jahren konfrontierte mein damaliger Chef mich vier Monate, nachdem er mich in eine weitaus verantwortungvollere Position berufen hatte, mit dieser Herausforderung. Bis zu diesem Gespräch mit ihm hatte ich fortgefahren, das zu tun, was ich vorher getan hatte. Es ist sein großes Verdienst, daß er es als seine Verantwortung begriff, mich darauf aufmerksam zu machen, daß eine neue Position neue Verhaltensweisen, einen anderen Blickwinkel und neue Beziehungen erfordert.

ENTSCHEIDUNGEN MIT HOHEM RISIKO

Selbst wenn Führungskräfte all diesen Schritten folgen, werden doch einige ihrer Personalentscheidungen fehlschlagen. Dies sind größtenteils die mit hohen Risiken verbundenen Entscheidungen, die dennoch getroffen werden müssen.
Es liegt beispielsweise ein hohes Risiko vor, wenn Manager für besondere Aufgaben ausgewählt werden – für ein Forschungslabor zum Beispiel oder eine Entwicklungs- oder Rechtsabteilung. Experten akzeptieren keineswegs bereitwillig jemanden als ihren Chef, dessen berufliche Erfolge sie nicht respektieren. Um einen leitenden Ingenieur auszuwählen, ist daher die Auswahl häufig auf die besten Ingenieure innerhalb der Abteilung beschränkt. Und dennoch gibt es keine Korrelation (es sei denn eine negative) zwischen der Leistung als Ingenieur und der Leistung als Manager. Das gleiche gilt auch, wenn ein wirklich guter Betriebsmanager in eine leitende Funktion im Hauptsitz des Unternehmens befördert wird oder wenn ein Personalexperte eine Position in der Fertigung übernimmt. Ihr Temperament macht es Leuten, die lange in der Fertigung gearbeitet haben, schwer, sich an die Spannungen, Frustrationen und Beziehungen der Büroarbeit zu gewöhnen und umgekehrt. Ein erstklassiger Vertriebsleiter kann sehr wohl völlig ineffektiv werden, wenn er in die Abteilung für Marktforschung, Verkaufsprognosen oder Pricing befördert wird.
Wir wissen nicht, wie wir testen oder vorhersagen können, ob das Verhalten einer Person in einer neuen Umgebung angemessen sein wird. Wir können das nur herausfinden, indem wir die Probe aufs Exempel machen. Wenn sich ein Wechsel von einer Art der Arbeit hin zu einer anderen als Fehler herausstellt, muß die Führungskraft, die die Entscheidung getroffen hat, diesen Fehlgriff wieder rückgängig machen, und das muß schnell geschehen.

Aber die Führungskraft muß auch sagen: Ich habe einen Fehler gemacht, und es ist meine Aufgabe, das wiedergutzumachen. Ungeeignete Mitarbeiter auf ihren neuen Positionen zu belassen, die sie nicht bewältigen können, ist nicht nett; es ist geradezu grausam. Aber es gibt auch keinen Grund, diese Person gehen zu lassen. Ein Unternehmen kann immer einen guten Betriebsingenieur, einen guten Analysten, einen guten Vertriebsmanager gebrauchen. Der angemessene Handlungsablauf – und der funktioniert fast immer – ist es, dem an die falsche Arbeit geratenen Mitarbeiter eine Rückkehr an den alten oder einen vergleichbaren Arbeitsplatz anzubieten.

Personalentscheidungen können sich auch deshalb als Fehler erweisen, weil eine Position zu dem geworden ist, was die Schiffskapitäne in Neu England vor 150 Jahren als *widow maker* (»Witwenmacher«) bezeichnet haben. Wenn ein Schnellsegler plötzlich fatale »Unfälle« hatte, obwohl er als hervorragend konstruiert und gebaut galt, versuchten die Eigentümer nicht, ihn zu reparieren oder neu zu konstruieren, sie wrackten ihn so schnell wie möglich ab.

Widow maker – also Positionen, auf denen selbst gute Leute regelmäßig scheitern – entstehen meistens, wenn ein Unternehmen wächst oder sich schnell verändert. So wurde in den 60er und frühen 70er Jahren beispielsweise die Position des »Vizepräsidenten für Internationale Angelegenheiten« in den US-amerikanischen Banken zum *widow maker*. Bis dahin hatte es nie Schwierigkeiten gegeben, diese Stelle zu besetzen. Im Gegenteil, sie war immer als eine Position betrachtet worden, die leicht mit nicht ganz so leistungsfähigen Mitarbeitern zu besetzen war, welche man aus bestimmten Gründen zu berücksichtigen hatte und von welchen man dann eine halbwegs akzeptable Leistung erwarten konnte. Dann plötzlich versagte auf dieser Position ein Pfründeninhaber nach dem anderen. Was war geschehen? Die internationalen Aktivitäten waren plötzlich und ohne Vorwarnung zu einem integralen Bestandteil des täglichen Geschäftes größerer Banken und ihrer Geschäftskunden geworden. Was bis dahin ein leichter Job gewesen war, wurde buchstäblich zu einem Unjob, dem niemand gewachsen war.

Wann immer in einer Position zwei Menschen nacheinander scheitern, die in ihren früheren Aufgabengebieten gute Leistungen gezeigt haben, ist das ein Hinweis darauf, daß das Unternehmen über einen *widow maker* verfügt. Wenn das geschieht, sollte eine verantwortungsvolle Führungskraft keinesfalls den Headhunter nach einem Universaltalent fragen. Sie sollte stattdessen die Position abschaffen. Jede Position, auf der eigentlich kompetente Mitarbeiter keine Leistung zeigen können, ist eine Position, die nicht besetzt werden kann. Wenn sich nichts ändert, wird auch ein dritter Mitarbeiter so versagen wie seine Vorgänger.
Richtige Personalentscheidungen zu treffen ist das ultimative Mittel, um eine Organisation zu kontrollieren. Derartige Entscheidungen enthüllen, wie kompetent das Management ist, was seine Werte sind und ob es seine Arbeit ernst nimmt. Egal wie sehr Manager versuchen, aus ihren Entscheidungen Geheimnisse zu machen – und einige bemühen sich immer noch intensiv darum – Personalentscheidungen können nicht versteckt werden. Sie sind deutlich sichtbar.
Führungskräfte können oft nicht beurteilen, ob ein strategischer Zug eine gute Entscheidung war oder nicht. Sie interessieren sich auch nicht unbedingt dafür. »Ich weiß nicht, warum wir diese Niederlassung in Australien aufbauen, aber es wird unsere Arbeit hier in Fort Worth nicht berühren«, ist eine ganz übliche Reaktion. Aber wenn die gleichen Führungskräfte lesen, daß »Patrick Smith zum Controller in der XYZ-Abteilung berufen« wurde, kennen sie diesen Patrick üblicherweise besser als das Topmanagement. Diese Führungskräfte sollten in der Lage sein, zu sagen: »Patrick verdient diese Beförderung; er ist eine gute Wahl – genau die Person, die die Abteilung benötigt, damit das Controlling den Weg für ein schnelles Wachstum ebnet.«
Wenn Patrick aber befördert wurde, weil er ein Politiker ist, wird jeder Bescheid wissen. Sie werden alle denken: »Ach so, auf diese Weise kommt man in diesem Unternehmen also weiter.« Sie werden ihr Management dafür verachten, daß sie gezwungen werden, sich politisch zu betätigen, aber schließlich werden sie entweder gehen oder selbst zu Politikern werden. Wir wissen seit langem, daß Leute in Organisationen dazu neigen, in ihrem eige-

nen Verhalten die Menschen nachzuahmen, deren Verhalten belohnt wurde. Und wenn derartige Belohnungen zu einem Nachlassen der Leistungsfähigkeit, zu Schmeichelei und Anbiederei führen, dann wird die gesamte Organisation sich bald durch nachlassende Leistungen, Schmeichelei und Anbiederei auszeichnen.

Führungskräfte, die keinerlei Anstrengungen unternehmen, ihre Personalentscheidungen angemessen zu treffen, setzen mehr, als nur ihre Leistungsfähigkeit aufs Spiel. Sie riskieren, den Respekt innerhalb ihrer Organisation zu verspielen.

DIE GROSSE KRAFT DER KLEINEN IDEEN

- Ist eine langfristige Planung nur in großen Unternehmen sinnvoll?
- Bedeuten langfristige Planungen die Vorhersage dessen, was die Zukunft mit sich bringen wird und die Anpassung des unternehmerischen Handelns an diese vorweggenommenen Trends?

Viele Führungskräfte würden diese beiden Fragen aufgrund ihres eigenen Handelns mit *Ja* beantworten. Aber sie liegen falsch. Die richtige Antwort auf beide Fragen ist ein entschiedenes *Nein*!
Wir können die Zukunft nicht kennen. Das einzige, was wir von ihr mit Sicherheit sagen können, ist, daß sie anders sein wird als die Gegenwart und daß sie keineswegs eine Fortsetzung dieser darstellen wird. Aber noch ist die Zukunft nicht geboren, nicht geformt, noch ist sie unbestimmt. Sie kann durch zielgerichtetes Handeln gestaltet werden. Und die einzige effektive Motivation für ein solches Handeln ist eine Idee – die Idee von einer anderen Wirtschaftsordnung, einer anderen Technologie oder einem anderen Markt, der von einem anderen Industriezweig ausgebeutet wird.
Aber Ideen sind immer klein, wenn sie geboren werden. Und aus diesem Grunde ist langfristiges Planen nicht nur etwas für große Unternehmen. Aus diesem Grunde können kleine Firmen sogar Vorteile haben, wenn sie heute versuchen, die Zukunft zu gestalten.
Das Neue, das andere sieht, wenn es in finanziellen Maßstäben gemessen wird, immer so klein und unbedeutend aus, daß es von der bloßen Existenz der gegenwärtigen erfolgreichen Geschäftstätigkeit großer Unternehmen an die Wand gedrängt zu werden

scheint. Die wenigen Millionen Dollar Umsatz, die mit einer neuen Idee in den nächsten Jahren erzielt werden könnten, sehen, selbst wenn diese ein durchschlagender Erfolg sein sollte, im Vergleich zu den vielen Millionen, die etablierte Branchen erwirtschaften, so winzig aus, daß dieses Geld manches Mal unterschätzt wird.

Und dennoch sind für die Bewältigung des Neuen große Anstrengungen erforderlich. Sie sind so groß, daß das kleine Unternehmen nicht selten kurz davor ist, aufzugeben. Aus diesem Grunde tut ein großes Unternehmen gut daran, spezielle, auf langfristige Planungen ausgelegte Anstrengungen zu organisieren, sonst gelänge es ihm niemals, mehr als das Tagesgeschäft zu bewältigen.

Aber natürlich wird eine kleine Firma, die schon heute die Zukunft erfolgreich gestaltet, nicht sehr lange ein »kleines Unternehmen« bleiben. Jedes heute existierende große Unternehmen war einst – und oftmals vor nicht allzu langer Zeit, wie im Falle von IBM oder Xerox – eine kleine Firma, deren Basis eine Idee war, wie die Zukunft aussehen sollte.

Diese »Idee« jedoch muß unternehmerische Züge tragen – und somit das Potential und die Fähigkeit in sich bergen, zur Mehrung des Wohlstandes beizutragen – symbolisiert durch eine kontinuierliche, arbeitsame, produzierende Geschäftstätigkeit und effektiv durch wirtschaftliches Handeln und Verhalten. Der unternehmerischen Idee liegt immer die Frage zugrunde: »Welche wesentlichen Veränderungen in der Wirtschaftsordnung, auf dem Markt oder unseres Wissens würden unser Unternehmen in die Lage versetzen, die Geschäftstätigkeit auf eine Art und Weise aufrechtzuerhalten, die wir wünschenswert fänden und die uns die besten wirtschaftlichen Ergebnisse sichern würde?« Die vorherrschende Frage sollte nicht lauten: »Wie sollte die zukünftige Gesellschaft aussehen?« Dies ist die Frage eines sozialen Reformers, eines Revolutionärs oder Philosophen – nicht die des Unternehmers.

Weil dies ein so beschränkter Ansatz ist, neigten Historiker immer wieder dazu, ihn zu übersehen. Sie neigten dazu, zu vergessen, wie weitreichend die Auswirkungen innovativer geschäftlicher

Aktivitäten sein können. Eine *große* philosophische Idee hatte natürlich weitaus tiefergreifende Effekte. Aber andererseits hatten nur sehr wenige philosophische Ideen überhaupt Auswirkungen. Und während jede geschäftliche Idee viel beschränkter ist, sind doch ihre Auswirkungen im Verhältnis sehr viel weiterreichend. Mit dem Ergebnis, daß Unternehmer als Gemeinschaft einen sehr viel größeren Einfluß auf die Gesellschaft gehabt haben, als Historiker gemeinhin realisieren.

Die bloße Tatsache, daß ihre Ideen keine »großen Ideen« sind – so groß, daß sie die gesamte Gesellschaft oder das gesamte Wissen betreffen, sondern »kleine Ideen«, die nur einen kleinen Teilbereich berühren –, macht die Idee des Unternehmers noch viel lebendiger. Die Menschen, die solche Ideen haben, mögen die Wirtschaft oder die Gesellschaft der Zukunft völlig falsch einschätzen. Aber welche Rolle spielt das, solange sie in ihrem eigenen, beschränkten geschäftlichen Bereich annähernd richtig liegen? Alles, was sie benötigen, um erfolgreich zu sein, ist nur eine kleine, spezifische Entwicklung. Es ist wahr, daß einige – sehr – wenige große philosophische Konzepte Eingang in die Geschichtsbücher gefunden haben; eine ganze Menge kleiner unternehmerischer Ideen dagegen wurde zu Erfolgen auf dem Börsenparkett.

Lassen Sie uns dabei einen Blick auf die Geschichte werfen, um einige kleine Ideen darzustellen, die zu großen Ergebnissen geführt haben. Lassen Sie uns zuerst einige Ideen betrachten, aus denen ganze Branchen erwuchsen. (Anschließend werden wir einen Blick auf kleine Ideen werfen, aus denen große Konzerne hervorgegangen sind.)

DIE ENTSTEHUNG DER HANDELSBANKEN

Die unternehmerische Innovation mit den größten Auswirkungen war die Umsetzung des theoretischen Vorschlages, den der französische Sozialphilosoph Claude Henri Saint-Simon unterbreitet hatte, und die daraus hervorgehende Gründung einer Bank vor etwa einhundert Jahren. Saint-Simon ging von dem

gleichen Konzept des Unternehmertums aus, das sein Landsmann, der Ökonom J. B. Say schon früher entwickelt hatte, um darauf ein philosophisches System um die kreative Rolle des Kapitals aufzubauen.
Saint-Simons Idee wurde durch eine Bank erfolgreich: das berühmte Institut *Crédit Mobilier,* in der Mitte des neunzehnten Jahrhunderts in Paris von seinen glühenden Verehrern, den Brüdern Pereire, gegründet. Crédit Mobilier sollte wirkungsvoll die Entwicklung der Industrie bestimmen, indem es die liquiden Mittel der Gemeinschaft lenkte. Es sollte der Prototyp eines ganzen Bankensystems des damals noch »unterentwickelten« europäischen Kontinents werden – angefangen in Frankreich, in den Niederlanden und in Belgien. Dann gründeten die Nachahmer der Pereire-Brüder in Deutschland, in der Schweiz, in Österreich, Skandinavien und Italien Geschäftsbanken, die schon bald zum Motor der industriellen Entwicklung in diesen Ländern wurden.
Nach dem Amerikanischen Bürgerkrieg gelangte die Idee über den Atlantik auch in die Vereinigten Staaten. Die US-Bankiers, die für die Entwicklung der amerikanischen Industrie verantwortlich waren – von Jay Cooke und der amerikanischen Niederlassung der Crédit Mobilier, die den Bau der Transkontinentalen Eisenbahn finanzierte, bis hin zu J. P. Morgan –, waren allesamt Nachahmer der Gebrüder Pereire, ob sie es nun wußten oder nicht. Das gleiche gilt für die japanischen *zaibatsu* – die großen Bankindustriellen, die die Grundlagen der Wirtschaft des modernen Japan schufen.
Die treuesten Anhänger der Pereires waren jedoch die Sowjetrussen. Die Idee der Planwirtschaft mit Hilfe der kontrollierten Zuweisung von Kapital stammt direkt von den Pereire-Brüdern. Nichts davon findet sich bei Marx, schon gar keine Planung. Die Sowjets haben nur den Bankier durch den Staat ersetzt. Diesen Schritt hatte ursprünglich ein Österreicher vollzogen, Rudolf Hilferding, der in Wien als Bankier in der Tradition der Geschäftsbanken begonnen hatte und schließlich zum führenden Theoretiker des deutschen demokratischen Sozialismus wurde. Hilferdings Buch *Finanzkapital* (1910) wurde von Lenin als Quelle seiner Plan- und Industrialisierungskonzepte betrachtet.

Jede »Entwicklungsbank«, die heute in einem Entwicklungsland aufgebaut wird, ist immer noch ein direkter Nachfahr der Crédit Mobilier. Aber das Besondere an Crédit Mobilier sind nicht die ungeheuren weltweiten Auswirkungen. Das Besondere ist, daß die Pereire-Brüder ein Unternehmen gründeten – eine Bank, mit der Absicht, auf diese Weise Geld zu verdienen.

DIE CHEMIEINDUSTRIE

Eigentlich hätte der Aufstieg der chemischen Industrie in England stattfinden müssen. Mitte des 19. Jahrhunderts war England mit seiner hochentwickelten Textilindustrie der wichtigste Markt für chemische Produkte. Es war auch die Heimat der bedeutendsten Wissenschaftler dieser Zeit – Michael Faraday und Charles Darwin.

Die moderne chemische Industrie erlebte ihre Geburtsstunde eigentlich nach einer englischen Entdeckung: Perkins Entdekkung der Anilinfarben im Jahre 1856. Und dennoch hatte sich die Führung der neuen Industrie 20 Jahre nach Perkins Entdeckung (um 1875) eindeutig nach Deutschland verlagert. Deutsche Geschäftsleute hatten das Unternehmertum beigesteuert, das in England fehlte, und damit die Fähigkeit, das Ergebnis wissenschaftlicher Forschungsarbeit, in diesem Falle auf dem Gebiet der organischen Chemie, direkt in marktreife Anwendungen verwandeln zu können.

MODERNER HANDEL

Das mächtigste private Unternehmen in der Wirtschaftsgeschichte wurde vermutlich von dem japanischen Mitsui-Haus gemanagt, das nach Schätzungen der amerikanischen Besatzer vor seiner Auflösung nach dem Zweiten Weltkrieg etwa eine Million Menschen auf der ganzen Welt beschäftigt hat. Sein Ursprung war das erste Warenhaus der Welt, gegründet in der Mitte des siebzehnten Jahrhunderts von einem Mitsui in Tokio.

Die unternehmerische Idee, die diesem Geschäft zugrundelag, war die eines Kaufmannes, der sich im Rahmen des wirtschaftlichen Lebens nicht nur als Mittler, sondern als Auftraggeber sah. Das bedeutete für den Kunden, daß es feste Preise gab. Und es bedeutete auch, daß die Mitsuis nicht länger als Agenten mit Handwerkern und Herstellern handelten. Sie begannen, auf eigene Rechnung zu kaufen und Aufträge für standardisierte Waren zu vergeben, die nach ihren eigenen Vorgaben hergestellt wurden. Im Überseehandel hatten die Kaufleute schon immer als Auftraggeber fungiert. In der Mitte des 17. Jahrhunderts war der Überseehandel in Japan jedoch unterdrückt worden, und die Mitsuis übernahmen augenblicklich das Überseehandelskonzept und gründeten darauf ein einheimisches Handelsunternehmen.

MASSENDISTRIBUTION

Um eine unternehmerische Idee erfolgreich zu machen, ist keine große Vorstellungskraft erforderlich. Es bedarf nur systematischer Arbeit, um in Zukunft etwas effektiv zu machen, was bereits existiert. Zum Beispiel ist es ganz normal, daß neue Entwicklungen der Wirtschaft und des Marktes gut laufen, bevor die Vertriebswege perfekt gestaltet sind. Die Organisation des Vertriebes jedoch kann das Neue effektiv machen – und damit ein wirkliches Wachstumsgeschäft begründen.

So erkannte zum Beispiel ein Kanadier, Willard Garfield Weston, daß die englischen Hausfrauen seit dem Ende des Zweiten Weltkrieges Brot bevorzugten, das bereits geschnitten war, es jedoch kein angemessenes Distributionssystem gab, das sie dort, wo sie kaufen wollten, mit dem versorgte, was sie kaufen wollten. Aufgrund dieser kleinen Idee wurde innerhalb weniger Jahre eines der größten Lebensmittelunternehmen in Großbritannien etabliert.

Heute existieren ähnliche Möglichkeiten auf dem Gebiet der Distribution als Ergebnis der massiven Verlagerung zu einer Gesellschaft und Wirtschaft von »Wissensarbeitern« – also Menschen mit einem hohen Maß an formaler Bildung, die nicht wie bisher

Muskelkraft oder handwerkliche Fähigkeiten in ihre Arbeit einbringen, sondern Wissen. Das Bildungswesen selbst ist vielleicht unser größter und schnellster Wachstumsmarkt – nicht nur Schulen und Hochschulen gehören dazu, sondern auch die Industrie mit ihren unendlich vielen Fortbildungsprogrammen sowie Behörden und Streitkräfte.
Aus diesem Grunde ist die Branche der Büroausstatter – die alles anbieten, was Wissensarbeiter benötigen, um erfolgreich zu sein, von Büroklammern über Reproduktionstechnologie bis hin zu leistungsstarken Computern – ein riesiger Wachstumsmarkt. Aber während diese Branche und das Bildungswesen zu einem wirklichen Massenmarkt werden, trifft das auf die Massendistribution selbst noch nicht zu. Ein Unternehmen, das heute – in jedwedem Markt – die Distribution organisiert, kann in Zukunft durchaus ein so bedeutendes Unternehmen wie z. B. Sears, Roebuck sein.

DISCOUNTMÄRKTE

Der Erfolg der Discountmärkte begann in den späten 40er Jahren mit der Umsetzung einer Idee, die Sears, Roebuck and Co. fast zwanzig Jahre zuvor entwickelt hatten. Sears, Roebuck wurden in den späten 30er Jahren zum führenden Haushaltsgeräteeinzelhandel, als damit begonnen wurde, nur ein Muster jedes Haushaltsgerätes in die Verkaufsräume zu stellen, um die Ware damit zu präsentieren. Das Gerät, für das sich der Kunde entschied, wurde direkt vom Warenlager aus geliefert – und das brachte durch das Fehlen des Aus- und Wiedereinpackens und eines Frachtweges Einsparungen von bis zu 20 Prozent des Einzelhandelspreises mit sich. Sears, Roebuck machten kein Geheimnis daraus, und dennoch hatte ihre Idee nur wenige Nachahmer. Nach dem Zweiten Weltkrieg gab es in Chicago einen kleinen Haushaltwarenhändler, der die Idee auf die Produkte anderer Hersteller ausweitete. Heute wird Saul Polk als Gründer der ersten, größten und einer der erfolgreichsten noch bestehenden Discountmarktkette gefeiert.

Kleine Ideen waren häufig die zarten Pflänzchen, aus denen riesige Konzerne erwuchsen. Hier sind einige Beispiele.

IBM

Thomas J. Watson Sr., der IBM gegründet und aufgebaut hat, konnte die zukünftige Entwicklung der Wirtschaftstechnologie nicht vorhersehen. Aber er hatte die Idee, die Datenverarbeitung als einendes Konzept zu nutzen, auf dem sich ein ganzes Unternehmen aufbauen ließ. IBM war lange Zeit recht klein und beschränkte sich darauf, so weltliche Arbeiten wie das Führen von Buchhaltungs- und Arbeitszeitbüchern zu leisten. Aber die kleine Firma stand in den Startlöchern, als die Technologie – aus einer gar nicht damit zusammenhängenden Arbeit während des Krieges – entstand, die die Datenverarbeitung mit Hilfe elektronischer Computer erst ermöglichte.
Während Watson während der 20er Jahre sein kleines und unspektakuläres Unternehmen aufbaute, das die Ausrüstung für Stechuhren entwarf, verkaufte und installierte, redeten und schrieben die Vertreter des Logischen Positivismus (zum Beispiel Perry Bridgman in den Vereinigten Staaten und Rudolph Carnap in Österreich) über die systematische Methodologie der »Quantifizierung« und der »universellen Meßbarkeit«. Es ist höchst unwahrscheinlich, daß sie jemals von dem jungen Unternehmen namens IBM gehört haben, das um sein Überleben kämpfte, und mit Sicherheit haben sie ihre Ideen nicht mit diesem in Verbindung gebracht. Aber es war Watsons Unternehmen, und keineswegs die philosophischen Ideen des Wiener Kreises, die umsetzbar wurde, als die neue Technologie während des Zweiten Weltkrieges entstand.

SEARS, ROEBUCK

Die Männer, die Sears, Roebuck aufgebaut haben – Richard Sears, Julius Rosenwald sowie Albert Loeb und schließlich General Robert E. Wood –, verfolgten ernsthafte soziale Anliegen und verfügten über eine lebendige Vorstellungskraft, was die soziale Entwicklung der Gesellschaft anging. Aber keiner von ihnen hatte auch nur im Traum daran gedacht, die Wirtschaft neu zu erfinden. Ich bezweifle, daß ihnen bis weit in die 30er Jahre hinein überhaupt die Idee kam, daß es einen Massenmarkt – im Gegensatz zum traditionellen Klassenmarkt – geben werde. Von Beginn an hatten die Gründer von Sears, Roebuck die Idee, daß das Geld des armen Mannes eine ebensolche Kaufkraft entfalten könnte wie das der Reichen.

Das war freilich keine sonderlich neue Idee. Sozialreformer und Ökonomen verfolgten diese Idee schon seit Jahrzehnten. Sie war die wichtigste Quelle der genossenschaftlichen Bewegung in Europa. Sears, Roebuck war jedoch das erste Unternehmen in den Vereinigten Staaten, dem dieses Konzept zugrundelag. Es begann mit der Frage: »Was würde den Farmer dazu bewegen, zum Kunden des Einzelhandels zu werden?« Die Antwort war simpel: »Er muß sicher sein, daß er Waren zu derselben verläßlichen Qualität bekommt wie die Städter, allerdings zu einem niedrigeren Preis.« Im Jahre 1900, und selbst 1920 noch war dies eine Idee von enormer Kühnheit.

BATA

Die zugrundeliegende unternehmerische Idee kann auch die Imitation von etwas sein, das in einem anderen Land oder in einer anderen Industrie sehr gut funktioniert. So hatte beispielsweise Thomas Bata, der slowakische Schuhmacher, nach dem Ersten Weltkrieg, als er aus den Vereinigten Staaten nach Europa zurückkehrte, die Idee, daß alle Menschen in der Tschechoslowakei und auf dem Balkan Schuhe tragen könnten – wie in den Vereinigten Staaten. »Die Fußgänger gehen«, so soll er gesagt haben, »nicht deshalb barfuß, weil sie zu arm sind, um sich Schuhe zu kaufen, sondern weil es keine Schuhe gibt.« Damit seine Vision der beschuhten Fußgänger Wirklichkeit würde, benötigte er jemanden, der ihm preiswertes, standardisiertes, aber ansehnliches und haltbares Schuhwerk liefern konnte, so wie es in den Vereinigten Staaten der Fall war.

Auf der Grundlage dieser Analogie zu Amerika begann Bata ohne Kapital in einer gemieteten Halle und baute in nur wenigen Jahren das größte Schuhunternehmen vor der Machtergreifung der Nazis und damit eines der erfolgreichsten europäischen Unternehmen auf. Aber die Methoden der US-amerikanischen Massenfertigung auf europäische Konsumgüter anzuwenden war gar keine so besonders originelle Idee – zu einer Zeit, da Henry Ford und sein Fließband in Europa in aller Munde waren. Originell war einzig der Wille, die Idee umzusetzen.

Um die Zukunft zu gestalten, bedarf es eher harter Arbeit als eines »Genies«. Wer kreativ ist, wird natürlich mehr visionäre Ideen haben, das steht außer Frage. Aber ob diese innovativen Ideen dann tatsächlich erfolgreicher werden, ist keineswegs sicher.
Kreativität, das Schlagwort, das in der gegenwärtigen Diskussion um Innovationen so im Vordergrund steht, ist nicht das eigentliche Problem. Es gibt üblicherweise mehr Ideen in jeder Organisation, Unternehmen eingeschlossen, als tatsächlich umgesetzt werden können[1)]. Stellen Sie in einem beliebigen Unternehmen – auch in solchen, die dem Untergang geweiht sind – die folgende Frage: »Was in unserer Wirtschaftsordnung oder in unserer Gesellschaft oder bei unserem Wissensstand würde unserem Unternehmen die größten Chancen eröffnen, wenn wir es nur Wirklichkeit werden lassen könnten?« Dutzende von Antworten wird Ihnen das Management geben können. In der Regel mangelt es uns nicht an *Ideen* – nicht einmal an guten, dienstbaren Ideen. Es mangelt vielmehr an der Bereitschaft des Managements, Ideen aufzugreifen – ja, geradezu um Ideen zu bitten und nicht nur um Produkte und Prozesse. Produkte und Prozesse sind schließlich nur Vehikel, durch die die Ideen effektiv werden. Die besonderen Produkte und Prozesse der Zukunft sind oft noch nicht einmal vorstellbar.
Als beispielsweise Du Pont mit der Polymerchemie-Forschung begann, die irgendwann dazu führte, daß das Nylon entdeckt wurde, wußte niemand, daß Kunstfasern das Endprodukt dieser Forschungsarbeit sein würden. Du Pont handelte nach der Maßgabe, daß jeglicher Fortschritt in der menschlichen Fähigkeit, die

Struktur großer, organischer Moleküle zu manipulieren – einer wissenschaftlichen Fertigkeit, die damals noch in den Kinderschuhen steckte –, zu irgendwelchen kommerziell verwertbaren Ergebnissen führen würde. Nach nur sechs oder sieben Jahren der Forschungstätigkeit lagen die künstlich hergestellten Fasern als möglicherweise wichtigstes Ergebnis vor.

Und tatsächlich, wie die IBM-Erfahrung zeigt, stammen die jeweiligen Produkte und Prozesse, die eine Idee wirklich erfolgreich machen, häufig aus völlig anderen Zusammenhängen und Arbeitsbereichen.

Aber es muß immer eine Bereitschaft da sein, eine allgemeine, und nicht eine spezifische Herangehensweise zu zeigen, eine Herangehensweise, die das Unternehmen, den Beitrag, den es leistet, die Befriedigung, die es vermittelt, den Markt und die Wirtschaftsordnung, der es dient, berücksichtigt. Dies ist die unternehmerische Perspektive. Und sie ist durchaus erreichbar für den durchschnittlichen Geschäftsmann.

Darüber hinaus muß der Manager den Mut haben, Ressourcen – und insbesondere erstklassige Leute – zur Verfügung zu stellen, um die Zukunft Wirklichkeit werden zu lassen. Das Personal für diese Arbeit sollte begrenzt sein. Aber es sollte die allerbesten Mitarbeiter umfassen, die zur Verfügung stehen; sonst wird nichts geschehen.

Ein Geschäftsmann benötigt einen Prüfstein für die Gültigkeit und Brauchbarkeit unternehmerischer, zukunftsweisender Ideen. Und der Grund, warum es einigen Unternehmen nicht gelingt, Innovationen zu schaffen, ist keineswegs, daß sie vor Ideen zurückschrecken. Es hängt vielmehr damit zusammen, daß sie sich in hoffnungslos romantische Ideen verrennen – verbunden mit hohen finanziellen und personellen Kosten. Eine Idee muß rigorose Praktikabilitätstests über sich ergehen lassen, wenn sie in der Lage sein soll, ein Unternehmen in Zukunft erfolgreich zu gestalten.

Erstens muß die Idee arbeitstechnisch praktikabel sein. Können wir diese Idee umsetzen? Oder können wir nur über sie reden? Können wir wirklich sofort etwas tun, damit die Zukunft sich so entwickelt, wie wir es uns vorstellen? Sears, Roebuck konnte mit der Idee, dem isolierten Farmer in den Vereinigten Staaten einen Marktzugang zu verschaffen, sofort Ergebnisse vorweisen. Du Pont dagegen konnte mit der Idee, in der Polymerchemie tätig zu werden, die Forschungsarbeit nur in einem sehr kleinen Rahmen organisieren. Das Unternehmen konnte nichts weiter tun, als die Forschungsarbeit eines sehr guten Mannes zu unterstützen. Aber beide Unternehmen konnten sofort *handeln.*

Es reicht nicht aus, daß ein Unternehmen in der Lage ist, Geld für die Forschung auszugeben. Es muß sich um Forschungsarbeit handeln, die darauf abzielt, eine bestimmte Idee zu realisieren. Es ist durchaus möglich, daß dabei Grundlagenforschung betrieben wird – so wie es in Du Ponts Projekt der Fall war. Aber es muß zumindest nachvollziehbar und klar sein, daß das gewonnene Wissen in die Operationen des Unternehmens integriert werden kann, sobald es verfügbar ist.

Die Idee muß wirtschaftlich vertretbar sein. Wenn sie sofort umgesetzt werden könnte, müßte sie in der Lage sein, wirtschaftliche Ergebnisse zu zeitigen. Vielleicht sind wir nicht in der Lage, alles zu tun, was unserer Meinung nach getan werden müßte – manchmal gilt dies auf lange Sicht, vielleicht sind wir sogar niemals dazu in der Lage. Aber wenn wir sofort etwas tun könnten, würden die daraus entstehenden Produkte, Prozesse oder Dienstleistungen einen Kunden, einen Markt und eine endgültige Bestimmung finden, und sie wären in der Lage, gewinnbringend verkauft zu werden. Kurz, sie sollten eine Nachfrage und einen Bedarf befriedigen.

Schließlich muß die Idee auf die persönliche Hingabe, mit der sie verfolgt wird, hin untersucht werden. Wollen wir wirklich solche Leute sein, diese Art von Arbeit leisten, diese Art von Unternehmen führen?

Die Zukunft zu gestalten, erfordert Mut. Es bedarf harter Arbeit. Aber es erfordert auch Vertrauen. Es ist einfach nicht sinnvoll, seine Kraft in eine Idee zweiter Wahl zu investieren. Es wird den Prüfungen, die ihm bevorstehen, nicht standhalten. Denn keine Idee ist idiotensicher – und das sollte sie auch nicht sein.

Das einzige Konzept für die Zukunft, das scheitern muß, ist das scheinbar sichere Ding, die Idee ohne Risiko, von der man glaubt, daß sie nicht scheitern kann. Die Ideen, auf denen die Geschäfte gründen werden, müssen von Unsicherheit gekennzeichnet sein; niemand kann jetzt schon wirklich sagen, wie sie aussehen werden, falls und wenn sie Wirklichkeit werden sollten. Sie müssen riskant sein; es gibt eine gewisse Erfolgswahrscheinlichkeit, natürlich, aber es besteht auch die Möglichkeit, daß sie scheitern. Wenn sie nicht sowohl unsicher als auch riskant sind, sind sie einfach keine für die Zukunft geeigneten Ideen.

ZUSAMMENFASSUNG

Es ist keinesfalls absolut notwendig, daß jedes Unternehmen nach der Idee sucht, die die Zukunft ausmachen wird, und an ihrer Realisierung arbeitet. Zahlreiche Geschäftsführungen bemühen sich noch nicht einmal, ihre derzeitigen Geschäftsabläufe effektiv zu gestalten – und dennoch überleben ihre Unternehmen irgendwie eine gewisse Zeit. Insbesondere große Unternehmen scheinen in der Lage zu sein, noch lange vom Mut, der Arbeit und der visionären Kraft früherer Führungskräfte zu zehren, bevor sie Erosionserscheinungen zeigen und zugrunde gehen.

Aber die Zukunft kommt mit Sicherheit, früher oder später. Und sie ist immer anders. Selbst der mächtigste Konzern wird in Schwierigkeiten geraten, wenn er nicht auf die Zukunft hinarbeitet. Er wird seine Einzigartigkeit und seine Führungsrolle verlieren. Alles was bleibt, ist dann irgendein großes Unternehmen. Es wird weder verstehen noch kontrollieren können, was geschieht.

Wenn eine Unternehmensführung es nicht wagt, Risiken auf sich zu nehmen, um das Neue zu gestalten, läuft sie Gefahr, von dem, was geschehen wird, überrumpelt zu werden. Und das ist ein Risiko, das auf sich zu nehmen sich selbst die größten und reichsten Unternehmen nicht leisten können. Und es ist ein Risiko, das auf sich zu nehmen selbst für die kleinste Firma nicht notwendig ist.

EINE NEUE DISZIPLIN: INNOVATION

Heute wird viel über die typische »Unternehmerpersönlichkeit« diskutiert – und dennoch verfügten nur wenige der Unternehmer, mit denen ich in den letzten dreißig Jahren zusammengearbeitet habe, über eine solche Persönlichkeit. Andererseits bin ich vielen Menschen – Verkäufern, Ärzten, Journalisten, Studenten, selbst Musikern – begegnet, die sich durch eine solche Persönlichkeit auszeichneten, ohne auch nur im mindesten das Bestreben zu zeigen, zu Unternehmern zu werden. Was jedoch all die erfolgreichen Unternehmer, denen ich begegnet bin, gemeinsam haben, ist nicht die besondere Persönlichkeit, sondern die Verpflichtung gegenüber einer systematischen Innovationsarbeit.

Innovation ist die besondere Funktion des unternehmerischen Selbstverständnisses, egal, ob es sich um eine bestehende Firma handelt, um eine öffentliche Institution oder um eine neue Geschäftsidee, die zur Gründung eines Ein-Mann-Betriebes führt. Innovation ist das Mittel, mit dem der Unternehmer entweder neue, den Wohlstand mehrende Ressourcen schafft oder mit dem er bestehende Ressourcen mit einem größeren Potential zur Wohlstandsmehrung ausstattet.

Die Verwirrung um eine eindeutige Definition des Unternehmertums ist momentan sehr groß. Manche Beobachter wenden den Begriff auf alle kleinen Unternehmen an; andere benutzen ihn für alle neuen Unternehmen. In der Praxis zeichnet sich jedoch eine große Zahl etablierter Unternehmen durch höchst erfolgreiches unternehmerischen Handeln aus. Der Begriff bezieht sich damit auf eine besondere Art der Aktivität. Das Herzstück dieser Aktivität ist die Innovationsleistung der Unternehmen: das Bestreben, einen zielgerichteten, fokussierten Wandel im wirtschaftlichen oder sozialen Potential eines Unternehmens herbeizuführen.

INNOVATIONSQUELLEN

Es gibt natürlich Innovationen, die einem Geniestreich entspringen. Die meisten Innovationen jedoch, besonders die erfolgreichen, sind das Ergebnis einer bewußten, zielgerichteten Suche nach Möglichkeiten für Innovationen, die nur in einigen wenigen Situationen gefunden werden können.

Vier solcher Bereiche, die Innovationspotentiale bieten, gibt es *innerhalb* eines Unternehmens oder einer Industrie:

- Unerwartete Ereignisse
- Unvereinbarkeit
- Prozeßanforderungen
- Veränderungen in der Industrie oder im Markt

Drei zusätzliche Quellen von wirtschaftlichen Chancen sind *außerhalb* eines Unternehmens in seiner sozialen und intellektuellen Umgebung zu finden:

- demographische Veränderungen;
- Veränderungen in der Wahrnehmung;
- neues Wissen.

Natürlich gibt es Überschneidungen innerhalb dieser Quellen, so unterschiedlich diese auch hinsichtlich ihrer Komplexität sowie des Risikos und der Schwierigkeiten, die sie in sich bergen, sein mögen, und das Potential für Innovationen kann sehr wohl auf mehreren Gebieten gleichzeitig zu finden sein. Aber sie sind es, die für die Mehrheit aller Innovationsmöglichkeiten verantwortlich sind.

UNERWARTETE EREIGNISSE

Betrachten wir zuerst die einfachste und leichteste Quelle von Innovationsmöglichkeiten: das Unerwartete. In den frühen 30er Jahren entwickelte IBM die erste moderne Buchhaltungsmaschine, die auf die Bedürfnisse der Banken zugeschnitten war. Aber Banken kauften im Jahre 1933 keine neue Büroausstattung. Was das Unternehmen rettete, war – wie Thomas Watson Sr., der Firmengründer und langjährige CEO, häufig erzählte – das Ausnutzen eines unerwarteten Erfolges: Die New York Public Library wollte eine Maschine kaufen. Im Gegensatz zu den Banken verfügten die Bibliotheken in dieser Zeit nach der Weltwirtschaftskrise über Geld, und Watson veräußerte mehr als hundert seiner Maschinen, die anderweitig nicht zu verkaufen waren, an Büchereien und Bibliotheken.

Fünfzehn Jahre später, als jeder glaubte, Computer seien wissenschaftlicher Arbeit vorbehalten, zeigte plötzlich und unerwartet die Wirtschaft ein Interesse an der Maschine, die ihre Lohnlisten verwalten konnte. Univac verfügte über die am weitesten ausgereifte Maschine und trieb die Entwicklung von Anwendungen für die Wirtschaft voran. Aber IBM erkannte sofort, daß ein möglicher unerwarteter Erfolg bevorstehen könnten, überarbeitete das Gerät, das der ursprünglichen Maschine Univacs für so weltliche Anwendungen wie Lohnlisten entsprach und wurde innerhalb von fünf Jahren zum führenden Unternehmen der Computerindustrie. Diese Position hat IBM bis heute halten können.

Ein unerwartetes Scheitern kann eine ebenso wichtige Quelle innovativer Möglichkeiten darstellen. Jeder kennt den Edsel, die größte Fehlentwicklung in der Automobilindustrie. Was offenbar nur wenige Menschen wissen, ist jedoch, daß das Scheitern des Edsel die Grundlage für einen Großteil des zukünftigen Unternehmenserfolges war. Der Edsel war das bis zu diesem Zeitpunkt mit der meisten Sorgfalt entwickelte Fahrzeug der amerikanischen Automobilgeschichte. Es sollte die Produktpalette des Unternehmens vervollständigen, damit Ford mit GM konkurrieren konnte. Als es sich trotz der umfangreichen Marktforschung und Planungs- und Entwicklungsarbeiten als Flop erwies, erkannte Ford, daß auf dem Automobilmarkt etwas geschah, was den grundlegenden Annahmen widersprach, auf die GM und alle anderen ihre Entwicklung und Vermarktung der Fahrzeuge gründeten. Der Markt teilte sich nicht länger in Segmente auf, die durch Einkommensgruppen bestimmt waren; plötzlich lag dem neuen Prinzip der Segmentierung das zugrunde, was wir heute »Lifestyle« nennen. Ford reagierte auf diese Entwicklung augenblicklich mit der Entwicklung des Mustang und des Thunderbird – und diese Autos verliehen dem Unternehmen seine einzigartige Persönlichkeit und ermöglichten ihm, sich wieder als Branchenführer zu etablieren.

Unerwartete Erfolge und Fehlschläge sind deshalb so produktive Quellen von Innovationsmöglichkeiten, weil die meisten Unternehmen sie übersehen, unterschätzen oder sogar ablehnen. Der deutsche Wissenschaftler, der um das Jahr 1906 das erste nicht süchtig machende Narkotikum Novocain synthetisierte, wollte, daß es bei großen operativen Eingriffen wie Amputationen eingesetzt wurde. Die Chirurgen dagegen zogen für derartige Operationen die Vollnarkose vor, und dabei ist es bis heute geblieben. Statt dessen stieß Novocain bei Zahnärzten auf reges Interesse. Sein Erfinder verbrachte die verbleibenden Jahre seines Lebens damit, von einer zahnmedizinischen Fakultät zur nächsten zu reisen und dort Reden zu halten, in denen er den Zahnärzten verbot, seine großartige Erfindung für Anwendungen zu »mißbrauchen«, für die er sie nicht vorgesehen hatte.

Dies ist natürlich ein Zerrbild, aber es illustriert die Einstellung, die Manager häufig an den Tag legen, wenn etwas Unerwartetes geschieht: »Es hätte nicht passieren dürfen.« Die Berichtssysteme in den Unternehmen verfestigen diese Reaktion noch, indem sie von unerwarteten Möglichkeiten ablenken. In einem typischen monatlichen oder vierteljährlichen Bericht findet man auf der ersten Seite eine Liste von Problemen, das heißt der Bereiche, in denen die Ergebnisse nicht den Erwartungen entsprechen. Derartige Informationen sind natürlich wichtig und werden benötigt; sie helfen, ein Nachlassen der Leistung zu vermeiden.

Aber sie verhindern gleichzeitig, daß neue Möglichkeiten aufgedeckt werden. Eine mögliche Chance wird üblicherweise nur in den Bereichen anerkannt, in denen ein Unternehmen besser abgeschnitten hat, als erwartet wurde. Deshalb haben wirklich von Unternehmergeist geprägte Firmen zwei »erste Seiten« – auf der einen finden sich die Probleme, auf der anderen die Chancen –, und die Manager verwenden auf beide Seiten gleich viel Zeit.

UNVEREINBARKEITEN

Alcon Industries kann auf einer der größten Erfolgsgeschichten der 60er Jahre zurückblicken, weil Bill Connor, der Gründer des Unternehmens, eine Nichtübereinstimmung in der Medizintechnologie zu nutzen wußte. Die Operation des Grauen Stars ist der dritt- oder vierthäufigste operative Eingriff der Welt. Während der letzten 300 Jahre haben die Ärzte den Eingriff so weit systematisiert, daß als einziger »herkömmlicher« Schritt der Ligamentschnitt übrigblieb. Die Augenchirurgen hatten gelernt, das Ligament (Band) mit Erfolg zu durchtrennen, aber es handelte sich um eine Prozedur, die sich so sehr vom Rest der Operation unterschied und mit dieser so inkompatibel war, daß sie sich häufig vor ihr fürchteten. Ein typischer Fall von Unvereinbarkeit.

Die Mediziner wußten seit 50 Jahren, daß es ein Enzym gab, das das Ligament ohne Schnitt auflösen konnte. Connor tat nichts anderes, als diesem Enzym ein Konservierungsmittel beizumischen, das ihm zu einer Lagerfähigkeit von einigen Monaten verhalf. Die Augenchirurgen akzeptierten das neue Mittel ohne zu zögern, und Alcon verfügte plötzlich über ein weltweites Monopol. Fünfzehn Jahre später kaufte Nestlé das Unternehmen für ein hübsches Sümmchen auf.

Eine derartige Unvereinbarkeit innerhalb der Logik oder des Rhythmus eines Prozesses ist nur eine Möglichkeit, aus der Innovationschancen erwachsen können. Eine weitere Quelle kann die Nichtübereinstimmung zwischen ökonomischen Gegebenheiten sein. Wann immer in einer Branche beispielweise ein stetig wachsender Markt, aber fallende Gewinnspannen zu beobachten sind – wie es, sagen wir, in der Stahlindustrie der entwickelten Länder zwischen 1950 und 1970 der Fall war –, existiert eine Nichtübereinstimmung. Die innovative Antwort lautet: Kleinstahlwerke.

Wenn Erwartungen und Ergebnisse nicht übereinstimmen, können daraus ebenfalls Möglichkeiten für Innovationen entstehen. Seit der Jahrhundertwende arbeiteten Schiffsbauer und Reedereien hart daran, die Schiffe schneller zu machen und gleichzeitig deren Kraftstoffverbrauch zu senken. Aber je erfolgreicher sie die Geschwindigkeiten nach oben trieben und den Verbrauch senk-

ten, desto unwirtschaftlicher wurden die Ozeanfrachter. Um 1950 lag die Frachtreederei im Sterben, wenn sie nicht schon tot war.
Das einzig Falsche jedoch war die Unvereinbarkeit der Annahmen der Industrie mit der Realität. Die Grundkosten entstanden nicht in der Zeit, in der gearbeitet wurde (also während das Schiff auf See war), sondern in der Zeit des Nicht-Arbeitens (nämlich wenn das Schiff ungenutzt im Hafen lag). Sobald die Manager verstanden hatten, woher die hohen Kosten wirklich stammten, lagen die notwendigen Innovationen auf der Hand: Das Roll-on-roll-off-Schiff und das Containerschiff waren geboren. Diese Lösungen beruhten auf alter Technologie und wendeten auf die Frachtschiffahrt nur das an, was für Eisenbahner und Fernfahrer schon seit 30 Jahren selbstverständlich war. Ein Perspektivenwechsel, keineswegs eine neue Technologie veränderte die Wirtschaftlichkeit der Seeschiffahrt vollständig und machte sie zu einer der erfolgreichsten Wachstumsbranchen der letzten zwanzig oder dreißig Jahre.

PROZESSANFORDERUNGEN

Wer jemals in Japan Auto gefahren ist, weiß, daß es dort kein modernes Autobahnsystem gibt. Die Straßenverläufe folgen immer noch den Pfaden, die im zehnten Jahrhundert für – oder von – Ochsenkarren angelegt wurden. Und dennoch funktioniert das System für Pkws und Lkws dank der Anwendung der Reflektoren, die auf amerikanischen Highways seit den frühen dreißiger Jahren benutzt werden. Diese Reflektoren zeigen jedem Auto, welche anderen Autos sich aus allen Richtungen nähern. Diese kleine Erfindung, die ein sicheres und weitgehend unfallfreies Fließen des Verkehrs ermöglicht, ist der gezielten Auswertung einer Prozeßanforderung zu verdanken.
Um das Jahr 1909 wertete ein Statistiker bei AT&T zwei Kurven einer 15jährigen Entwicklung aus: Die Zunahme der Telefongespräche und die Entwicklung der amerikanischen Bevölkerung. In einen Zusammenhang gebracht zeigten sie, daß etwa um 1920 jede Frau in den Vereinigten Staaten als »Fräulein vom Amt« hät-

te arbeiten müssen. Die Prozeßanforderung lag auf der Hand, und innerhalb von zwei Jahren hatte AT & T die automatische Schalttafel entwickelt und installiert.

Was wir heute »Medien« nennen, hatte ebenfalls seinen Ursprung in zwei auf Prozeßanforderungen beruhenden Innovationen um das Jahr 1890. Das eine war Mergenthalers Erfindung der Schriftsetzermaschine, die es ermöglichte, eine Zeitung schnell und in großem Umfang zu produzieren; das andere war eine soziale Innovation, die moderne Werbung, die von den ersten wirklichen Zeitungsmachern erfunden wurde, nämlich Adolph Ochs von der *New York Times,* Joseph Pulitzer von der *New York World* sowie William Randolph Hearst. Die Werbung ermöglichte es ihnen, ihre Nachrichten beinahe zum Nulltarif zu verbreiten, weil sie ihre Gewinne durch das Marketing erwirtschafteten.

VERÄNDERUNGEN VON INDUSTRIE UND MÄRKTEN

Auch wenn viele Manager immer noch der Ansicht sind, die Strukturen einer Branche seien gottgewollt, so können diese sich doch – und das ist nicht selten der Fall – über Nacht verändern. Derartige Veränderungen schaffen ernorme Möglichkeiten, aus denen Innovationen entstehen können.

Eine der großen Erfolgsgeschichten der letzten Jahrzehnte ist das Aufstreben des Maklerbüros Donaldson, Lufkin & Jenrette (DL & J), das vor kurzem von der Equitable Life Assurance Society aufgekauft wurde. DL & J wurde im Jahre 1961 von drei jungen Männern gegründet, die alle ihre Studien an der Harvard Business School abgeschlossen hatten. Sie erkannten, daß die Struktur der Finanzindustrie sich mit der zunehmenden Vorherrschaft institutioneller Investoren veränderte. Die drei verfügten praktisch weder über Kapital noch über Beziehungen. Und dennoch war ihr Unternehmen innerhalb weniger Jahre führend in der neuentstandenen Riege der Verhandlungskommissionen und einer der Leistungsträger der Wall Street. Es war das erste Maklerbüro, das zur Aktiengesellschaft wurde und an die Börse ging.

Auf ganz ähnliche Art und Weise haben Veränderungen in der Branchenstruktur den Unternehmen im amerikanischen Gesundheitswesen massive Innovationspotentiale eröffnet. Während der letzten 10 oder 15 Jahre sind landesweit unabhängige chirurgische und psychiatrische Kliniken, Unfallkliniken und Krankenkassen entstanden. Vergleichbare Chancen in der Telekommunikationsindustrie folgten auf Umwälzungen in der Branche – sowohl, was die Endgeräte (mit dem Auftauchen von Unternehmen wie ROLM, das die vermehrte Nutzung von privaten Nebenstellengesprächen ermöglichte), als auch, was die Übermittlung angeht (mit dem Auftauchen von MCI und Sprint im Ferngesprächsbereich).
Wenn eine Branche schnell wächst – die kritische Zahl scheint im Bereich einer 40prozentigen Wachstumsrate über zehn oder weniger Jahre zu liegen –, verändert sich ihre Struktur. Etablierte Unternehmen, die sich darauf konzentrieren, das zu verteidigen, was sie bereits erreicht haben, neigen dazu, nicht zum Gegenangriff überzugehen, wenn ein Newcomer sie herausfordert. Wenn die Strukturen eines Marktes oder einer Branche sich verändern, vernachlässigen die traditionellen Branchenführer immer wieder die am schnellsten wachsenden Marktsegmente. Neue Potentiale entsprechen nur in den seltensten Fällen der Art und Weise, wie die Industrie in der Vergangenheit an den Markt herangegangen ist, ihn definiert oder organisiert hat, um ihn zu bedienen. Innovative Unternehmen haben deshalb gute Karten, für einige Zeit allein zu bleiben.

DEMOGRAPHISCHE VERÄNDERUNGEN

Die demographischen Verhältnisse sind die verläßlichsten externen Quellen für innovative Potentiale. Die Dauer demographischer Ereignisse ist bekannt; so sind zum Beispiel alle Menschen, die im Jahr 2000 im berufsfähigen Alter sein werden, bereits geboren. Weil Entscheidungsträger die demographischen Gegebenheiten jedoch häufig außer acht lassen, können diejenigen, die sie beobachten und Schlüsse aus ihnen ziehen, hervorragende Ergebnisse erzielen.

Die Japaner sind deshalb in der Robotertechnik führend, weil sie der demographischen Entwicklung Beachtung schenkten. Um 1970 wußte jeder in den Industrieländern, daß es sowohl eine sprunghafte Zunahme der Geburtenzahlen als auch eine Bildungsexplosion gegeben hatte: Die Hälfte oder mehr aller jungen Menschen blieb über die Pflichtschulzeit hinaus an den Schulen. Folgerichtig war abzusehen, daß die Zahl der Menschen, die für die traditionelle Arbeit in der produzierenden Industrie zur Verfügung stand, abnehmen und im Jahre 1990 nicht mehr ausreichen würde. Jeder wußte das, aber nur die Japaner handelten, und deshalb haben sie nun einen zehnjährigen Vorsprung in der Robotertechnik.
Ähnliches gilt auch für den Erfolg des Club Mediteranee im Reise- und Freizeitgeschäft. Um 1970 hätten aufmerksame Beobachter feststellen können, daß es in Europa und in den Vereinigten Staaten in naher Zukunft viele wohlhabende und gebildete junge Menschen geben würde. Da ihnen die Art und Weise, wie ihre aus der Arbeiterklasse stammenden Eltern ihre Ferien verbracht hatten – einige Wochen im Sommer in Brighton oder Atlantic City –, nicht mehr zusagte, waren diese jungen Leute ideale Kunden für eine neue und exotische Version ihrer bisherigen Freizeitgestaltung aus Teenagerzeiten.
Manager wissen schon seit langer Zeit, daß demographische Entwicklungen eine große Bedeutung haben, aber sie haben immer geglaubt, daß sich die Bevölkerungsstatistiken nur langsam verändern. In diesem Jahrhundert traf das jedoch gar nicht zu. Im Gegenteil; die Innovationspotentiale, die durch Veränderungen der Zahl der Menschen, ihrer Altersverteilung und Ausbildung, ihres Freizeitverhaltens und ihres geographischen Standortes entstehen, gehören zu den erfolgversprechendsten und risikolosesten Chancen, die Unternehmen ergreifen können.

VERÄNDERUNGEN IN DER WAHRNEHMUNG

»Das Glas ist halbvoll« und »das Glas ist halbleer« sind Beschreibungen desselben Phänomens, haben aber eine völlig unterschiedliche Bedeutung. Die Wahrnehmung eines Managers zu verändern, der ein Glas nicht länger als halbvoll, sondern als halbleer begreift, eröffnet überwältigende Innovationspotentiale.

Alle nachweisbaren Fakten belegen zum Beispiel, daß sich die Gesundheit der Amerikaner in den letzten 20 Jahren so deutlich verbessert hat wie noch nie zuvor – ob man nun die Sterblichkeitsrate Neugeborener, die Überlebensrate besonders alter Menschen, das Auftreten von Krebserkrankungen (mit Ausnahme des Lungenkrebses), die Heilungschancen bei Krebserkrankungen oder andere Faktoren berücksichtigt. Und dennoch erfaßt eine kollektive Hypochondrie die gesamte Nation. Niemals zuvor haben die Amerikaner sich so sehr um ihre Gesundheit bemüht oder gesorgt. Plötzlich scheint es nichts mehr zu geben, was frei von dem Verdacht wäre, Krebserkrankungen, Herzprobleme oder Gedächtnisschwund auszulösen. Das Glas ist eindeutig halbleer.

Statt Begeisterung über die großen Erfolge in der Medizin zu empfinden, scheinen die Amerikaner erkannt zu haben, wie weit sie noch von der Unsterblichkeit entfernt sind. Diese Sehweise hat viele Chancen für Innovationen geschaffen: Märkte für neue Gesundheitsmagazine, für alle Arten von Naturkost, für Fitnesskurse und Joggingausrüstung. Das am schnellsten wachsende US-Unternehmen des Jahres 1983 war ein Hersteller von Fitnessgeräten für den Indoorbereich.

Ein Wandel der Wahrnehmung verändert die Fakten nicht. Er verändert allerdings ihre Bedeutung – und das sehr schnell. Es dauerte weniger als zwei Jahre, bis sich der Computer von einer Bedrohung und einer Maschine, die nur für große Konzerne geeignet sei, zu einem Gerät entwickelt hatte, das man kaufte, um seine Einkommensteuererklärung zu machen. Wirtschaftliche Faktoren sind nicht ausschlaggebend für eine solche Veränderung; sie können sogar irrelevant sein. Nicht Tatsachen, sondern Stimmungen entscheiden, ob Menschen ein Glas als halbvoll oder halbleer empfinden, und Stimmungsschwankungen lassen sich von Zahlen und Fakten nicht beeindrucken. Aber dieses Phänomen ist keineswegs exotisch oder unberührbar. Es ist konkret. Es kann definiert werden. Es kann getestet werden. Und es kann für Wachstumspotentiale ausgeschöpft werden.

NEUES WISSEN

Von den Innovationen, die Geschichte gemacht haben, werden diejenigen, die auf neuem Wissen beruhen – sei es wissenschaftlicher, technischer oder sozialer Art –, besonders geschätzt. Sie sind die Superstars des Unternehmertums; ihnen wird die öffentliche und finanzielle Aufmerksamkeit zuteil. Sie sind das, was Menschen üblicherweise meinen, wenn sie von Innovationen reden, auch wenn nicht alle Innovationen, die auf Wissen beruhen, wichtig sind. Einige sind trivial.

Wissensbasierte Innovationen unterscheiden sich von allen anderen durch die Zeit, die sie in Anspruch nehmen, durch ihre Seltenheit und ihre Vorhersagbarkeit sowie durch die Herausforderungen, die sie für ihre Unternehmer bedeuten. Wie die meisten Superstars können sie temperamentvoll, launisch und schwer dirigierbar sein. So benötigen sie beispielsweise im Vergleich zu allen anderen Innovationen die längste Vorbereitungszeit. Es gibt eine lange Spanne zwischen dem Auftauchen neuen Wissens und seiner Weiterverarbeitung in nutzbare Technologie. Dann gibt es eine weitere lange Periode, bevor diese neue Technologie auf dem Markt in Form neuer Produkte, Prozesse oder Dienstleistungen auftaucht. Diese Vorbereitungszeit beträgt überall etwa 50 Jahre, eine Zahl, die sich im Laufe der Geschichte nicht sonderlich verkürzt hat.

Um effektiv zu werden, erfordern Innovationen dieser Art üblicherweise nicht nur das Wissen einer Disziplin, sondern vieler. Denken Sie nur an eine der mächtigsten wissensbasierten Innovationen: das moderne Bankwesen. Die Theorie der Bank als Unternehmen – und damit des zielgerichteten Nutzens von Kapital, um die wirtschaftliche Entwicklung voranzubringen – wurde von Claude Henri, Comte de Saint-Simon, zur Zeit Napoleons formuliert. Trotz der außergewöhnlichen Popularität, die Saint-Simon genoß, gründeten erst dreißig Jahre nach seinem Tod im Jahre 1826 zwei seiner glühendsten Anhänger, die Brüder Jacob und Isaac Pereire, das Bankhaus Crédit Mobilier, mit dem das Zeitalter dessen begann, was wir heute »Finanzkapitalismus« nennen.

Die Pereire-Brüder kannten jedoch noch nicht das moderne Handelsbanksystem, daß sich etwa zur selben Zeit auf der anderen Seite des Kanals in England entwickelte. Crédit Mobilier scheiterte erbarmungslos. Zehn Jahre später kombinierten zwei junge Männer – der Amerikaner J. P. Morgan und der Deutsche Georg Siemens – unabhängig voneinander die französische Theorie der Geschäftsbanken und die englische Theorie des Handelsbankwesens und gründeten die ersten modernen Banken, J. P. Morgan & Co. in New York und die Deutsche Bank in Berlin. Weitere zehn Jahre später setzte ein junger Japaner, Shibusawa Eiichi Siemens' Konzept in seiner Heimat um und legte damit den Grundstein für Japans moderne Wirtschaft. Auf diese Weise funktioniert wissensbasierte Innovation immer.

Der Entwicklung des Computers, um ein anderes Beispiel zu nennen, gründet auf dem Wissen aus nicht weniger als sechs unterschiedlichen Disziplinen.

Binäre Arithmetik, Charles Babbages Konzept einer Rechenmaschine in der ersten Hälfte des neunzehnten Jahrhunderts, die Lochkarte, die Herman Hollerith für die amerikanische Volkszählung im Jahre 1890 erfand, die Verstärkerröhre, ein elektronischer Schalter, entwickelt im Jahre 1906, die symbolische Logik, die Bertrand Russell und Alfred North Whitehead zwischen 1910 und 1913 entwickelten, sowie die Konzepte der Programmierung und der Rückkoppelung, die aus fehlgeschlagenen Versuchen während des Ersten Weltkrieges hervorgingen, effektive Flugabwehrgeschütze zu bauen – obwohl das gesamte erforderliche Wissen bereits um 1918 verfügbar war, dauerte es bis 1946, bis der erste einsatzfähige Computer entwickelt wurde.

Lange Vorbereitungszeiten und die Notwendigkeit der Verknüpfung unterschiedlicher Arten von Wissen erklären den besonderen Rhythmus wissensbasierter Innovationen, ihrer Anziehungskraft und Gefahren. Während einer langen Phase wird viel geredet und wenig gehandelt. Dann, wenn plötzlich alle Elemente zusammengefügt werden, gibt es eine unglaubliche Aufregung und Aktivität sowie unzählige Spekulationen. Zwischen 1880 und 1890 beispielsweise wurden in den Industrieländern fast 1000 Firmen, die Elektrogeräte herstellten, gegründet. Dann gab es, wie in allen anderen Fällen auch, einen Crash und einen Auswahlprozeß. 1914 waren nur noch 25 Prozent dieser Unternehmen übrig. In den frühen 20er Jahren gab es in den Vereinigten Staaten zwischen 300 und 500 Automobilhersteller. Im Jahre 1960 waren es nur noch vier.

Es mag schwierig sein, aber wissensbasierte Innovationen können gemanagt werden. Wer Erfolg haben will, muß die unterschiedlichen Wissenskategorien, die erforderlich sind, um Innovationen zu ermöglichen, sorgfältig analysieren. Sowohl J. P. Morgan als auch Georg Siemens leisteten diese Vorarbeit, als sie ihre Banken gründeten. Auch die Gebrüder Wright leisteten sie, als sie ihr erstes funktionstüchtiges Flugzeug entwickelten.

Eine intensive Analyse der Bedürfnisse und vor allem der Fähigkeiten der zukünftigen Nutzer ist ebenfalls von wesentlicher Bedeutung. Es mag paradox klingen, aber wissensbasierte Innovationen sind marktabhängiger als alle anderen Arten von Innovationen.

De Havilland, ein britisches Unternehmen, entwarf und baute das erste Passagierflugzeug, aber versäumte zu analysieren, was der Markt benötigte, und identifizierte deshalb zwei Schlüsselfaktoren nicht. Der eine war die Konfiguration – also die Übereinstimmung der richtigen Größe mit dem richtigen Lohnkostenanteil für die Strecken, auf denen ein Flugzeug den größten Nutzen für die Fluggesellschaft bringen würde. Der andere war ebenso irdisch: Wie sollten die Fluggesellschaften den Kauf eines solch teuren Flugzeuges finanzieren? Weil De Havilland die erforderlich Nutzeranalyse nicht durchführte, übernahmen zwei amerikanische Unternehmen, Boeing und Douglas, die Führung in der Passagierflugzeugindustrie.

DIE BASIS FÜR INNOVATIONEN

Zielgerichtete, systematische Innovationen beginnen bei der Analyse der Quellen, die neue Möglichkeiten bieten. Abhängig vom Kontext können diese Quellen zu unterschiedlichen Zeiten eine unterschiedliche Bedeutung haben. Demographische Entwicklungen zum Beispiel können für Innovatoren in grundlegenden Industrieabläufen wie der Stahlerzeugung vernachlässigenswert sein, wenn auch Mergenthalers Schriftsetzermaschine in erster Linie deshalb erfolgreich wurde, weil nicht genügend qualifizierte Schriftsetzer zu Verfügung standen, um einen Massenmarkt zu befriedigen. Ebenso kann neues Wissen von geringer Bedeutung sein, wenn jemand ein soziales Instrument erfindet, um ein Bedürfnis zu befriedigen, das sich verändernde demographische Entwicklungen oder Steuergesetze mit sich gebracht haben. Aber wie auch immer die Situation geartet ist, wer Innovationen schaffen will, muß alle Quellen für Chancen analysieren.

Weil Innovationen sowohl auf den Verstand als auch auf die Wahrnehmung gerichtet sind, müssen Menschen, die vielleicht Innovationen schaffen können, auf Menschen zugehen und schauen, fragen und zuhören. Erfolgreiche Innovatoren nutzen sowohl die rechte als auch die linke Seite ihres Gehirns. Sie sehen sich Zahlen an. Sie sehen sich Menschen an. Sie arbeiten analytisch heraus, wie die Innovation beschaffen sein muß, um eine Chance wahrzunehmen. Dann gehen sie hinaus und sehen sich mögliche Nutzer an, um ihre Erwartungen, Werte und Bedürfnisse zu studieren. Um effektiv zu sein, muß eine Innovation einfach und fokussiert sein. Sie sollte nur eine Sache leisten; sonst verwirrt sie die Menschen. Das größte Lob, das eine Innovation verdienen kann, ist wenn die Menschen sagen: »Es liegt auf der Hand! Es ist so einfach! Warum haben wir nicht schon früher daran gedacht?« Selbst die Innovation, die neue Nutzer und neue Märkte schafft, sollte auf eine spezifische, klare und sorgfältig entwickelte Anwendung gerichtet sein.

Effektive Innovationen beginnen klein. Sie sind nicht grandios. Sie versuchen, eine bestimmte Sache zu leisten. So zum Beispiel, einem sich bewegenden Fahrzeug zu ermöglichen, elektrische Energie abzunehmen, während es auf Schienen fährt – das war die Innovation, die den Bau von Straßenbahnen ermöglichte. Oder die elementare Idee, immer dieselbe Anzahl von Streichhölzern in eine Streichholzschachtel füllen (früher waren es 50 Stück). Dieser einfache Trick ermöglichte die automatische Befüllung von Streichholzschachteln und bescherte den Schweden für ein halbes Jahrhundert ein weltweites Monopol zur Streichholzherstellung. Im Gegensatz dazu sind grandiose Ideen, die eine Branche »revolutionieren« werden, mit großer Wahrscheinlichkeit zum Scheitern verurteilt.

Tatsächlich kann niemand vorhersagen, ob eine bestimmte Innovation zu einem großen Geschäft oder nur zu einer bescheidenen Leistung werden wird. Aber selbst wenn die Ergebnisse bescheiden sind, so ist es von Beginn an das Ziel einer erfolgreichen Innovation, in Zukunft Maßstäbe zu setzen, die Richtung einer neuen Technologie oder einer neuen Branche zu bestimmen, ein Unternehmen zu schaffen, das die Führung übernimmt und aufrechterhalten kann. Wenn eine Innovation nicht von Beginn an auf die Führungsrolle abzielt, wird sie wahrscheinlich nicht innovativ genug sein.

Vor allem ist Innovation mehr Arbeit als geniale Fügung. Sie erfordert Wissen. Sie erfordert oftmals Scharfsinn. Und sie verlangt fokussiertes Arbeiten. Es gibt selbstverständlich Menschen, die sich eher dazu eignen, Innovationen zu schaffen, aber ihre Talente beschränken sich auf deutlich abgesteckte Bereiche. Wer Innovationen schafft, ist selten auf mehr als einem Gebiet aktiv. Edison zum Beispiel arbeitete nur im Bereich der Elektrik und verwirklichte von dieser Perspektive aus all seine systematischen innovativen Leistungen. Wer auf finanziellem Gebiet Innovationen schafft wie zum Beispiel die Citibank, wird kaum Innovationen im Gesundheitswesen hervorbringen.

Wie bei allen anderen Bestrebungen gilt auch für Innovationen, daß Talent, Scharfsinn und Wissen notwendig sind. Aber wenn alles gesagt und getan ist, erfordern Innovationen harte, zielgerichtete, fokussierte Arbeit. Wenn Sorgfalt, Standhaftigkeit und Hingabe fehlen, sind Talent, Scharfsinn und Wissen nichts mehr wert.

Zum Unternehmertum gehört natürlich noch mehr als systematische Innovationsleistungen: einzigartige unternehmerische Strategien beispielsweise und die Prinzipien für unternehmerisches Management, die in etablierten Unternehmen, Organisationen des öffentlichen Dienstes und für neue Geschäftsideen gleichermaßen erforderlich sind. Aber die wichtigste Basis für ein erfolgreiches Unternehmertum – als tägliches Geschäft und als Disziplin – ist das Ausüben systematischer Innovationsleistungen.

EFFEKTIVES MANAGEMENT

ANALYSE • ZUORDNUNG • ENTSCHEIDUNG

Welche Pflicht – und damit kontinuierliche Verantwortung – steht für den Manager in der Privatwirtschaft an erster Stelle? Es ist *das Streben nach den bestmöglichen wirtschaftlichen Ergebnissen, die mit Hilfe der eingesetzten oder potentiellen Ressourcen erzielt werden können.* Alles, was darüber hinausgeht, hängt von einer soliden betriebswirtschaftlichen Leistung und einträglichen Betriebsergebnissen innerhalb der nächsten Jahre ab. Hochgesteckte Ziele, was die soziale Verantwortung und die kulturellen Angebote des Unternehmens betrifft, müssen dieser Maxime untergeordnet werden. Ohne Zweifel haben auch die *persönlichen Ansprüche* eines Managers – Geld und Position – hier keine vorrangige Bedeutung.

Aus diesem Grunde verwenden alle Führungskräfte in der Privatwirtschaft sehr viel, wenn nicht gar all ihre Zeit darauf, kurzfristig wirtschaftliche Erfolge zu erzielen. Sie setzen sich mit Kosten und Preisbestimmung, mit Zeitplänen und Verkauf, mit Qualitätskontrolle und Kundendienst, mit Kauf und Fortbildung auseinander. Darüber hinaus steht dem modernen Manager ein riesiges Angebot von Werkzeugen und Techniken zur Verfügung, in denen es darum geht, wie man ein Unternehmen *heute* managt, um morgen wirtschaftliche Leistungen zu erzielen. Dies ist das Schwerpunktthema in 90 Prozent aller Bücher, die in der Wirtschaftsabteilung der Büchereien und Bibliotheken stehen, und (vorsichtig geschätzt) in 90 Prozent aller Berichte und Studien, die innerhalb von Unternehmen erarbeitet werden.

KEINE ZEIT FÜR KLISCHEES

Trotz all dieser Aufmerksamkeit sind die wenigsten Manager, die ich kenne, von ihren Leistungen in diesem Bereich sonderlich überzeugt. Sie wollen wissen, wie sie organisiert sein müssen, um diese Aufgabe zu leisten; wie sie wichtige Dinge von bloßer Zeitverschwendung, möglicherweise effektive Dinge von hauptsächlich frustrierenden unterscheiden können. Trotz der Daten- und Berichtsflut, die die Manager zu überschwemmen droht, finden sie dort nur die undeutlichsten Allgemeinheiten. Banalitäten wie »niedrige Kosten« oder »hohe Gewinnspannen« werden als Antworten auf die Frage ausgegeben: Was bestimmt die wirtschaftliche Leistungsfähigkeit und die Ergebnisse in diesem speziellen Unternehmen, in dem ich arbeite, *wirklich*?

Selbst in Zeiten, da der »Verkäufermarkt« boomt, ist ein auf wirtschaftliche Leistungsfähigkeit abzielendes Management eher eine Quelle ständiger Frustration. Und sobald sich die Situation normalisiert und die Märkte wieder vom Wettbewerb bestimmt sind, erzeugt ein um Effektivität bemühtes Management derartige Verwirrung, einen solchen Druck und so unerträgliche Ängste, daß die Entscheidungen, die getroffen werden, mit großer Wahrscheinlichkeit nicht die richtigen sein werden, selbst auf kurzfristige Ergebnisse bezogen, und erst recht nicht für die Zukunft des Unternehmens[1)].

Wir benötigen nicht noch mehr oder noch bessere Werkzeuge – wir haben bereits viel mehr, als ein einzelnes Unternehmen (geschweige denn ein einzelner Manager) nutzen kann. Wir brauchen simple Konzepte – einfache Faustregeln – die helfen können, die Aufgaben des Managers zu organisieren, indem sie die folgenden Fragen stellen:

> Woraus genau besteht die Aufgabe des Managers?
> Worin liegt das hauptsächliche Problem dieser Aufgabe?
> Welches sind die Prinzipien, um dieses Problem zu definieren und zu analysieren?

DIE FALSCHE BETONUNG

Ich will nicht so tun, als werde ich hier eine umfangreiche »Wissenschaft der wirtschaftlichen Komponente des Managementberufes« unterbreiten, das kann ich gar nicht, weil sie nicht existiert. Noch weniger beabsichtige ich, eine Zauberformel, eine »Checkliste« oder eine »Methode« zu präsentieren, mit Hilfe derer der Manager seine Aufgaben bewältigen kann. Denn seine Aufgabe ist Arbeit – sehr harte, fordernde, risikobehaftete Arbeit. Und während es überall Maschinen gibt, die den Menschen die körperliche Arbeit erleichtern, ist es doch noch niemandem gelungen, eine »arbeitssparende Maschine« zu erfinden – oder gar eine, die einem das Denken abnimmt.
Aber ich behaupte, daß wir wissen, wie wir die Arbeit des Managers organisieren müssen, damit sie wirtschaftlich effektiv wird, und wie wir ihr sowohl zu einer Richtung als auch zur Ergebnisorientiertheit verhelfen können. Wir kennen die Antworten auf die drei Schlüsselfragen oben, und wir kennen sie seit so langer Zeit, daß sie niemanden überraschen sollten.

① *Was genau ist die Aufgabe des Managers?*
Sie hat zum Ziel, Ressourcen und Bemühungen eines Unternehmens in eine Richtung zu lenken, um Chancen zu ergreifen, damit Ergebnisse von wirtschaftlicher Bedeutung erzeugt werden können. Das klingt abgedroschen – und das ist es auch. Aber jede Analyse der aktuellen Zuordnung von Ressourcen und Bemühungen in Unternehmen, die ich je gesehen oder durchgeführt habe, hat deutlich gezeigt, daß der Großteil der Zeit, der Arbeit, der Aufmerksamkeit und des Geldes als erstes für »Probleme« statt für Chancen und als nächstes für Bereiche verwendet wird, in denen selbst außerordentlich erfolgreiche Leistungen nur minimale Auswirkungen auf die Ergebnisse haben werden.

② *Was ist das größte Problem?*
Vor allem die Verwirrung um den Unterschied zwischen Effektivität und Effizienz führt dazu, daß Dinge richtig

gemacht werden, statt die richtigen Dinge zu machen. *Es gibt sicherlich nichts Sinnloseres, als mit großer Effizienz Dinge zu erledigen, die eigentlich gar nicht getan werden sollten.* Und dennoch sind all unsere Werkzeuge – besonders unsere Buchhaltung und unsere Datenerfassung – auf Effizienz ausgerichtet. Was wir benötigen, ist (1) ein Weg, um Bereiche der Effektivität (möglicher wichtiger Ergebnisse) zu identifizieren und (2) eine Methode, um uns auf sie zu konzentrieren.

③ *Welches Prinzip liegt dem zugrunde?*
Auch das ist wohlbekannt – zumindest als allgemeingültiger Vorschlag. Ein Wirtschaftsunternehmen ist kein natürliches, sondern ein soziales Phänomen. In einer sozialen Situation treten Ereignisse jedoch nicht an die »Normalverteilung« des natürlichen Universums gelehnt auf (das heißt sie sind nicht so verteilt wie mit Hilfe einer U-förmigen Gaußschen Kurve dargestellt). *In einer sozialen Situation ist eine sehr kleine Anzahl von Ereignissen – höchstens 10–20 Prozent – für 90 Prozent aller Ergebnisse verantwortlich, während die große Mehrheit der Ereignisse für 10 Prozent oder weniger der Ergebnisse verantwortlich zeichnen.*

Dies trifft auf den Markt zu. Eine Handvoll Kunden vergibt den Großteil aller Aufträge; einige wenige Produkte aus einer Reihe von Hunderten von Waren erwirtschaften den Großteil des Umsatzvolumens und so weiter. Dies gilt für Märkte, Endkunden und Distributionskanäle. Es gilt auch für die Vertriebsbemühungen: Nur einige wenige von mehreren hundert Verkäufern schließen zwei Drittel oder mehr aller neuen Geschäfte ab. Es trifft auch auf die Fabriken zu: Ein kleiner Teil der Produktion macht den größten Teil des Ladegewichtes aus. Es gilt für die Forschung: Einige wenige Forscher in einem Laboratorium schaffen in der Regel alle wichtigen Innovationen.
Es hat auch für praktisch alle Personal-»Probleme« Bestand: Die große Mehrheit aller Beschwerden wird von wenigen Einzelpersonen oder von einer Gruppe von Beschäftigten vorgebracht (beispielsweise von älteren, unverheirateten Frauen oder von der

nachts arbeitenden Reinigungstruppe), das gleiche gilt für einen Großteil aller Fehltage, Arbeitsplatzwechsel, Vorschläge innerhalb eines Vorschlagssystems sowie für Unfälle. Wie Studien der New York Telephone Company gezeigt haben, gilt dieses Prinzip sogar für krankheitsbedingte Ausfälle.

EINNAHMEN STATT KOSTEN

Die Bedeutung, die diese einfache Feststellung über die »Normalverteilung« für das Management eines Unternehmens hat, haben nur die allerwenigsten Führungskräfte in der Wirtschaft verstanden. Es bedeutet erstens: *Während 90 Prozent der Ergebnisse auf die ersten 10 Prozent aller Ereignisse zurückgeführt werden können, werden 90 Prozent aller Kosten von den verbleibenden und ergebnislosen 90 Prozent aller Ereignisse in die Höhe getrieben.*
Mit anderen Worten: Auch Kosten sind ein »soziales Phänomen«. Wenn wir es in mathematische Begriffe fassen, sehen wir, daß die »Normalverteilungskurve« für wirtschaftliche Ereignisse eine Hyperbel ist, die die Ergebnisse auf der positiven, die Kosten auf der negativen Seite der Kurve darstellt. Das zeigt, daß Ergebnisse und Kosten miteinander in Umkehrbeziehung stehen.
Und nun, zurückübersetzt in die Alltagssprache, bedeutet das, daß sich wirtschaftliche Ergebnisse im großen und ganzen direkt proportional zu Einnahmen verhalten, während Kosten sich direkt proportional zu der Zahl der Transaktionen verhalten. Die einzigen Ausnahmen dieser Regel stellen die gekauften Materialien und Teile dar, die direkt in das Endprodukt einfließen. Einige Beispiele:

- Den Zuschlag für einen Auftrag über DM 50 000 zu erhalten, ist in der Regel mit den gleichen Kosten verbunden, die für das Erlangen eines Auftrages über DM 500 erforderlich wären, und es kostet mit Sicherheit nicht das 100fache.
- Die Entwicklung eines neuen Produktes, das sich als Ladenhüter erweist, ist ebenso teuer wie die Entwicklung eines Verkaufsschlagers.

- Die Abwicklung eines kleinen Auftrages kostet ebensoviel wie die eines großen Auftrages: Das Procedere von Auftragseingang, Produktionsauftrag, Zeitplan, Rechnungsstellung, Kasse usw. sind gleich
- Es kostet sogar genausoviel, ein Produkt für einen kleinen Auftrag herzustellen, einzupacken und zu transportieren wie für einen großen Auftrag. Selbst Arbeitskosten sind heute in den meisten Unternehmen der produzierenden Industrie (und in allen Dienstleistungsgewerben) über eine bestimmte Zeit als Fixkosten anzusehen und nicht als ein Faktor, der mit dem Volumen zu- oder abnimmt. Nur Materialien und Teile sind wirklich variable Kosten.

Darüber hinaus kann man davon ausgehen, daß *Einnahmen und Anstrengungen »normalerweise« den 90 Prozent der Ereignisse zugeordnet werden, die praktisch keine Ergebnisse produzieren.* Sie ordnen sich selbst gemessen an der Zahl der Ereignisse zu und nicht gemessen an den Ergebnissen. Tatsächlich erwirtschaften die teuersten und potentiell produktivsten Ressourcen (zum Beispiel hochqualifizierte Leute) zusammen die schlechtesten Ergebnisse. Denn der Druck, der von der Menge der Transaktionen ausgeübt wird, wird durch den Stolz einer Person, etwas Schwieriges zu tun, verstärkt, sei es nun produktiv oder nicht.
Unzählige Studien belegen das; und sowohl das Prinzip als auch die konkrete Erfahrung sprechen dafür. Lassen Sie mich einige konkrete Beispiele nennen:

- Ein großes Ingenieurunternehmen rühmte sich selbst der qualitativ hochwertigen Arbeit und des guten Rufes seines technischen Kundendienstes, für den mehrere hundert teure Mitarbeiter arbeiteten. Die Männer waren wirklich erstklassig. Aber die Analyse ihres Kostenanteils ergab, daß sie trotz ihrer harten Arbeit wenig zum Unternehmenserfolg beitrugen. Die meisten von ihnen arbeiteten an den »interessanten« Problemen – besonders an denen der ganz kleinen Kunden – die, selbst wenn sie gelöst werden konnten, wenn überhaupt, dann nur wenig Geld einbrachten. Die Automobilindustrie ist der wichtigste Kunde des Unternehmens und tätigt fast ein Drittel aller Käufe. Aber nur wenige Mitarbeiter des Kundendienstes hatten jemals auch nur einen Fuß in die Entwicklungsabteilung oder die Produktionsstätte eines Automobilherstellers gesetzt. »General Motors und Ford brauchen uns nicht; sie haben ihre eigenen Leute«, so ihre Reaktion.

- Auch die Zuordnung der Vertriebsleute ist manchmal falsch. Die größte Gruppe von Verkäufern (und darunter meistens die efektivsten) werden häufig auf die Produkte angesetzt, die »schwer verkäuflich« sind, entweder, weil es sich um Produkte von gestern handelt, oder aber um Ladenhüter, die die Geschäftsführung aus Eitelkeit zu Verkaufsschlagern machen will. Den wichtigen Produkten von morgen wird nur selten die Aufmerksamkeit zuteil, die sie verdient haben. Und ein Produkt, das auf dem Markt einen sensationellen Erfolg hat – und das deshalb besonders intensiv verkauft werden sollte, wird häufig vernachlässigt. »Letztendlich macht man alles richtig, ohne sich besonders anzustrengen«, ist die übliche Folgerung.
- Forschungsabteilungen, Entwicklungspersonal, Marktentwicklungsbemühungen, selbst Werbeanstrengungen werden, wie man herausgefunden hat, in vielen Unternehmen auf die gleiche Art und Weise zugeordnet: gemessen an der Intensivität des Handelns, nicht an Ergebnissen, an dem, was schwierig ist, nicht an dem, was produktiv ist, an den Problemen von gestern, nicht an den Chancen von heute und morgen.

Buchhaltung ohne Bezug

Einnahmen und Kosten stellen, um es drastisch auszudrücken, nicht automatisch denselben Kapitalfluß dar. Die Einnahmen sind natürlich erforderlich, um die Kosten zu tragen. Aber wenn das Management sich nicht ständig darum bemüht, diese Kosten in einnahmenerzeugende Aktivitäten zu lenken, zeigen diese die Tendenz, mit der Zeit zu nichtproduzierenden Aktivitäten zu werden.

Ein wichtiger Grund, warum Manager diese Tatsache in der Regel nicht verstehen, ist der, daß sie *Buchhaltungs*daten und Analysen

für das gleiche halten wie die *wirtschaftlichen* Daten und die Geschäftsanalyse[2)]. Der Buchhalter muß allen Produkten diejenigen Kosten zuordnen, die nicht wirklich und konkret an eine bestimmte Produktionseinheit gebunden sind. Heute entspricht der Großteil der Kosten – die 60 oder 70 Prozent, die nicht auf gekaufte Materialien und Teile anfallen – auf die eine oder andere Weise zugeordneten und nicht »direkten« Kosten.
Gegenwärtig kann der Buchhalter Kosten nur proportional zum Volumen und nicht proportional zur Zahl der Transaktionen zuordnen. Und deshalb beinhaltet das Volumen einer Million Dollar, die mit einem Auftrag oder mit einem Produkt produziert werden, die gleichen Kosten wie 1 Million Dollar, die in einer Million einzelner Aufträge oder 50 verschiedener Produktionsabläufe erwirtschaftet wird.
Darüber hinaus beschäftigt sich der Buchhalter mit den Kosten pro Outputeinheit und nicht mit den Kosten eines Produktes. Sein Fokus liegt auf der Gewinnspanne und nicht auf dem Einnahmenfluß – der natürlich der Gewinnspanne multipliziert mit dem Umsatz entspricht. Schließlich klassifiziert der Buchhalter die Kosten nicht anhand der wirtschaftlichen Aktivitäten, zu denen sie gehören. Stattdessen klassifiziert er anhand organisatorischer oder geographischer Gegebenheiten (zum Beispiel Herstellung oder Betrieb) oder anhand legaler – oder legalistischer – Kategorien (zum Beispiel »Lohnliste«). Ich bin mir sehr wohl der Arbeit bewußt, die zu diesem Thema und damit zusammenhängenden Problemen der Buchhaltungstheorie und -praxis geleistet wird – ich verdanke all mein Wissen auf diesem Gebiet dieser Arbeit und den Experten, die sich damit befassen. Aber es wird noch Jahre dauern, bis die Ergebnisse dieser Arbeit in die Buchhaltungspraxis Eingang finden werden, geschweige denn die Art und Weise verändern werden, wie Geschäftsleute Buchhaltungsdaten ge- oder mißbrauchen.

EIN ZIELGERICHTETER ANSATZ

Wichtiger als die Gründe, *warum* wir nicht die richtigen Schlußfolgerungen ziehen, ist die Frage: Was *sind* die richtigen Schlußfolgerungen? Welche Handlungsvorgabe wird die bestmöglichen wirtschaftlichen Ergebnisse und Leistungen aus den einem Unternehmen verfügbaren Ressourcen erwirtschaften? Lassen Sie uns anfangen, indem wir einige Richtlinien festlegen:

① Wirtschaftliche Ergebnisse setzen voraus, daß Manager ihre Anstrengungen auf die kleinste Zahl von Produkten, Produktlinien, Dienstleistungen, Kunden, Märkten, Distributionskanälen, Nutzen etc. konzentrieren, die den größten Anteil an Einnahmen hervorbringen. Führungskräfte müssen die Aufmerksamkeit, die sie Produkten widmen, die in erster Linie Kosten produzieren, auf ein Minimum reduzieren, weil ihr Volumen zu klein oder zu zersplittert ist.

② Wirtschaftliche Ergebnisse setzen auch voraus, daß die Anstrengungen der Mitarbeiter auf die wenigen Aktivitäten konzentriert werden, die in der Lage sind, wirklich bedeutende wirtschaftliche Ergebnisse hervorzubringen – und sowenig Arbeit und Mühe wie möglich auf die anderen zu verwenden.

③ Eine effektive Kostenkontrolle erfordert eine ähnliche Konzentration der Arbeit und Mühe auf diejenigen wenigen Bereiche, in denen Verbesserungen in der finanziellen Leistung einen signifikanten Einfluß auf die wirtschaftlichen Leistungen und Ergebnisse haben werden – also in solchen Bereichen, in denen eine relativ geringe Steigerung der Effizienz zu einer wesentlichen Zunahme der wirtschaftlichen Effektivität führen wird.

④ Manager müssen Ressourcen, besonders Personalressourcen mit hohem Potential, Aktivitäten zuordnen, die die Chancen für hohe wirtschaftliche Ergebnisse liefern.

Eine unverzeihliche Verschwendung

Kein Wunder, daß so viele Unternehmen von dem Moment an, da der »Verkäufermarkt« Vergangenheit war, plötzlich so schlechte Leistungen zeigten. Das Wunder ist vielmehr, daß es ihnen nicht noch schlechter ging. Denn die meisten Unternehmen, sowohl im Inland auch im Ausland – arbeiten in direktem Widerspruch zu jeder der vier wohlbekannten Regeln, die ich oben genannt habe.

Statt Produktkonzentration erleben wir ein Produktwirrwar. Bedenken Sie, wie modern es war, die Industrie, besonders in den Vereinigten Staaten, wegen der »abnehmenden Standardisierung« anzugreifen. Und dann, vor einigen Jahren, wurde es plötzlich modern, die Industrie wegen der »geplanten Überalterung« anzugreifen. Wenn wenigstens einer dieser Vorwürfe Gültigkeit hätte!

Die meisten Unternehmen – die großen US-Konzerne unserer Tage sind vielleicht die größten Missetäter – sind stolz darauf, daß sie bereit und in der Lage sind, jede Spezialanfertigung zu liefern, jeden Sonderwunsch zu erfüllen und solche Wünsche sogar und vor allem zu stimulieren. Und unzählige Unternehmen rühmen sich damit, daß sie niemals freiwillig ein Produkt aufgeben würden. Die Folge ist, daß die meisten großen Unternehmen letztendlich Tausende von Artikeln in ihrer Produktpalette haben – und allzu häufig weniger als 20 wirklich »verkaufen«. Diese 20 oder weniger Artikel jedoch müssen die Einnahmen erwirtschaften, um die Kosten für die 9 999 Ladenhüter zu tragen.

In der Tat könnte sich die Produktvielfalt sehr wohl bald als Problem für die US-amerikanische Wettbewerbsstärke in der Weltwirtschaft erweisen. Bei sorgfältiger Kostenrechnung werden sich die wesentlichen Produktlinien in den meisten Industrien als vollständig wettbewerbsfähig erweisen, trotz der hohen Lohnkosten und der hohen Steuerlast. Aber wir verschenken den Wettbewerbsvorteil, den wir in den Mengenprodukten genießen, indem wir eine riesige Palette an Spezialprodukten unterstützen, von denen nur wenige ihre wirklichen Kosten decken. Zumindest habe ich dies in meiner Arbeit für die Stahl- und Aluminiumindustrie herausgefunden. Und in der Elektronikindustrie beruht der Wettbewerbsvorteil der japanischen tragbaren Transistorradios

auf wenig mehr als der Konzentration der Japaner auf wenige Modelle in dieser einen Produktlinie – im Gegensatz zu der unkontrollierten Unübersichtlichkeit der sich nur geringfügig voneinander unterscheidenden Modelle der US-amerikanischen Hersteller.
Eine ähnliche Verschwendung zeigen wir hinsichtlich unserer Personalaktivitäten. Unser Motto scheint zu lauten: »Lassen Sie uns von allem ein bißchen tun« – Personalforschung, Advanced Engineering, Kundenanalysen, Internationale Handelsbeziehungen; Betriebsforschung, Öffentlichkeitsarbeit und so weiter. Das Ergebnis ist, daß wir ungeheure Mengen an Personal haben, unsere Bemühungen auf jedem einzelnen Gebiet jedoch nicht konzentriert genug sind, um wirklich weiterzukommen. Ebensowenig wissen wir, was wir tun können, um die Situation zu retten. Der übliche Weg zur Kostenkontrolle ist immer noch der, den jeder von uns bereits als ineffektiv, wenn nicht gar destruktiv erlebt hat: die »Kahlschlag«-Kürzung um 15 Prozent. Wir haben noch keine ernsthaften Versuche unternommen, um Ressourcen wirklich zu managen und unsere Anstrengungen auf den Punkt zu bringen. Wir lassen die Dinge einfach treiben.

DREI RIESENSCHRITTE

Zu kritisieren ist einfach; Fehler kann jeder finden. Die Leser haben ganz recht, wenn sie an dieser Stelle sagen: »Aber was können wir denn tun, um eine bessere Managementarbeit zu leisten?« Selbst wenn ich die Lösungen wüßte – ich kenne sie nicht –, wäre ein Kapitel nicht ausreichend, um eine befriedigende Antwort geben zu können. Es bedürfte eines Buches; und selbst dann müßte jedes Unternehmen noch die Methoden ausarbeiten, die für seine eigenen Anforderungen am geeignetsten sind.
Mögen die Leser also Nachsicht mit mir haben; ich werde eine Reihe von Schritten präsentieren – nur in groben Zügen skizziert – die, wie ich herausgefunden habe, in der heutigen Situation vieler Unternehmen zumindest als erste Ansätze dienen können. Im einzelnen:

1. Schritt: Analyse
Hier muß der Manager die Fakten kennen. Er muß die Chancen und die wirklichen Kosten einzelner Produkte, den möglichen Beitrag unterschiedlicher Personalaktivitäten und die wirtschaftlich bedeutsamen Kostenstellen identifizieren können.

2. Schritt: Zuordnung
Hier muß der Manager Ressourcen zuordnen können, und zwar gemessen an den erwarteten Ergebnissen. Dafür muß er wissen, wie Ressourcen heute zugeordnet werden, wie Ressourcen in der Zukunft zugeordnet werden sollten, um Aktivitäten mit den größten Erfolgaussichten zu unterstützen, und welche Schritte notwendig sind, um den heutigen Status quo zum Besseren zu wenden.

3. Schritt: Entscheidung
Der Manager muß darauf vorbereitet sein, den schmerzhaftesten aller Schritte zu unternehmen – nämlich den, in dem er entscheidet, welche Produkte, Personalaktivitäten oder Kostenbereiche eher Löcher in die Kasse reißen, als Chancen zu eröffnen und Ergebnisse zu bringen. Selbstredend sollten produktive Ressourcen von größerer Bedeutung oder mit einem gewissen Potential niemals zu diesen gezählt werden. Aber welche sollten über Bord geworfen werden? Welche sollten mit minimalen Anstrengungen aufrechterhalten werden? Welche sollten in große Chancen umgewandelt werden, und was würde es kosten, solche Veränderungen in Angriff zu nehmen?

DIE FAKTEN ANALYSIEREN

Während des Analyseschrittes gilt es als erstes, einen unsentimentalen Blick auf die Produktpalette zu werfen. Zu jedem Produkt sollten sämtliche Standardfragen gestellt werden: Sein Volumen, seine Marktposition, seine Marktaussichten und so weiter. Es gibt jedoch darüber hinaus eine neue Schlüsselfrage: Welchen Beitrag leistet das Produkt? Was zeigt ein Vergleich der Einnahmen, die es erbringt, mit den Kosten, die es verursacht?

In dieser Analyse sollten Einnahmen als Preis minus Kosten der verbrauchten Materialien und Teile definiert werden. Und die wirklichen Kosten sollten auf Basis der Annahme geschätzt werden, daß die realen Kosten eines Produktes das Verhältnis zu den Gesamtkosten des Unternehmens darstellen, das mit dem Verhältnis zwischen der Anzahl von Transaktionen (Aufträge, Produktionsläufe, Serviceanrufe und ähnliches), die zur Erzielung der Einnahmen des Produktes erforderlich sind, und der Gesamtanzahl ähnlicher Transaktionen im Unternehmen korrespondiert – ebenfalls minus Kosten für Materialien und Teile. Weil sich das sehr schwerfällig anhört, hier ein Beispiel:
Ein Unternehmen verzeichnete jährliche Einnahmen von DM 68 Millionen, nachdem es die Kosten für den Kauf von Materialien und Teilen entnommen hatte. Die Gesamtkosten des Unternehmens – ausgenommen Materialien und Teile – entsprachen DM 56 Millionen.
Mit Produkt A wurden Einnahmen von DM 12 Millionen erzielt. Für A wurden jedoch 24 Prozent der gesamten Transaktionen – in diesem Fall geschätzt anhand der eingegangenen Rechnungen – aufgewendet. Deshalb beliefen sich seine wirklichen Kosten auf DM 13,5 Millionen – und das bedeutete einen negativen Beitrag, im Gegensatz zu der »offiziellen« Gewinnspanne von 12 Prozent, die die Buchhaltungsstatistik auswies. (Dies ist typisch für ein Produkt von »gestern«, das entweder seine Hauptkunden verloren hat oder nur durch unwirtschaftliche Anstrengungen auf dem Markt erhalten werden kann.)
Produkt B dagegen zeigte – trotz einer »unbefriedigenden« Gewinnspanne von nur 3 Prozent einen Nettoeinkommensbeitrag von annähernd DM 4 Millionen, dem größten Einzelbeitrag zum Gewinn. Es ging in ziemlich großen Mengen an eine kleine Zahl – ungefähr 50 – wichtiger Kunden.

Wie das Beispiel zeigt, nimmt diese Analyse alle Produkte eines Unternehmens ins Visier, und nicht nur eines pro Studie. Dies allein ist schon unüblich und wird nicht häufig geleistet.
Während die Produktanalyse normalerweise das wichtigste und am meisten Auskunft gebende Instrument ist, müssen auch Kun-

den, Märkte, Distributionskanäle und Verwendungszweck ähnlich im Hinblick auf ihren gegenwärtigen und zukünftigen Beitrag hin untersucht werden.

Personalbeitrag

Die Fragen, die in dieser Analyse gestellt werden, erfordern noch eher das Urteil eines Managers, als wenn es um wirtschaftliche Daten geht. Hier ist eine Liste von Fragen, die ich selbst als nützlich empfinde:

- In welchen Bereichen hätten exzellente Leistungen außerordentliche Auswirkungen auf die wirtschaftlichen Ergebnisse unseres Unternehmens, bis hin zu einem Punkt, an dem sie die wirtschaftliche Leistung des gesamten Unternehmens verändern würden?
- In welchen Bereichen würde eine mangelhafte Leistung die wirtschaftliche Leistungsfähigkeit vollständig oder zumindest signifikant beeinträchtigen?
- In welchen Bereichen würde es keinen Unterschied machen, ob die Leistungen hervorragend oder mangelhaft sind?
- Welche Ergebnisse wurden durch die Arbeit, die auf diesem Gebiet geleistet wurde, erreicht? Inwieweit entsprechen diese den versprochenen oder erwarteten Leistungen?
- Welche Ergebnisse können bei realistischer Betrachtung für die Zukunft erwartet werden – und wie weit entfernt ist die Zukunft?

Cost Centers

Hier geht es darum, diejenigen Bereiche des Unternehmens zu identifizieren, in denen eine Konzentration der Bemühungen zur Kostenkontrolle sich bezahlt machen wird. Statt Methoden zu beschreiben, mit denen eine solche Analyse durchgeführt werden kann, würde ich gerne die Ergebnisse einer aktuellen Studie vorstellen, die ein großes, landesweit tätiges Unternehmen der Konsumgüterindustrie durchgeführt hat (siehe Abb. 1) Zur Erleichterung werden die Zahlen der unterschiedlichen Cost Centers in absoluten Zahlen genannt, aber jede ist eine Annäherung. In der

Abbildung 1: Das Geld des Kunden – wohin fließt es?

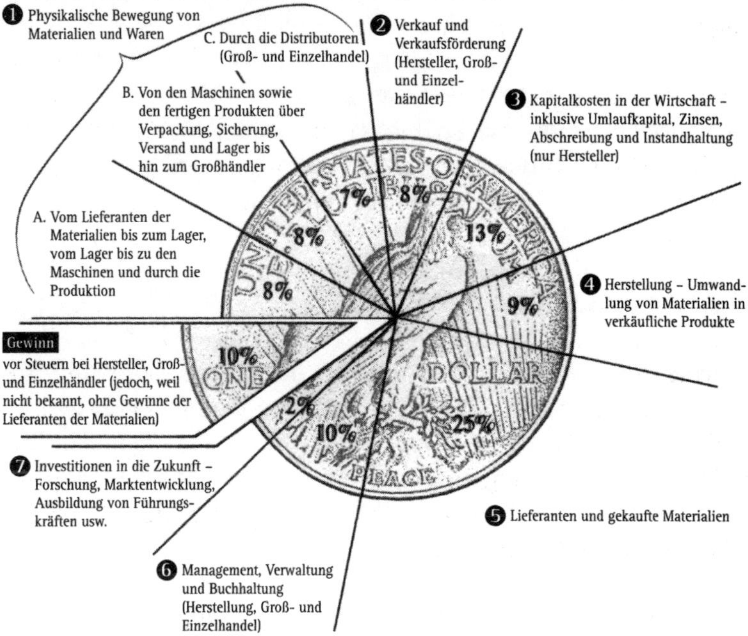

aktuellen Studie erreichte die Zusammenfassung der »Gesamtkosten« 90 bis 94 Prozent, während andere Statistiken weniger hohe Reichweiten auswiesen.

Die einzige Innovation bezüglich der Methoden, die von dem Unternehmen benutzt wurden, ist die Definition der »Kosten«, die (so wie es korrekt ist, wenn jemand über die Wirtschaft redet) den Preis wiedergeben, den der Kunde für das Produkt bezahlt. Mit anderen Worten, diese Analyse betrachtet den gesamten wirtschaftlichen Prozeß als einen Kostenstrom und ignoriert die Einschränkung des Buchhalters, daß nur diejenigen Kosten, die innerhalb der legalen Einheit des Unternehmens entstehen, in Betracht gezogen werden müssen.

Hinsichtlich der Ergebnisse sind die wichtigen Schlußfolgerungen in diesem besonderen Beispiel offensichtlich: In dem Bereich, auf den die meisten Unternehmen ihren Kostenkontrollbestrebungen konzentrieren – zum Beispiel die Produktion – ist nichts zu holen, es sei denn durch einen wirklichen »Durchbruch«, zum Beispiel einen revolutionär neuen Prozess. Die produktivsten Kostenstellen mit dem größten Potential liegen entweder außerhalb des Unternehmens, besonders in der Distribution, und erfordern eine ganz neue Behandlung als die übliche Routine der Kostensenkung, oder es sind Bereiche, die das Management oftmals kaum wahrnimmt, beispielsweise die Kosten für das Kapital.

WAS GESCHEHEN SOLLTE

Im nächsten Schritt wird analysiert, wie Ressourcen heute den Produktlinien, den Aktivitäten zur Weiterbildung des Personals und den Kostenstellen zugeordnet werden. Die Analyse muß natürlich sowohl in qualitativer als auch in quantitativer Hinsicht erfolgen. Denn Zahlen allein geben auf Fragen wie diese noch keine Antworten:

- »Kommt das Geld für Werbung und Verkaufsförderung den richtigen Produkten zugute?«
- »Stimmt die Zuordnung für die Kapitalausstattung mit den realistischen Erwartungen an zukünftige Forderungen überein, die man an das Unternehmen stellen wird?«
- »Sorgt der Zeitplan der Zuordnungen im Unternehmen dafür, daß die besten Leute und ihre Aktivitäten gefördert werden?«
- »Sind diese qualifizierten Leute ausschließlich mit einer wichtigen Aufgabe betraut oder haben sie so viele Aufträge, daß sie keine ihrer Aufgaben wirklich bewerkstelligen können?«

Antworten auf Fragen dieser Art sind oft völlig unbefriedigend, und die Lösungen, nach denen sie verlangen, in die Tat umzusetzen, ist ebenso unbefriedigend. Den Schritt von der Zuordnung zur Entscheidung zu wagen, erfordert deshalb oft großen Mut.

VORRANGIGE ENTSCHEIDUNGEN

Es gibt nur eine Regel, die man hier anwenden kann. Im einzelnen:

> *Die Bereiche, die das größte Potential für Chancen und Ergebnisse bergen, müssen die volle Unterstützung in Form aller Ressourcen erhalten – sowohl in qualitativer als auch in quantitativer Hinsicht –, bevor der nächste Bereich irgend etwas bekommt.*

Das Gebiet, auf dem die härtesten und riskantesten Entscheidungen getroffen werden müssen, betrifft wahrscheinlich den Bereich der Produkte, weil die Wahl dort selten eindeutig und einfach ist. So neigen Produkte häufig dazu, sich in sechs Gruppen aufzuteilen, zwei mit dem Potential, einen hohen Beitrag zu leisten, drei mit niedrigem oder negativem Beitragspotential und eine, die dazwischenliegt. Recht typisch ist eine Analyse wie diese:

- *Die führenden Produkte von morgen* – neue Produkte oder die Renner von heute in modifizierter Form (kaum jedoch die gutgehenden Produkte von heute in unveränderter Form)
- *Die gegenwärtigen Renner* – die Innovationen von gestern.
- *Produkte, die in der Lage sind, einen Nettobeitrag zu leisten, wenn drastische Veränderungen vorgenommen werden* – wenn zum Beispiel eine große Anzahl von Kunden dazu bewegt wird, nicht länger Sonderanfertigungen von begrenztem Nutzen zu kaufen, sondern statt dessen eine neue, »reguläre« Produktlinie. (Das entspricht der Kategorie »dazwischen«.)
- *Die Renner von gestern* – üblicherweise Produkte mit großem Volumen, die jedoch in »Spezialanfertigungen« aufgesplittert sind, es gibt nur kleine Aufträge und ähnliches, und sie erfordern eine solch hohe Unterstützung, daß sie alles, was durch sie eingenommen wird oder sogar darüber hinaus, wieder verbrauchen. Und dennoch ist dieses – neben der folgenden Kategorie – die Produktklasse, der üblicherweise die meisten und besten Ressourcen zugeordnet werden. (»Defensive Forschung« ist ein bekanntes Beispiel.)

- *Produkte unter »ferner liefen«* – üblicherweise die großen Hoffnungsträger von gestern, die, auch wenn sie nicht wirklich überzeugen konnten, niemals wirklich scheiterten. Es sind immer Produkte, mit denen ein Negativbeitrag eingefahren wird und die praktisch nie erfolgreich werden, egal, wieviel man in sie investiert. Und dennoch steckt häufig ein zu großer Aufwand an Management und Technik in diesen Produkten, als daß man sie einfach fallenlassen könnte.
- *Die Gescheiterten* – diese stellen nur selten ein wirkliches Problem dar, weil sie sich häufig selbst liquidieren.

Diese Liste entspricht der Rangfolge, der die Entscheidungen folgen sollten. Um einen Einstieg zu haben, sollte die erste Kategorie mit allen erforderlichen Ressourcen versorgt werden – und normalerweise noch ein wenig mehr, als notwendig zu sein scheint. Als nächstes sollten die gutgehenden Produkte von heute Unterstützung erfahren. Und zu diesem Zeitpunkt wird selbst ein Unternehmen, das über viele Talente verfügt, beginnen müssen, diese zu rationieren. Von denjenigen Produkten, die in Zukunft einen großen Beitrag leisten könnten, sollten nur die gefördert werden, die mit hoher Wahrscheinlichkeit erfolgreich reformiert werden könnten oder die einen außerordentlichen Beitrag leisten könnten, wenn die Reform durchgeführt würde.
Und von diesem Punkt an sind in der Regel einfach keine Ressourcen mit großem Potential mehr vorhanden – nicht einmal in den größten, gewinnbringendsten und wirklich gut gemanagten Unternehmen. Die untere Hälfte der dritten Kategorie sowie die Gruppen vier, fünf und sechs sollten entweder ohne Ressourcen und Anstrengungen produziert werden oder aber zugrundegehen dürfen. Die »Renner von gestern« zum Beispiel sind häufig respektable »Milchkühe«, die noch einige wenige Jahre lang hohe Erträge einbringen. Mehr zu erwarten und Geld zu investieren, um sie künstlich am Leben zu erhalten, wenn die Produkte schließlich beginnen, dahinzusiechen, ist absolut sinnlos.
Produkte unter »ferner liefen«, die nach vier oder fünf Jahren harter Arbeit und großer Bemühungen noch immer kleine Lichter in der Produktpalette sind und weit hinter ihren ursprünglichen

Erwartungen zurückbleiben, sollten in jedem Fall aufgegeben werden. Es gibt keine größere Belastung für ein Unternehmen als ein Produkt, das »es fast geschafft hätte«. Das hat besonders dann Gültigkeit, wenn jeder im Unternehmen davon überzeugt ist, daß das Lieblingsprodukt aufgrund seiner Qualität, seines Designs oder der Kosten und Mühen, unter denen es produziert wird (das ist es, was Ingenieure meistens meinen, wenn sie von »Qualität« reden), geradezu zum Erfolg prädestiniert ist.

Dies ist ein Teil der letzten und entscheidenden Anforderung: Den Mut zu haben, mit logischen Entscheidungen voranzukommen – trotz aller Bitten, diesem oder jenem Produkt noch eine Chance zu geben, und trotz so beliebter Ausreden wie »es absorbiert die Allgemeinkosten« seitens des Buchhalters oder »wir benötigen eine vollständige Produktlinie« seitens des Verkaufsleiters. (Natürlich sind das nicht immer unbegründete Argumente, aber die Beweislast liegt bei demjenigen, der es vorbringt). Es wäre nett, wenn ich eine Methode oder Checkliste präsentieren könnte, um den Mut eines Managers darzustellen, aber leider ist mir eine solche nicht bekannt.

SCHLUSSFOLGERUNG

Was ich in diesem Kapitel dargelegt habe, sind Ausführungen über die wirkliche Arbeit eines Managers. Als solche erfordert sie, daß er das Problem der zunehmenden wirtschaftlichen Effektivität systematisch angeht – mit einem Handlungsplan, mit einer Analysemethode und mit einem Verständnis für die Werkzeuge, die er benötigt.

Auch wenn die Arbeit, die getan werden muß, in jedem einzelnen Unternehmen anders aussehen mag, eine zugrundeliegende Tatsache wird immer präsent sein: Jedes Produkt und jede Aktivität eines Unternehmens beginnt bereits in den ersten Tagen ihrer Existenz, überflüssig zu werden. Deshalb sollte jedes Produkt, jede Operation und jede Aktivität in einem Unternehmen in einem Rhythmus von zwei oder drei Jahren auf seine Notwendigkeit hin überprüft werden. Dabei sollten Maßstäbe angelegt werden, die auch der Beurteilung *neuer* Produkte, Operationen oder Aktivitäten zugrunde liegen – vollständig mit Budget, Kapitaleinsatzuntersuchung und so weiter. Eine Frage sollte in jedem Fall gestellt werden: »Wenn wir es nicht schon tun würden, wären wir dann bereit, damit zu beginnen?« Und wenn die Antwort »nein« lautet, dann sollte die nächste Frage sein: »Wie können wir es aufgeben, und wie schnell geht das?«

Die Endprodukte der Managerarbeit sind Entscheidungen und Handlungen, und nicht Einsicht und Wissen. Die wesentliche Entscheidung betrifft die Zuteilung der Ressourcen. Und gleichgültig, wie schmerzhaft es sein sollte, eine Regel sollte angewandt werden: *Bei der Zuteilung von Ressourcen, besonders von Personalressourcen mit hohem Potential, muß zuerst und weitestgehend den Bereichen Rechnung getragen werden, die am meisten Erfolg versprechen.* Wenn das bedeutet, daß dann keine wirklich produktiven Ressourcen mehr bleiben, um eine Reihe anderer Dinge zu haben oder zu tun, die zwar nett, aber nicht lebensnotwendig wären, dann ist es besser – viel besser – diese Dinge aufzugeben, statt Ressourcen mit großem Potential zu verschwenden oder zu versuchen, Ergebnisse mit Hilfe von Ressourcen mit geringem Potential zu erwirtschaften. Ein solcher Schritt erfordert schmerzhafte – und riskante – Entscheidungen. Aber dafür werden Manager letztendlich auch bezahlt.

TEIL II

DIE WELT DES MANAGERS

DIE INFORMATIONEN, DIE FÜHRUNGSKRÄFTE WIRKLICH BENÖTIGEN

Seit vor vierzig Jahren die neuen Datenverarbeitungswerkzeuge entwickelt wurden, ist die Bedeutung von Informationen im Unternehmen sowohl über- als auch unterbewertet worden. Wir – und ich schließe mich selbst ein – haben die Möglichkeiten sogar so weit überschätzt, daß wir von betriebswirtschaftlichen »Expertensystemen« geredet haben, die in der Lage sein sollten, Entscheidungen zu treffen, ja die sogar in der Lage sein sollten, große Teile des Unternehmens zu führen.
Heute jedoch redet keiner mehr von Expertensystemen, die ökonomische Entscheidungen treffen. Denn der größte Nutzen aus der Datenverarbeitungstechnik kam bislang nicht dem Management zugute, sondern operationalen Abläufen. Es handelt sich dabei zum Beispiel um CAD-Anwendungen oder um die erstaunlichen Softwarepakete, mit deren Hilfe Architekten heute die statischen Probleme der von ihnen entworfenen Gebäude lösen können.
Gerade weil wir all die neuen Werkzeuge sowohl über- als auch unterschätzt haben, haben wir es versäumt, uns klarzumachen, daß sie die zu leistenden Aufgaben drastisch verändern würden. Konzepte und Werkzeuge – das lehrt uns die Geschichte wieder und wieder – verhalten sich zueinander interaktiv und interdependent: Das eine verändert das andere. Genau das geschieht nun mit dem Konzept, das wir »Geschäft« nennen, und mit den Werkzeugen, die wir »Informationen« nennen. Diese neuen Werkzeuge befähigen uns – nein, sie zwingen uns geradezu –, unsere Unternehmen in einem anderen Licht zu sehen:

- als Erzeuger von Ressourcen, das heißt als Organisationen, die Kosten in Erträge umsetzen können;

- als Glieder in einer ökonomischen Kette, die von Managern als Ganzes verstanden werden muß, damit diese in der Lage sind, die Kosten zu kontrollieren;
- als die Teile der Gesellschaft, die für die Schaffung des Wohlstandes zuständig sind;
- und als Geschöpfe und Schöpfer einer materiellen Umwelt, die den Bereich außerhalb der Organisation umfaßt, in dem Chancen und Erfolge zu finden sind, in dem aber auch die Gefahren für den Erfolg und für die Existenz eines jeden Geschäftes ihren Ursprung haben.

Dieses Kapitel handelt von den Werkzeugen, die Führungskräfte anwenden, um die Informationen zu erhalten, die sie benötigen. Und es handelt von den Konzepten, die diesen Werkzeugen zugrunde liegen. Einige dieser Werkzeuge existieren schon seit langer Zeit, doch sind sie nur selten, wenn überhaupt, für Aufgaben genutzt worden, die mit dem Management eines Unternehmens im Zusammenhang stehen. Einige dieser Werkzeuge müssen »modernisiert« werden; in ihrer jetzigen Form funktionieren sie nicht mehr. Und einige, die in Zukunft an Bedeutung gewinnen werden, können wir uns bislang nur schemenhaft vorstellen.

Obwohl wir gerade erst dabei sind zu verstehen, wie wir Informationen als Werkzeug einsetzen, können wir heute schon mit hoher Wahrscheinlichkeit die vorrangigen Segmente des Informationssystems ausweisen, die Führungskräfte benötigen, um ihr Unternehmen managen zu können. Und das ermöglicht uns schon jetzt, die Konzepte zu verstehen, die den Geschäftsvorgängen wahrscheinlich zugrunde liegen werden – nennen wir sie das »neugestaltete Unternehmen« –, die Führungskräfte in Zukunft umzusetzen haben.

VON DER KOSTENRECHNUNG ZUR ERTRAGSKONTROLLE

In einer handlungsorientierten Kostenrechnung werden auch Kosten für Nicht-Handeln verbucht, wie beispielsweise Kosten für Ausfallzeiten, für Wartezeiten auf Ersatzteile oder Werkzeuge, für Lagerzeiten bis zum Versand und für die Instandsetzung oder Verschrottung von fehlerhaften Teilen. Die Kosten des Nicht-Handelns, die im Rahmen der traditionellen Kostenrechnung nicht verbucht werden und auch gar nicht verbucht werden können, sind häufig ebenso hoch wie die Kosten des eigentlichen Handelns, wenn nicht sogar höher.

Eine handlungsorientierte Kostenrechnung führt somit nicht nur zu einer besseren Kostenkontrolle, sie ermöglicht darüber hinaus auch mehr und mehr eine Ergebniskontrolle.

Die traditionelle Kostenrechnung setzt voraus, daß ein bestimmter Arbeitsprozeß – zum Beispiel eine Wärmebehandlung – ausgeführt werden muß, und zwar dort, wo er zur Zeit vonstatten geht. Eine handlungsorientierte Kostenrechnung stellt die Frage: Ist dieser Prozeß notwendig? Wenn ja, wo wäre er am besten aufgehoben? Eine handlungsorientierte Kostenrechnung integriert, was von vielen Verfahren abgedeckt wurde – Wertschätzung, Verfahrens- und Qualitätsanalysen, Kostenkontrolle –, in ein Analyseverfahren.

Unter diesen Voraussetzungen angewandt, kann die handlungsorientierte Kostenkontrolle die Produktionskosten erheblich senken – in einigen Fällen zum Beispiel um mehr als ein Drittel. Doch erst im Dienstleistungsbereich werden all ihre Möglichkeiten zur Geltung kommen, denn Banken, Einzelhandelsgeschäfte, Krankenhäuser, Schulen, Zeitungen sowie Fernseh- und Radiostationen haben faktisch keine Informationen über die anfallenden Kosten zur Verfügung.

Angesichts der handlungsorientierten Kostenanalyse wird uns klar, warum die traditionelle Kostenrechnung im Dienstleistungsektor nicht funktionieren konnte. Nicht die Techniken waren falsch – in der traditionellen Kostenrechnung wurde von den falschen Voraussetzungen ausgegangen. Dienstleistungsanbieter können nicht die Kosten einzelner Arbeitsprozesse zugrunde legen, wie es produzierende Unternehmen tun, die ein traditionelles Kostenrechnungssystem verwenden. Sie müssen die Annahme zugrunde legen, daß es nur eine Form von Kosten gibt, nämlich die des gesamten Systems. Und daß es sich dabei um für einen bestimmten Zeitraum festgelegte Kosten handelt. Der berühmte Unterschied zwischen fixen und variablen Kosten, auf denen das traditionelle Kostenrechnungssystem basiert, ergibt im Dienstleistungssektor keinen Sinn.

Genauso verhält es sich mit einer weiteren grundlegenden Annahme der traditionellen Kostenrechnung: Arbeit könne durch Kapital substituiert werden. Besonders wenn man eine wissensbasierte Arbeit zugrunde legt, werden zusätzliche Investitionen wahrscheinlich eher mehr als weniger Arbeit erfordern. So wird beispielsweise ein Krankenhaus, das ein neues Diagnosegerät anschafft, wahrscheinlich fünf Leute einstellen müssen, um dieses Gerät betreiben zu können. Andere wissensbasierte Unternehmungen müssen diese Erfahrungen ebenfalls umsetzen. Aber daß alle Kosten über eine bestimmte Zeit festgelegt sind und daß Ressourcen nicht substituierbar sind, so daß ein Arbeitsprozeß nur als Ganzes verbucht werden kann – dies sind genau die Annahmen, die einer handlungsorientierten Kostenrechnung zugrunde liegen. Im Rahmen der Anpassung an den Dienstleistungssektor beginnen wir damit, das erste Mal echte Informationen über die Kosten und eine Ertragskontrolle zu erhalten.

Banken zum Beispiel haben schon seit mehreren Jahrzehnten versucht, ihrem Geschäft konventionelle Buchhaltungsmethoden anzupassen, das heißt, die Kosten einzelner Arbeitsschritte und Dienstleistungen aufzuführen – die Ergebnisse waren zumeist vernachlässigenswert. Nun beginnt man sich dort zu fragen, welches Handeln im Mittelpunkt des Kosten- und Ertragsaufkommens steht. Die Antwort: der Dienst am Kunden. Die Kosten auf jeden einzelnen Kunden verteilt zu ermitteln, stellen in jedem größeren Bereich des Bankgeschäftes eine feste Größe dar. Und dieser Ertrag pro Kunde – der Umfang der Dienstleistung also, die ein Kunde nutzt, und der Dienstleistungsmix – wird durch Kosten und Rentabilität festgelegt.

Einzelhandelsketten, vor allem in Westeuropa, wissen das schon seit einiger Zeit. Sie nehmen an, daß, wenn eine Ware ins Sortiment aufgenommen worden ist, die Kosten somit über eine bestimmte Zeit festgelegt sind, und das Management erwartet daraufhin eine Maximierung der Erträge innerhalb eines vorgegebenen Zeitraumes. Die Tatsache, daß sie die Ertragskontrolle im Auge haben, hat es ihnen ermöglicht, die Rentabilität zu vergrößern, trotz niedriger Preise und geringer Gewinnspannen.
Die Dienstleistungsanbieter beginnen gerade erst mit der Anwendung der neuen Konzepte zur Kostenkalkulation. Auf einigen Gebieten, zum Beispiel in Forschungslaboratorien, wo es fast unmöglich ist, die Produktivität zu messen, werden wir uns wohl immer mehr auf Schätzungen und Beurteilungen verlassen müssen als auf datengestützte Bewertungen. Doch für die meisten wissensbasierten Arbeiten und Dienstleistungen werden wir innerhalb von zehn oder fünfzehn Jahren zuverlässige Instrumente für die Berechnung und Verwaltung von Kosten entwickelt haben und in der Lage sein, diese Kosten zu den Erträgen in Beziehung zu setzen.
Die intensivere Beschäftigung mit der Kostenrechnung im Dienstleistungssektor wird dazu führen, daß wir neue Erkenntnisse über die Kosten der Akquisition und der Pflege des Kundenstamms in allen Bereichen der Wirtschaft erhalten werden. Wenn General Motors, Ford oder Chrysler eine handlungsorientierte Kostenrechnung gefahren hätten, so hätten sie viel früher die völlige Sinnlosigkeit ihrer Kampagnen zur Erhaltung der Wettbewerbsfähigkeit erkannt, die Neuwagenkäufern in den letzten Jahren zu spektakulären Nachlassen und Rabatten verholfen haben. Diese Promotionaktivitäten haben die »Big Three« der amerikanischen Automobilindustrie nicht nur enorme Summen gekostet, sondern, was noch schlimmer ist, auch eine riesige Anzahl potentieller Kunden. In der Tat führte jede einzelne dieser Aktionen zu einem unschönen Verlust von Marktanteilen. Aber weder die Kosten spezieller Geschäfte noch deren negative Erträge waren in den konventionellen Kostenrechnungen der Unternehmen aufgeführt, so daß dem Management der angerichtete Schaden nie deutlich wurde. (Die konventionelle Kostenrechnung weist die

Kosten individueller Arbeitsprozesse in der Herstellung nur isoliert aus – und die wurden von den Nachlässen und Rabatten auf dem Endverbrauchermarkt nicht beeinflußt. Darüber hinaus spiegelt die konventionelle Kostenrechnung beispielsweise nicht den Einfluß der Preisgestaltung auf Marktanteile wider. Die handlungsorientierte Kostenrechnung dagegen zeigt – oder zumindest sollte sie es – den Einfluß von Veränderungen der Kosten und Erträge einer jeden Handlung auf das Ergebnis im Ganzen an. Wäre sie angewandt worden, so wäre sehr schnell zu sehen gewesen, welchen Schaden die Nachlaßaktionen angerichtet haben.) Und tatsächlich, weil die Japaner bereits eine Form der handlungsorientierten Kostenrechnung anwenden – wenn auch eine recht einfache –, sahen sich Toyota, Nissan und Honda besser beraten, nicht mit den Nachlaßaktionen der US-Automobilindustrie in Konkurrenz zu treten, und sie konnten somit sowohl ihre Marktanteile als auch ihren Gewinn aufrechterhalten.

VOM WUNSCHDENKEN ZUR ÖKONOMISCHEN REALITÄT

Nur die Kosten eines Arbeitsprozesses zu kennen, reicht jedoch nicht aus. Um erfolgreich in einer zunehmend globalen Wettbewerbssituation bestehen zu können, muß ein Unternehmen die Gesamtkosten nennen, die sich daraus ergeben, um ein effektives Kostenmanagement betreiben und die Erträge maximieren zu können. Unternehmen beginnen daher, sich von einer reinen Kostenrechnung, die sich nur auf die internen Vorgänge des eigenen Unternehmens bezieht, hin zu einer Kostenrechnung zu bewegen, die den gesamten ökonomischen Prozeß berücksichtigt, in dem selbst das größte Unternehmen nur ein Glied in der Kette ist.

Die Rechtsform des Unternehmens stellt für Aktionäre, Gläubiger, Arbeitnehmer und Finanzbehörden eine Realität dar, aber ökonomisch ist sie eine Fiktion. Vor dreißig Jahren war die Coca-Cola-Company ein typischer Franchise-Geber. Unabhängige Abfüller stellten das Produkt her. Nun sind die meisten Abfüllstationen in den Vereinigten Staaten Eigentum des Konzerns. Doch Coca-Cola-Trinker – selbst die wenigen,die Kenntnis davon hatten – haben sich einen Teufel darum geschert. Was allein auf dem Markt zählt, ist die ökonomische Realität, sind die Kosten des gesamten Prozesses, ungeachtet der Besitzverhältnisse.

Immer wieder ist in der Wirtschaftsgeschichte ein unbekanntes Unternehmen aus dem Nichts aufgetaucht und hat in wenigen Jahren die etablierten Marktführer überholt, ohne sich auch nur im geringsten verausgaben zu müssen. Die Erklärungen dafür sind stets überlegene Strategien, überlegene Technologien, ein überlegenes Marketing oder eine gestraffte Produktion. Doch in jedem dieser Fälle hat der Newcomer einen beachtlichen Vorteil: Seine Kosten liegen gewöhnlich um etwa 30 Prozent niedriger. Der Grund ist immer der gleiche: Das neue Unternehmen kennt und rechnet mit den Kosten des gesamten Wirtschaftsgefüges statt nur mit seinen internen Kosten.

Vielleicht ist Toyota das bekannteste Beispiel eines Unternehmens, das die Kosten seiner Zulieferer und Distributoren kennt und verwaltet; und natürlich sind sie alle auch Mitglieder der *keiretsu* des Unternehmens. Über dieses Netzwerk verwaltet Toyota die gesamten Kosten der Herstellung, des Verkaufes und des Service für seine Autos in einem einzigen Kostenstrom, was dazu führt, daß die Arbeit dort geleistet wird, wo sie am wenigsten kostet und den größten Ertrag einbringt.

Diese Form der Verwaltung des betriebswirtschaftlichen Kostenstroms ist jedoch keine japanische, sondern eine amerikanische Erfindung. Sie begann mit dem Mann, der General Motors gründete, mit William Durant. Um 1908 begann er damit, kleine und erfolgreiche Automobilunternehmen zu kaufen – Buick, Oldsmobile, Cadillac, Chevrolet –, und verschmolz sie zu seiner General Motors Corporation. 1916 gründete er ein Tochterunternehmen namens United Motors, um damit kleine und erfolgreiche Zulieferunternehmen aufzukaufen. Zu einer seiner ersten Akquisitionen gehörte Delco, welches die Lizenz für Charles Ketterings Patent die automatische Zündanlage besaß.

Durant kaufte insgesamt um die zwanzig Zulieferunternehmen auf; seine letzte Akquisition – 1919, ein Jahr, bevor er seines

Amtes als Vorstandsvorsitzender von General Motors enthoben wurde – war Fisher Body. Durant ließ von Anfang an die Teile- und Zubehörhersteller am Entwicklungsprozeß eines neuen Fahrzeugmodells teilhaben. Das erlaubte ihm, die gesamten Kosten des fertigen Fahrzeuges als einen Kostenstrom zu überblicken. Auf diese Weise führte er das *keiretsu* ein.

Zwischen 1950 und 1960 jedoch erwies sich Durants *keiretsu* zunehmend als Nachteil für GM, weil die Gewerkschaften dem Unternehmen höhere Lohnkosten aufnötigten als seinen unabhängigen Wettbewerbern. Als die externen Kunden wie Packard und Studebaker, die den GM-Zulieferbetrieben die Hälfte ihrer Produktion abgenommen hatten, nach und nach verschwanden, verlor GM auch die Kontrolle sowohl über die Kosten als auch über die Qualität seiner Hauptzulieferer. Doch vierzig Jahre oder länger hatte GM durch sein Kostenkontrollsystem einen unschlagbaren Vorteil auch gegenüber seinen effektivsten Konkurrenten gehabt.

Sears, Roebuck and Company waren die ersten, die das System von Durant kopierten. In den zwanziger Jahren handelten sie langfristige Verträge mit ihren Zulieferern aus und erwarben Minderheitsbeteiligungen an diesen Unternehmen. Sears etwa war so in der Lage, sich mit den Zulieferern zu beraten, wenn es um die Entwicklung neuer Produkte ging und konnte den gesamten Kostenstrom nachvollziehen und beeinflussen. Damit hatte das Unternehmen für Jahrzehnte einen unschlagbaren Kostenvorteil.

Doch bei solchen Unternehmen handelt es sich noch immer um wenige Ausnahmen. Und das, obwohl zahlreiche Ökonomen um die Bedeutung einer solchen Kostenrechnung für das gesamte Wirtschaftsgefüge wissen, seit Alfred Marshall Ende der neunziger Jahre des 19. Jahrhunderts erstmals darüber schrieb. Doch die meisten Geschäftsleute betrachten solche Gedankengänge immer noch als eine reine Theorie. Dennoch wird die Verwaltung der Kosten des gesamten Wirtschaftsgefüges in immer stärkerem Maße notwendig werden. Führungskräfte müssen nicht nur die Gesamtkosten strukturieren und verwalten, sie müssen auch alles andere – insbesondere Unternehmensstrategien und Produktentwicklung – als wirtschaftliches Ganzes betrachten, ungeachtet der rechtlichen Grenzen eines Einzelunternehmens. Unternehmen sind nur dann in der Lage, ein preisorientiertes Kostenrechnungsmodell zu fahren, wenn sie Kenntnis vom gesamten Kostenaufkommen des ökonomischen Gefüges haben und in der Lage sind, mit diesen Informationen zu arbeiten.

Diese Ideen sind ebenso auf Outsourcing, Allianzen und Jointventures anwendbar und auf jede andere Unternehmensstruktur, die mehr auf partnerschaftlicher Zusammenarbeit basiert als auf Kontrolle. Es sind genau diese Unternehmensformen, denen die Zukunft gehört und die in einer globalen Wirtschaftsgemeinschaft Wachstum versprechen – im Gegensatz zu den traditionellen Unternehmensformen mit einem Mutterunternehmen, dem zahlreiche Tochterfirmen vollständig gehören.

Dennoch wird es für die meisten Unternehmen immer noch schmerzhaft sein, auf eine Kostenrechnung umzuschwenken, die das gesamte wirtschaftliche Gefüge berücksichtigt. Denn dies erfordert ein einheitliches – oder zumindest ein kompatibles – Kostenrechnungssystem innerhalb des gesamten Gefüges. Und das angesichts der Tatsache, daß jeder sein eigenes Kostenrechnungssystem anwendet und davon überzeugt ist, es handele sich dabei um das einzige mögliche.

Doch das ist noch nicht alles! Eine Kostenrechnung im gesamtwirtschaftlichen Zusammenhang erfordert einen gleichberechtigten *Informationsaustausch* zwischen allen Unternehmen, auch wenn Menschen – selbst in ein und demselben Unternehmen – dazu neigen, ihre Informationen für sich zu behalten. Trotz all dieser Probleme gibt es für Unternehmen Möglichkeiten, diese Form der Kostenrechnung auch jetzt schon anzuwenden. Wal-Mart entwickelte auf diesem Wege ein Modell enger Zusammenarbeit mit den Zulieferern, und Procter & Gamble initiiert ein übergreifendes Kostenrechnungsmodell und ein Informations-Sharing mit dreihundert großen Einzelhandelsketten, die einen großen Teil der Produktpalette des Unternehmens vertreiben.

Gleichgültig, welche Hindernisse es geben wird, eine Kostenrechnung, die den ökonomischen Gesamtzusammenhang berücksichtigt, ein *Economic-chain Costing*, wird sich durchsetzen. Andernfalls werden selbst die leistungsfähigsten Unternehmen an den steigenden Kosten zugrunde gehen.

INFORMATIONEN, DIE WIR BENÖTIGEN, UM WOHLSTAND ZU SCHAFFEN

Unternehmen werden dafür bezahlt, Werte zu schaffen – nicht dafür, die Kosten zu kontrollieren. Doch dieses offensichtliche Faktum wird in den traditionellen Bewertungsgrundlagen nicht berücksichtigt. Studenten der Wirtschaftswissenschaften wird im ersten Semester vermittelt, daß eine Bilanz Auskunft über den Liquidationswert eines Unternehmens gibt und die Gläubiger mit Informationen für den schlimmsten Fall versorgt. Doch Unternehmen werden normalerweise nicht mit der Absicht geführt, verkauft zu werden. Sie müssen als funktionierendes Ganzes verwaltet werden, mit dem Ziel, *Wohlstand zu produzieren.* Um das zu ermöglichen, sind Daten und Informationen notwendig, die die Führungskräfte befähigen, fundierte Entscheidungen zu fällen.

Vier Hilfsmittel für eine derartige Diagnose scheinen sinnvoll: Grundlegende Informationen, Informationen zur Produktivitätsbestimmung, Informationen, die Aufschluß über besondere Fähigkeiten geben, und Informationen über die Zuteilung knapper Ressourcen. Zusammen ergeben sie das Rüstzeug, mit dem eine Führungskraft ein bestehendes Unternehmen leiten kann.

GRUNDLEGENDE INFORMATIONEN

Die ältesten und am weitesten verbreiteten diagnostischen Managementhilfsmittel sind Cash-flow- und Liquiditätsberechnungen sowie Standardberechnungen, die das Verhältnis zwischen den Lagerbeständen der Händler und dem Verkauf neuer Fahrzeuge ausweisen, die die Ertragsdeckung der Zinszahlungen für in Anspruch genommene Kredite nachweisen, die das Verhältnis zwischen seit mehr als sechs Monaten ausstehenden Forderungen, dem gesamten Forderungsvolumen und dem Umsatz verdeutlichen. Diese Berechnungen kann man mit den Messungen eines Arztes bei einer Routineuntersuchung vergleichen (Gewicht, Puls, Temperatur, Blutdruck und Harnanalyse). Wenn diese Werte normal sind, so verraten sie uns nicht viel. Sollten sie von der Norm abweichen, so machen sie auf ein Problem aufmerksam, das es zu identifizieren und zu behandeln gilt. Solche Untersuchungen könnte man die grundlegenden Informationen nennen.

INFORMATIONEN ÜBER DIE PRODUKTIVITÄT

Das zweite Anwendungspaket zur Unternehmensdiagnose setzt sich mit der Produktivität auseinander. Das älteste Werkzeug – typisch für die Zeit des Zweiten Weltkrieges – ist die Bewertung der Produktivität manueller Arbeit. Nun entwickeln wir langsam Bewertungsmaßstäbe für wissensbasierte Arbeit und Dienstleistungen. Doch allein die Bewertung aller Arbeitnehmer, egal ob sie körperliche oder geistige Arbeit verrichten, wird in Zukunft als Informationsgrundlage zur Produktivitätsbestimmung nicht ausreichen. Wir benötigen Daten für einen umfassenderen Produktivitätsfaktor.

Das erklärt die wachsende Popularität von Wertzuwachsanalysen (*economic value-added analysis,* EVA). EVA basiert auf Erkenntnissen, über die wir schon lange verfügen. Das, was wir normalerweise als Gewinn bezeichnen, das Geld, das als Überschuß bleibt, ist nicht wirklich als Gewinn zu betrachten. (Ich habe die EVA ausführlich in meinen frühen Büchern behandelt, nachdem die letzte Generation der klassischen Ökonomen, Alfred Marshall in England und Eugen Böhm-Bauwerk in Österreich, sie schon in den neunziger Jahren des letzten Jahrhunderts diskutiert hat.) Bis zu dem Zeitpunkt, an dem ein Unternehmen einen Gewinn erzielt, der größer ist als seine Kapitalkosten, arbeitet es im Verlustbereich. Unglaublich, daß es Steuern bezahlt, als habe es einen riesigen Gewinn gemacht. Das Unternehmen zahlt somit weniger in den Topf der Gesamtwirtschaft, als es für die Finanzierung seiner Ressourcen aufwendet. Es deckt den gesamten Umfang seiner Kosten nicht, ehe der ausgewiesene Gewinn die Kapitalkosten übersteigt. Bis zu diesem Zeitpunkt leistet das Unternehmen keinen Beitrag zur Schaffung von Wohlstand – es mindert ihn. Aus dieser Perspektive haben seit Ende des Zweiten Weltkrieges nur sehr wenige amerikanische Unternehmen wirklich gewinnbringend gearbeitet.

Bestimmt man den Wertzuwachs unter Berücksichtigung aller Kosten – einschließlich der Kapitalkosten –, so gibt die EVA Auskunft über die Produktivität aller Produktionsfaktoren. Sie gibt damit jedoch nicht automatisch Aufschluß darüber, warum ein Produkt oder eine Dienstleistung keinen Wertzuwachs erbringt, oder welche Möglichkeiten man hat, dem entgegenzuwirken. Aber sie zeigt uns, was wir herausfinden müssen und wie wir Abhilfe schaffen können. Und sie weist aus, welches Produkt, welche Dienstleistung, welche Arbeiten oder welche Aktivitäten über eine ungewöhnlich hohe Produktivität verfügen und einen ungewöhnlich hohen Wertzuwachs verzeichnen. Wir können uns dann selbst fragen, was wir aus diesen Erfolgen lernen können.

Das modernste Hilfsmittel, das angewandt wird, um Informationen über die Produktivität zu erhalten, ist das *Benchmarking* – der Vergleich der eigenen Leistungsfähigkeit mit den besten Leistungen im jeweiligen Industriezweig oder, noch besser, irgendwo in der gesamten Geschäftswelt. Benchmarking setzt voraus, daß das, was *ein* Unternehmen kann, auch jedes andere Unternehmen zu leisten in der Lage ist. Benchmarking setzt ebenfalls voraus, daß man mindestens genauso gut sein muß wie der Marktführer, um wettbewerbsfähig sein zu können.

Zusammen ergeben EVA und Benchmarking die diagnostischen Hilfsmittel, um die Gesamtproduktivität ermitteln und mit ihr arbeiten zu können.

INFORMATIONEN, DIE AUFSCHLUSS ÜBER BESONDERE FÄHIGKEITEN GEBEN

Das dritte Anwendungspaket betrifft die speziellen Fähigkeiten eines Unternehmens. Spätestens seit C.K. Prahalads und Gary Hamels bahnbrechendem Artikel »Die wesentlichen Fähigkeiten eines Unternehmens« *(Harvard Business Review,* Mai/Juni 1990) wissen wir, daß Marktführerschaft darauf beruht, etwas tun zu können, wozu andere nicht imstande sind oder was andere auch mit größter Mühe nur mittelmäßig tun können. Sie beruht auf Kompetenzen, die die Werte des Marktes oder der Kunden mit einer besonderen Fähigkeit des Herstellers oder Versorgungsunternehmens zusammenbringen.

Einige Beispiele: Die Fähigkeit der Japaner, elektronische Komponenten immer kleiner zu gestalten, beruht auf ihrer dreihundert Jahre alten Tradition, winzige Schachteln, die man *inro* nennt, mit Landschaftsmalereien zu gestalten und einen ganzen Zoo in den noch winzigeren Knopf zu schnitzen, den man *netsuke* nennt und mit dem die Schachtel am Gürtel des Trägers befestigt wird. Oder die beinahe einmalige Fähigkeit, die GM in den letzten achtzig Jahren hatte, erfolgreiche Aufkäufe zu tätigen. Oder Marks and Spencers ebenso einmalige Fähigkeit, verpackte Gourmet-Fertiggerichte für mittlere Einkommensklassen anzubieten.

Aber *wie* identifiziert man sowohl die wesentlichen Eigenschaften, über die man schon verfügt, als auch diejenigen, nach denen der Markt verlangt, um die Position des Marktführers einnehmen zu können? Wie findet man heraus, ob die eigenen Fähigkeiten stärker oder schwächer werden? Oder ob es noch die richtigen Fähigkeiten sind und welcher Veränderungen sie bedürfen?

Bis jetzt war die Diskussion um spezielle Stärken eher im Bereich der Anekdoten angesiedelt. Aber eine gewisse Anzahl hochspezialisierter mittelständischer Unternehmen – ein schwedischer Pharmakonzern und ein amerikanischer Hersteller von Spezialwerkzeugen, um nur zwei zu nennen – entwickeln Methoden, um wesentliche Fähigkeiten zu bewerten und zu managen. In einem ersten Schritt werden sorgfältig die eigene Leistungsfähigkeit und die des Wettbewerbs nachvollzogen, wobei besonders unerwartete Erfolge wie auch unerwartet schwache Leistungen auf Gebieten, auf denen man eigentlich gute Leistungen vermutet hätte, berücksichtigt werden. Die Erfolge zeigen auf, was der Markt schätzt und wofür er bezahlt. Sie lassen darauf schließen, auf welchen Gebieten das Unternehmen den Vorteil der Marktführerschaft genießt. Die schwachen Leistungen sollten als erster Hinweis darauf gewertet werden, daß entweder der Markt sich verändert oder daß die wesentlichen Fähigkeiten des Unternehmens schwächer werden.

Diese Analyse erlaubt ein frühzeitiges Erkennen von Marktchancen. So fand zum Beispiel ein amerikanischer Werkzeughersteller durch das sorgfältige Nachvollziehen eines unerwarteten Erfolges heraus, daß kleine japanische Werkzeugläden seine teuren High-Tech-Werkzeuge kauften, obwohl er nicht einen Gedanken an diese Händler verschwendet, geschweige denn sich an sie gewandt hatte. Das ermöglichte dem Unternehmen, eine neue, spezielle Fähigkeit zu erkennen: Die Japaner fanden Gefallen an seinen Produkten, weil sie trotz ihrer technischen Komplexität leicht zu warten und zu reparieren waren. Nachdem diese Einsicht in der Entwicklung der Produkte berücksichtigt wurde, wurde das Unternehmen in den Vereinigten Staaten und in Westeuropa – riesigen Märkten, auf denen das Unternehmen bis dahin kaum Marktanteile verzeichnen konnte – zum Marktführer im Werkzeughandel und für Betriebsmaterial.

Jede Firma hat andere spezielle Fähigkeiten; sie sind sozusagen Teil der Persönlichkeit eines Unternehmens. Doch eine spezielle Fähigkeit benötigt jede Organisation – und dies gilt keineswegs nur für wettbewerbsorientierte Unternehmen: *Innovation.* Und jede Organisation muß einen Weg finden, um ihre innovative Leistung herauszufinden.

In Organisationen, die das schon tun – unter ihnen eine Reihe erstklassiger Pharmahersteller –, ist der Ausgangspunkt nicht die Leistungsfähigkeit des eigenen Unternehmens. Es ist eine sorgfältige Beobachtung der Innovationen in der gesamten Branche über einen festgelegten Zeitraum: Welche dieser Innovationen waren wirklich erfolgreich? Wie viele davon kamen von unserer

Seite? Geht unsere Leistungsfähigkeit einher mit unseren Zielvorstellungen? Mit der Marktentwicklung? Mit unserer Marktposition? Mit unseren Aufwendungen für die Forschung? Sind unsere Innovationen auf dem Gebiet der größten Zuwächse und Chancen angesiedelt? Wie viele der wirklich wichtigen Innovationsgelegenheiten haben wir verpaßt? Warum? Weil wir sie nicht erkannt haben? Oder weil wir sie erkannt, aber verpaßt haben? Oder weil wir sie verpfuscht haben? Und wie erfolgreich haben wir eine Innovation in ein verkaufsfertiges Produkt umsetzen können?

Zugegebenermaßen beruht ein großer Teil dieser Methode eher auf Mutmaßungen als auf Berechnungen. Sie wirft Fragen auf, statt Antworten zu geben – aber es handelt sich dabei um die richtigen Fragen.

INFORMATIONEN ÜBER DIE ZUTEILUNG KNAPPER RESSOURCEN

Das letzte Gebiet, auf dem diagnostische Managementhilfsmittel benötigt werden, damit das Unternehmen seiner Verpflichtung zur Mehrung des Wohlstandes nachkommen kann, ist die Zuteilung der knappen Ressourcen *Kapital* und *leistungsfähige Mitarbeiter.* Mit diesen zwei Ressourcen ist es möglich, all die Informationen umzusetzen, über die das Management verfügen kann. Sie bestimmen, ob es dem Unternehmen gut oder schlecht geht.

GM entwickelte vor etwa siebzig Jahren den ersten systematischen Kapitalbewilligungsprozeß. Heute hat fast jedes Unternehmen einen Kapitalbewilligungsprozeß, aber die wenigsten nutzen ihn richtig. Unternehmen bemessen ihren erwarteten Kapitalbedarf normalerweise anhand einer oder zwei der folgenden Eckdaten: Return on Investment, Amortisationszeitraum, Cash-flow oder Gegenwartswert. Doch wir wissen schon seit langem – seit den frühen dreißiger Jahren –, daß es sich bei keinem dieser Verfahren um das richtige handelt. Um den erwarteten Investitionsumfang zu verdeutlichen, muß ein Unternehmen alle vier Verfahren im Auge behalten. Vor sechzig Jahren hätte dies einen Kampf mit endlosen Zahlenreihen bedeutet. Heute liefert ein Laptop die Informationen innerhalb weniger Minuten. Wir wissen ebenfalls seit sechzig Jahren, daß ein Manager nicht nur eine Investitionsmöglichkeit im Auge haben sollte, sondern statt dessen die Projekte auswählen sollte, die das beste Verhältnis zwischen Möglichkeiten und Risiken bieten. Dies verlangt nach einem Kapitalbewilligungs-*Budget*, um die Auswahl darzustellen – wiederum etwas, das die meisten Unternehmen nicht tun. Noch gravierender jedoch ist die Tatsache, daß die meisten Kapitalbewilligungsprozesse noch nicht einmal nach zwei wesentlichen Aspekten der Informationen fragen:

- Was passiert, wenn die vorgeschlagene Investition nicht die versprochenen Ergebnisse einbringt, wie das in drei von fünf Fällen üblich ist? Würde das das Unternehmen in ernstliche Gefahr bringen, oder wäre es nur eine Bagatelle?
- Wenn die Investition erfolgreich ist – und besonders, wenn sie erfolgreicher ist, als wir erwarteten –, welche weiteren Schritte müssen wir dann gehen? Niemand bei GM scheint sich jemals gefragt zu haben, wozu der Erfolg des Modells Saturn das Unternehmen verpflichten würde. Das Ergebnis dieser Nachlässigkeit ist vielleicht, daß GM seinen eigenen Goldesel schlachtet, weil es ihn nicht finanzieren kann.

Kapital ist jedoch nur eine der Schlüsselressourcen einer Organisation, und sie ist keineswegs die knappste. Die knappsten Ressourcen einer jeden Organisation sind leistungsfähige Mitarbeiter. Seit dem Zweiten Weltkrieg ist das US-Militär – und außer ihm bislang niemand sonst – dazu übergegangen, seine Entscheidungen über Stellenbesetzungen zu bewerten. Heute wird darüber nachgedacht, was von einem Vorgesetzten erwartet wird, bevor man ihm eine Schlüsselposition anvertraut. Anschließend wird seine Leistung an diesen Erwartungen gemessen. Und man mißt kontinuierlich die eigenen Auswahlverfahren für Vorgesetzte an den Erfolgen und Fehlschlägen ihrer Ernennungen. Im Geschäftsleben dagegen sind Stellenbesetzungen, die mit bestimmten Erwartungen an den Berufenen und mit einer kontinu-

ierlichen Einschätzung der tatsächlich erbrachten Leistungen verbunden sind, beinahe unbekannt.
In ihrem Bestreben, den Wohlstand der Gesellschaft zu mehren, müssen Manager die menschliche Arbeitskraft so zielgerichtet und sorgfältig einsetzen, wie es bereits mit dem Kapital geschieht. Und die Ergebnisse dieser Entscheidungen müssen ebenso sorgfältig festgehalten und analysiert werden.

WO MAN ERGEBNISSE FINDET

Diese vier Arten von Informationen beschreiben lediglich die aktuelle Wirtschaftssituation. Sie liefern Informationen und Vorgaben, um *Taktiken* auszuarbeiten. Um dagegen *Strategien* festzulegen, benötigen wir strukturierte Informationen über die Unternehmensumwelt. Strategien müssen auf Informationen über Märkte, Kunden und Nicht-Kunden, über Technologien in der eigenen und in fremden Branchen, über das Finanzwesen in aller Welt und über die sich verändernde Weltwirtschaft aufgebaut sein. Denn dort liegen die Ergebnisse. Innerhalb einer Organisation gibt es nur Kostenstellen. Die einzige Ertragsstelle ist der Kunde, dessen Scheck nicht geplatzt ist.
Wesentliche Veränderungen beginnen ebenfalls außerhalb einer Organisation. Ein Einzelhändler mag eine Menge über die Menschen wissen, die in seinem Laden einkaufen. Aber egal wie erfolgreich das Geschäft laufen mag, er hat nie mehr als einen winzigen Anteil am Markt und seinen Kunden; die große Mehrheit sind Nicht-Kunden. Und mit den Nicht-Kunden gewinnen Veränderungen an Bedeutung.
Mindestens die Hälfte aller neuen Technologien, die in den letzten fünfzig Jahren entwickelt wurden, hat ihren Ursprung außerhalb des eigenen Industriezweiges. Handelspapiere, die das Finanzwesen in den Vereinigten Staaten revolutionierten, hatten ihren Ursprung nicht im Bankwesen. Molekularbiologie und Genmanipulation wurden nicht von der pharmazeutischen Industrie entwickelt. Und obwohl die Mehrheit der Unternehmen auch in Zukunft nur lokal oder regional begrenzt arbeiten wird, wer-

den sich alle zumindest mit der Möglichkeit weltweiter Konkurrenz aus Ländern, von denen wir niemals zuvor gehört haben, auseinandersetzen müssen.

Natürlich sind nicht alle der benötigten Informationen über die Umwelt des Unternehmens zugänglich. So gibt es zum Beispiel nur höchst unzuverlässige Informationen über die wirtschaftlichen Bedingungen in China oder über die rechtlichen Grundlagen in den meisten Nachfolgestaaten der ehemaligen Sowjetunion. Aber selbst dort, wo Informationen leicht zugänglich sind, schenken viele Unternehmen ihnen keinerlei Beachtung. Viele US-Unternehmen gingen in den sechziger Jahren auf den europäischen Markt, ohne sich wenigstens über arbeitsrechtliche Fragen informiert zu haben. Europäische Unternehmen waren während ihrer Vorstöße auf dem amerikanischen Markt ebenso blind und schlecht informiert. Ein entscheidender Grund für das Scheitern japanischer Immobilieninvestoren in den neunziger Jahren war deren Unfähigkeit, elementare Bedingungen über Zoll und Steuern herauszufinden.

Ein gravierender Faktor für das Scheitern eines Unternehmens ist die allgemeine Annahme, daß die Bedingungen – Steuern, Sozialgesetzgebung, Marktbesonderheiten, Distributionskanäle, urheberrechtliche Bestimmungen und vieles mehr – so sein *müssen*, wie sie ihrer Meinung nach sind oder zumindest sein *sollten*. Ein adäquates Informationssystem muß daher Informationen beinhalten, die Führungskräfte diese Annahme in Frage stellen läßt. Es muß sie dahin bringen, die richtigen Fragen zu stellen, statt sie nur mit den Informationen zu füttern, die sie erwarten. Dies erfordert natürlich in erster Linie, daß Führungskräfte wissen müssen, welche Informationen sie benötigen. Es erfordert darüber hinaus, daß sie diese Informationen regelmäßig und korrekt erhalten. Und es erfordert schließlich die systematische Integration dieser Informationen in ihren Entscheidungsfindungsprozeß.

Nur einige wenige multinationale Konzerne – Unilever, Coca-Cola, Nestlé, die großen japanischen Handelsunternehmen sowie einige wenige große Bauunternehmen – haben intensiv am Aufbau derartiger Systeme gearbeitet. Die Mehrheit der Unternehmen hat diese Aufgabe jedoch noch vor sich.

Selbst große Firmen werden externe Fachleute finden müssen, die ihnen dabei helfen. Um herauszufinden, was das Unternehmen braucht, ist jemand erforderlich, der das hochspezialisierte Informationsgeschäft kennt und versteht. Es gibt viel zu viele Informationen, als daß jemand, der sich nicht auskennt, sich dort zurechtfinden würde. Und auch die Quellen sind zu unterschiedlich. Unternehmen können manche Informationen, beispielsweise über Kunden und Nicht-Kunden oder über Technologien in ihrer Branche, selbst erheben. Aber das meiste, was ein Unternehmen über seine Umwelt wissen muß, ist nur über externe Quellen zu erfahren – über alle möglichen Datenbanken und Datenanbieter, über Zeitungen in vielen Sprachen, über Handelsorganisationen und Verbände, über staatliche Publikationen, über Berichte der Weltbank und wissenschaftlicher Magazine und über spezielle Studien.
Ein weiterer Grund für den Bedarf an Hilfe von außen ist die Notwendigkeit, Informationen so zu organisieren, daß sie die Strategie eines Unternehmens in Frage stellen und herausfordern. Daten zur Verfügung zu stellen reicht nicht aus. Daten müssen in Strategien einfließen, sie müssen die Annahmen eines Unternehmens in Frage stellen und sie müssen die aktuellen Aussichten eines Unternehmens herausfordern.
Ein möglicher Schritt in diese Richtung könnte die Anwendung einer neuen Software und maßgeschneiderter Informationen für eine bestimmte Anwendergruppe sein – zum Beispiel für Krankenhäuser oder für Unfallhaftpflichtversicherungen. Die Lexis-Datenbank ermöglicht Anwälten den Zugang zu derartigen Informationen, aber sie gibt Antworten; sie stellt keine Fragen. Was wir brauchen, sind Anbieter, die Anregungen geben können, wie bestimmte Informationen angewandt werden können; die Fragen stellen, die das Unternehmen des Anwenders und seine Praktiken betreffen und die vielleicht eine gegenseitige Beratung vorsehen. Es wäre auch möglich, das Informationssystem über die Umwelt des Unternehmens auszulagern. Vermutlich wird der »Interne Außenseiter«, der unabhängige Berater, sich als der beliebteste Zulieferer von externen Informationen erweisen, besonders in kleinen Unternehmen.
Der Bedarf an Informationen über die Umwelt der Unternehmen, in

der die meisten Chancen und Bedrohungen zu finden sind, wird von zunehmender Bedeutung sein, egal, wie wir darauf reagieren.

Man könnte dem entgegenhalten, daß der geringste Teil des Bedarfes an Informationen neu sei – und dies entspricht im großen und ganzen der Wahrheit. Im Grunde sind viele der neuen Bewertungsmethoden über viele Jahre und an vielen Stellen diskutiert worden. Neu jedoch ist die Möglichkeit der technischen Datenverarbeitung. Sie erlaubt uns, etwas, das noch vor wenigen Jahren arbeitsintensiv und teuer war, schnell und preiswert abzuwickeln. Vor siebzig Jahren machten Zeitstudien die traditionelle Kostenrechnung möglich. Heute schaffen Computer die Grundlage für eine handlungsbasierte Kostenrechnung; ohne sie wäre das praktisch unmöglich.

Aber dieses Argument verfehlt sein Ziel. Wichtig sind nicht die Werkzeuge, wichtig sind die Konzepte, die dahinter stehen. Sie wandeln das, was bislang als *diskrete Technik* angesehen wurde, die man nur hinter verschlossenen Türen und auf bestimmte Ziele anwandte, zu einem übergreifenden Informationssystem um. Dieses System macht dann Unter nehmensdiagnosen, Unternehmensstrategien und Unternehmensentscheidungen möglich. Dies ist eine neue und entscheidend andere Bewertung der Bedeutung und des Ziels von Informationen: als Meßinstrument, an dem zukünftiges Handeln ausgerichtet werden kann, und nicht mehr als Nachlese und Auflistung dessen, was bereits geschehen ist.

Die Befehl-und-Kontroll-Organisation, die in den siebziger Jahren des vorigen Jahrhunderts entstanden ist, kann mit einem Organismus verglichen werden, der von einem Panzer zusammengehalten wird. Die Generation von Verwaltungen, die gerade im Entstehen begriffen ist, gestaltet sich dagegen um ein Skelett: *Informationen* dienen der neuen Generation von Verwaltungen sowohl als ergänzendes System als auch als Gerüst.

Unsere herkömmliche Denkweise legte bisher immer, selbst dann, wenn wir komplexeste mathematische Techniken und undurchschaubare soziologische Formulierungen anwandten, den Vorbehalt nahe, daß Unternehmen billig einkaufen und teuer verkaufen. Der neue Ansatz definiert ein Unternehmen als Organisation, die Werte schafft und den Wohlstand mehrt.

DAS ENTSTEHEN DER NEUEN ORGANISATION

In zwanzig Jahren wird das typische große Unternehmen über weniger als die Hälfte der Managementebenen eines vergleichbaren Unternehmens von heute verfügen und nicht mehr als ein Drittel der Manager beschäftigen. Managementprobleme und -belange, sowie die Struktur dieser Unternehmen, werden wenig mit denen des produzierenden Unternehmens der fünfziger Jahre gemein haben, obwohl diese immer noch als Maßstab für unsere Lehrbücher gelten. Viel wahrscheinlicher ist, daß sie Organisationen ähneln werden, denen weder Manager aus der Praxis noch Wirtschaftswissenschaftler zur Zeit Beachtung schenken: Krankenhäuser, Universitäten oder Symphonieorchester mögen hier als Beispiele dienen; denn auch die Arbeit der Unternehmen wird auf Wissen basieren. Sie werden zu Organisationen, die zu einem großen Teil aus Spezialisten bestehen, die ihre eigene Leistungsfähigkeit durch ein strukturiertes Feedback von Kollegen, Kunden und Vorgesetzten steuern und disziplinieren können. Es werden, so wie ich es nenne, auf Information basierende Unternehmen sein.

Vor allem große Unternehmen werden gar keine andere Wahl haben, als sich zu informationsbasierten Organisationen zu entwickeln. Zum einen belegen demographische Beobachtungen diese Verschiebung. Der Schwerpunkt der Beschäftigungstruktur verlagert sich rasch vom Arbeiter und Angestellten zum Wissensarbeiter, der nicht mehr mit der Kommandowirtschaft zu vereinbaren ist, die vor einhundert Jahren vom Militär übernommen wurde. Doch auch wirtschaftliche Umstände diktieren den Wandel, vor allem die Notwendigkeit, daß große Konzerne innovativ und »unternehmerisch« agieren müssen. Doch vor allem bestimmt die Informationstechnologie diesen Wandel.

Natürlich muß ein auf Information basierendes Unternehmen

nicht notwendigerweise auf eine fortschrittliche Datenverarbeitungstechnologie zurückgreifen. So können wir zum Beispiel zur Zeit verfolgen, wie britische Manager ein Unternehmen in Indien aufbauen, wo »Informationstechnologie« gleichbedeutend mit Bleistift und barfüßigen Boten ist. Doch je maßgeblicher die hochentwickelte Technologie werden wird, desto mehr müssen wir uns um Analyse und Diagnose bemühen – grundlegende Bestandteile von »Informationen« –, oder wir riskieren, in den Daten, die wir sammeln, zu versumpfen.
So nutzen die meisten Computernutzer die neue Technologie nur, um das schneller zu erledigen, was sie immer schon gemacht haben. Doch sobald ein Unternehmen den ersten Schritt von der Datenverarbeitung zur Informationsverarbeitung wagt, wird der Prozeß der Entscheidungsfindung, werden die Managementstrukturen, aber auch die Arbeitsabläufe beginnen sich zu verändern. Tatsächlich findet das bereits statt, recht rasch und in vielen Unternehmen überall auf der Welt.

Der erste Schritt dieses Transformationsprozesses zeichnet sich bereits ab, wenn wir den Einfluß der Computertechnologie auf Investitionsentscheidungen betrachten. Wir wissen schon seit geraumer Zeit, daß es nicht den einen geeigneten Weg gibt, um eine geplante Investition zu analysieren. Um ihre Konsequenzen verstehen zu können, müssen wir mindestens sechs Formen der Analyse nutzen: Die zu erwartende Rendite, den Amortisationszeitraum, den zu erwartenden Produktivitätszeitraum der Investition, den diskontierten Barwert aller Erträge, die im Laufe des erwarteten Produktivitätszeitraumes der Investition anfallen, das Risiko, das damit verbunden ist, die Investition nicht zu tätigen oder sie aufzuschieben, Kosten und Risiken im Falle eines Scheiterns; und schließlich die alternativen Kosten. Jedem Studenten der Betriebswirtschaft werden diese Konzepte vermittelt. Vor der Einführung der Datenverarbeitung hätte eine aktuelle Einschätzung noch Jahre buchhalterischer Mühen bedurft, um ein vollständiges Bild zu gewährleisten. Nun ist jeder, der vor einem Monitor sitzt, in der Lage, diese Berechnungen innerhalb weniger Stunden durchzuführen.

Die Zugänglichkeit dieser Informationen läßt die Investitionsanalyse von einer Auffassungssache zur Diagnose werden, zur vernunftmäßigen Abwägung von Alternativen. Sodann lassen die gewonnenen Informationen die Investitionsentscheidung von einer opportunistischen, finanziellen Entscheidung, die von Zahlen bestimmt wird, zu einer unternehmerischen Entscheidung werden, die sich auf die Umsetzbarkeit alternativer strategischer Konzepte stützt. Eine solche Entscheidung gibt eine Unternehmensstrategie vor und fordert diese Strategien und ihre Inhalte gleichzeitig heraus. Was ehedem ein Rechenexempel war, wird zu einer Analyse strategischer Unternehmenskonzepte.

Konzentriert ein Unternehmen seine Möglichkeiten zur Datenverarbeitung auf die Produktion von Information, so ist die Organisationsstruktur der zweite Bereich, auf den sich das auswirkt. Es wird sehr schnell deutlich, das die Zahl der Managementebenen und die Zahl der Manager drastisch gekürzt werden kann. Der Grund liegt nahe: Es wird sich herausstellen, daß ganze Managementschichten weder Entscheidungen treffen noch Führungsarbeit leisten. Statt dessen ist ihre hauptsächliche, wenn nicht gar ihre einzige Funktion darauf beschränkt, als Schaltstationen zu dienen, als menschliche Verstärker schwacher, wenig präziser Signale, die im traditionellen Unternehmen vor dem Informationszeitalter Kommunikation bedeuteten.

Einer der größten Vertragspartner des amerikanischen Verteidigungsministeriums machte diese Erfahrung, als dort die Frage gestellt wurde, welche Informationen die Topmanager in Betrieb und Verwaltung benötigen, um ihre Arbeit zu erledigen. Woher stammten die Informationen? In welcher Form wurden sie transportiert? Wie sah der Informationsfluß aus? Die Suche nach Antworten ergab sehr schnell, daß ganze Managementebenen (wahrscheinlich sechs von vierzehn) nur existierten, weil diese Fragen zuvor noch nicht gestellt worden waren. Das Unternehmen hatte massenhaft Daten gesammelt. Doch diese Daten dienten nur der Kontrolle und wurden nicht als Information genutzt.

Informationen sind mit Zweck und Bedeutung versehene Daten. Um aus Daten Informationen zu machen, ist somit Wissen erforderlich, und Wissen ist per Definition auf Spezialisierung ausgerichtet. (Wirklich begabte Menschen neigen dazu, sich, egal auf welchem Gebiet, viel zu sehr zu spezialisieren, da dort immer so viel mehr Wissenswertes zu finden ist.)

Ein auf Informationen basierendes Unternehmen benötigt weit mehr Spezialisten als es für ein Unternehmen im Rahmen der Kommandowirtschaft üblich war. Und diese Spezialisten sind innerhalb der Arbeitsabläufe zu finden, und nicht als Führungseliten. Die privatwirtschaftliche Organisation wird ein Unternehmen sein, das sich aus Spezialisten aller Richtungen zusammensetzt.

Informationsbasierte Unternehmen benötigen wie eh und je eine zentrale Unternehmensarbeit, zum Beispiel eine Rechtsabteilung, eine PR-Abteilung und eine Abteilung, die zwischen Arbeitgeber und Arbeitnehmer vermittelt. Doch der Bedarf an reinen Verwaltungsangestellten, Menschen, die ausschließlich beraten oder koordinieren und keine betriebliche Verantwortung tragen, wird dramatisch sinken. Im zentralen Managementbereich benötigt das informationsbasierte Unternehmen nur wenige oder gar keine Spezialisten.

Aufgrund seiner flacheren Organisationsstrukturen wird das große informationsbasierte Unternehmen eher dem Unternehmen vor einem Jahrhundert ähneln als den heutigen großen Unternehmen. Damals jedoch lag das gesamte Wissen in den Händen der Menschen an der Spitze des Unternehmen. Der Rest waren Helfer und Hände, die fast immer die gleiche Arbeit verrichteten und die bedingungslos gehorchten. Im informationsbasierten Unternehmen dagegen wird das Wissen vorrangig an der Basis zu finden sein, in den Köpfen der Spezialisten, die selbstbestimmt unterschiedlichste Arbeiten verrichten. So wird das typische Unternehmen von heute, in dem Verwaltungsangestellte irgendwo ziemlich schwammig zwischen Topmanagement und den im Betrieb arbeitenden Menschen angesiedelt sind, wahrscheinlich als Erscheinungsform einer Phase ausgewiesen werden, als ein Versuch, Wissen eher von oben einfließen zu lassen als Informationen von unten zu erhalten.

Schließlich wird ein großer Teil der Arbeit im informationsbasierten Unternehmen anders verrichtet werden. Herkömmliche Abteilungen werden über die Sicherung der Standards wachen, sie werden als Ausbildungscenter fungieren und Spezialisten fördern, doch sie werden nicht dort zu finden sein, wo die Arbeit verrichtet wird. Die wird in erster Linie von Teams geleistet werden, die aufgabenbezogen arbeiten.

Im Bereich der Forschung und Entwicklung, als Abteilung, deren Arbeit sehr genau definiert ist, ist diese Veränderung bereits deutlich nachzuvollziehen. Die Pharmaindustrie, die Telekommunikationsbranche und das Verlagswesen haben die herkömmliche *Abfolge* von Forschung, Entwicklung, Herstellung und Vermarktung bereits *synchronisiert:* Spezialisten aus den jeweiligen Bereichen arbeiten als Team, vom Beginn der Forschung bis hin zur Etablierung eines Produktes auf dem Markt.

Wie solche Task Forces sich entwickeln werden, um anderen Geschäftsabläufen und -problemen gerecht zu werden, muß abgewartet werden. Ich glaube, daß der Bedarf nach einer Task Force je nach Aufgabe, nach ihrer Zusammensetzung und ihrer jeweiligen Führungskompetenz von Fall zu Fall entschieden werden muß. So wird ein Unternehmen, das gerade aufgebaut wird, über den üblichen Rahmen hinausgehen und könnte sich erheblich hiervon unterscheiden. Eines ist klar: Voraussetzung ist eine größere Selbstdisziplin und die viel stärkere Betonung einer persönlichen Verantwortung für Beziehungen und Kommunikationsabläufe.

Es ist keine Kunst festzustellen, daß die Informationstechnologie die wirtschaftlichen Abläufe verändert. Doch was die Veränderung für die Arbeit der Unternehmen und des Topmanagements bedeutet, ist ungleich schwieriger zu entschlüsseln. Aus diesem Grunde empfinde ich es als hilfreich, in anderen informationsbasierten Organisationen nach Anhaltspunkten zu suchen. Hier bieten sich Krankenhäuser, ein Symphonieorchester oder die britische Verwaltung in Indien als Beispiele an.

Ein großes Krankenhaus mit über 400 Betten wird über eine Belegschaft von mehreren hundert Ärzten verfügen und 1200 bis 1500 medizinische Angestellte beschäftigen, die auf ungefähr 60 medizinische und paramedizinische Fachgebiete verteilt sind.

Und jedes dieser Fachgebiete verfügt über sein eigenes spezielles Wissen, eine spezifische Ausbildung und eine eigne Sprache. In allen Bereichen, besonders jedoch in paramedizinischen wie der Physiotherapie oder im medizinisch-technischen Labor, gibt es eine Führungspersönlichkeit, und hier handelt sich keineswegs um einen hauptberuflichen Manager, sondern um einen in der Praxis arbeitenden Spezialisten. Die Führungsperson eines Fachbereiches ist der Krankenhausleitung direkt untergeordnet, und das mittlere Management ist kaum ausgeprägt. Ein beträchtlicher Teil der Arbeit wird von kurzfristig zusammengestellten Teams verrichtet, die so den Notwendigkeiten des Zustandes und der Diagnose eines Patienten entsprechen können.
Der Blick auf ein großes Symphonieorchester ist noch lehrreicher, da für einige Arbeiten dort sehr viele Musiker auf einer Bühne gemeinsam spielen müssen. Nach betriebswirtschaftlichen Erkenntnissen müßte dort eine Gruppe von stellvertretenden Dirigenten zu finden sein sowie 6 bis 7 Abteilungsdirigenten. Doch auf diese Art und Weise funktioniert das System nicht. Es gibt nur einen Dirigenten, und jeder Musiker ist direkt, ohne Mittelsmann, auf diese Person ausgerichtet und jeder von ihnen ist ein hochqualifizierter Spezialist, ja sogar ein Künstler.
Doch als bestes Beispiel für eine großes informationsbasiertes Organisation, die ohne jedes mittlere Management arbeitet, mag die britische Verwaltung in Indien dienen.
Die Engländer regierten den indischen Subkontinent über zweihundert Jahre. Das geschah, von der Mitte des achtzehnten Jahrhunderts bis hin zum Zweiten Weltkrieg, ohne grundlegende Veränderungen der Organisations- oder Verwaltungsstruktur. Die indische Verwaltungsadministration beschäftigte nie mehr als 1000 Mitarbeiter, um den großen und dichtbesiedelten Subkontinent zu verwalten – ein nur kleiner Teil (etwa ein Prozent) der Heerscharen konfuzianischer Mandarine und Palasteunuchen, die das benachbarte China mit einer ähnlichen Bevölkerungsdichte verwalteten. Die meisten der Engländer waren sehr jung; ein 30jähriger galt schon als Überlebenskünstler, vor allem in den ersten Jahren. Die meisten von ihnen lebten allein, und der nächste Landsmann war eine Ein- oder Zweitagesreise entfernt. Ein

Telegraphen- oder Schienennetz war in den ersten Jahre nicht vorhanden.
Die Organisationsstruktur war vollkommen flach. Jeder Verwalter eines Distrikts erstattete seinem »Coo«, dem politisch verantwortlichen Sekretär seiner Majestät für eine Provinz, direkt Bericht. Bei neun Provinzen hieß das, daß jedem Sekretär 100 Mitarbeiter direkt Bericht erstatteten. Das war ein Vielfaches dessen, was nach den Richtlinien einer angemessenen Kontrolle erlaubt gewesen wäre. Doch das System funktionierte trotzdem bemerkenswert gut, da sichergestellt war, daß alle Beteiligten über die Informationen verfügten, die notwendig waren, um die Arbeiten ausführen zu können.
Jeden Monat verbrachte ein Distriktverwalter einen Tag damit, einen umfassenden Bericht an den Sekretär seiner Majestät in der Provinzhauptstadt zu verfassen. Dabei ging er auf jedes seiner vorrangigen Aufgabengebiete ein – die auf vier begrenzt und genau definiert waren. Er legte dort detailliert dar, welche Erwartungen er unter Berücksichtigung jedes einzelnen Aufgabenfeldes hatte und was tatsächlich geschehen war. Ergaben sich hier Abweichungen, so stellte er die Frage nach dem Grund. Daraufhin schrieb er nieder, was er für den darauffolgenden Monat erwartete und wie er darauf reagieren wollte. Er stellte Fragen zur politischen Entwicklung und äußerte sich zu langfristigen Perspektiven, Gefahren und Notwendigkeiten. Im Gegenzug beantwortete der Sekretär seiner Majestät jeden Bericht minuziös in Form eines umfassenden Kommentars.

Wie sehen auf Basis dieser Beispiele die Anforderungen aus, die wir an ein informationsbasiertes Unternehmen stellen müssen? Und wie werden aller Voraussicht nach die Probleme aussehen, die sich dem Management stellen? Lassen Sie uns mit dem Blick auf die Anforderungen beginnen. Mehrere hundert Musiker und ihr Vorsitzender, der Dirigent, sind in der Lage, miteinander zu spielen, da sie alle über die gleiche Partitur verfügen. Diese sagt dem Flötisten genauso wie dem Paukisten, was er wann zu spielen hat. Und sie vermittelt dem Dirigenten, was von jedem einzelnen zu welchem Zeitpunkt zu erwarten ist. Ganz ähnlich teilen die Spezialisten im Krankenhaus eine gemeinsame Berufung: Die Pflege und Heilung der Kranken. Die Diagnose ist ihre »Partitur«; sie gibt der Röntgenabteilung, dem Diätassistenten, dem Physiotherapeuten und allen anderen im Team ein bestimmtes Handeln vor.

Das heißt, informationsbasierte Unternehmen oder Organisationen bedürfen klarer, einfacher und gemeinsamer Zielsetzungen, die sich auf unterschiedliche Handlungen übertragen lassen. Gleichzeitig ist es aber auch notwendig, daß, wie die Beispiele verdeutlichen, eine Konzentration auf ein Ziel oder höchstens auf einige wenige Zielsetzungen erfolgt.

Da die Akteure in einem informationsbasierten Unternehmen Spezialisten sind, ist es nicht möglich, ihnen vorzuschreiben, wie sie ihre Arbeit zu verrichten haben. Es gibt wahrscheinlich nur wenige Dirigenten, die in der Lage sind, einem Waldhorn auch nur einen Ton zu entlocken, geschweige denn, dem Bläser zu vermitteln, wie das Instrument zu spielen sei. Doch der Dirigent ist in der Lage, Fähigkeit und Wissen des Bläsers so zu lenken, zu fokussieren, daß sie der gemeinsamen Leistung aller Musiker zugute kommt. Diese »Fokussierung« ist genau das, was die Führungskräfte des informationsbasierten Unternehmens erreichen müssen.

Ein Unternehmen hat jedoch keine Partitur zur Verfügung außer der, die es schreibt, während es »spielt«. Und ebenso wie weder die erstklassige noch die miserable Leistung eines Orchesters etwas an der Komposition ändert, schaffen die Leistungen eines Unternehmens ständig neue und unterschiedliche Partituren, an denen seine Leistungsfähigkeit selbst wiederum gemessen werden kann. So muß ein informationsbasiertes Unternehmen nach den Anforderungen dieser Ziele strukturiert sein. Sie geben die Leistungserwartungen vor, die das Management an das Unternehmen, an jeden seiner Bereiche und seine Spezialisten stellt und ebenso an ein strukturiertes Feedback, das die Ergebnisse mit den Erwartungen abgleicht, so daß jeder Mitarbeiter in die Lage versetzt wird, Selbstkontrolle zu üben.

Daß jeder die Verantwortung für die Informationen übernimmt, die er vermittelt, ist die andere Anforderung, die wir an eine

informationsbasierte Organisation stellen. Die Kontrabassistin in einem Orchester übernimmt diese Verantwortung für jede Note, die sie spielt. Ärzte und paramedizinische Mitarbeiter arbeiten innerhalb eines elaborierten Berichtsystems und mit Hilfe eines Informationscenters, dem Schwesternzimmer auf jeder Station. Ebenso handelte der Distriktverantwortliche in Indien jedesmal, wenn er seinen Bericht anfertigte, auf dieser Verantwortungsebene.
Die folgenden Fragen, die sich jeder dort stellt, sind der Schlüssel zu einem solchen System: Wer innerhalb dieser Organisation, diesem Unternehmen, ist auf mich aufgrund welcher Informationen angewiesen? Und auf wen bin ich im Gegenzug angewiesen? Die Liste eines jeden wird sowohl Vorgesetzte als auch Untergebene beinhalten. Doch die wichtigsten Namen auf dieser Liste werden die von Kollegen sein, Menschen, zu denen eine Beziehung in erster Linie von Abstimmung aufeinander geprägt ist. Die Beziehung zwischen Internist, Chirurg und dem Anästhesisten mag als ein Beispiel dienen. Doch genauso erfordert das Beziehungsgeflecht, in dem ein Biochemiker, ein Pharmakologe, der medizinischen Leiter einer klinischen Versuchsreihe und der Marketingspezialist eines Pharmakonzerns sich befinden, von jeder Seite die vollständige Bereitschaft, die Verantwortung für die jeweils gelieferten Informationen zu übernehmen.
Welche Bedeutung es hat, die Verantwortung für Informationen zu übernehmen, die an andere weitergeleitet werden, findet gerade in Unternehmen mittlerer Größe immer mehr Beachtung. Doch die Verantwortung für den Fluß der Informationen zu einem selbst wird immer noch weitestgehend vernachlässigt. Hiermit ist gemeint, daß jeder in einem Unternehmen nie außer acht lassen sollte, welche Informationen er oder sie benötigt, um seine Arbeit verrichten zu können und um Entscheidungen zu treffen.
Das dürfte der radikalste Bruch mit den Regeln sein, die auch heute noch dem modernsten High-Tech-Unternehmen zugrunde liegen. Dort verfahren die Menschen entweder nach dem Glaubensgrundsatz: Je mehr Daten, desto mehr Information – zu der Zeit, als Daten noch Mangelware waren, war das eine absolut gültige Annahme, doch nun, da sie reichlich vorhanden sind, führt das zu einem Datenüberschuß und zum Informationsblackout. Oder

aber sie glaubten, daß Informationsspezialisten wissen, welche Daten Führungskräfte und professionelle Anwender benötigen, um an Informationen zu gelangen. Informationsspezialisten bieten jedoch nur die Werkzeuge an. Sie können uns erklären, welches Werkzeug notwendig ist, um Polsternägel in einen Sessel zu schlagen. Es liegt an uns, zu entscheiden, ob wir den Sessel aufpolstern wollen oder nicht.
Führungskräfte und Spezialisten müssen sich bewußt machen, welche Informationen für sie bestimmt sind und welche Daten sie benötigen: Erstens, um zu wissen, worum es geht; dann, um entscheiden zu können, was gemacht werden muß; und schließlich, um zu einschätzen zu können, wie gut ihre Arbeit war. Doch bis das soweit ist, werden Informations- und Kommunikationsabteilungen wahrscheinlich cost center bleiben und nicht zu result centern werden, was durchaus möglich wäre.

Die meisten großen Unternehmen haben nur wenig mit den Beispielen gemein, die wir zuvor bemüht haben. Um konkurrenzfähig bleiben zu können – oder um überhaupt zu überleben – müssen sie sich aus eigener Kraft zu informationsbasierten Unternehmen wandeln, und sie stehen dabei unter Zeitdruck. Sie müssen alte Gewohnheiten ablegen und sich neue aneignen. Und je erfolgreicher ein Unternehmen war, desto schwieriger und schmerzhafter wird dieser Prozess vonstatten gehen. Die Arbeitsplätze, der Status und die Chancen vieler Mitarbeiter der Unternehmen werden in Gefahr geraten. Vor allem die schon lange beschäftigten Mitarbeiter mittleren Alters im mittleren Management werden davon betroffen sein. Denn gerade ihnen mangelt es häufig an Mobilität, und sie sind sich ihres Arbeitsplatzes, ihrer Position, ihrer Beziehungen und ihres Verhaltens besonders sicher.
Das informationsbasierte Unternehmen wird aber auch seine spezifischen Managementprobleme aufwerfen. Dabei halte ich die folgenden Punkte für besonders kritisch:

① Die Ausarbeitung von Gehaltsstrukturen und Anreizmodellen für Spezialisten sowie die Entscheidung, welche Aufstiegsmöglichkeiten ihnen offeriert werden können.

② Eine Vision zu schaffen, die auch in einem aus Spezialisten bestehenden Unternehmen eine Zukunft hat.

③ Die Entwicklung einer Managementstruktur, die einem Unternehmen gerecht wird, das sich auf aufgabenbezogene Gruppen stützt.

④ Die Verfügbarkeit, Ausbildung und Auswahl von Menschen, die das Topmanagement bilden, muß gewährleistet sein.

Kontrabassisten wollen nichts anderes sein als Kontrabassisten und erwarten das auch nicht. Sie können sich vom zweiten Baß zum ersten Baß emporarbeiten und vielleicht von einem zweitklassigen Orchester zu einem besseren wechseln, das ein höheres Ansehen genießt. Ganz ähnlich wollen medizinisch-technische Assistenten nichts anderes werden als medizinisch-technische Assistenten, und sie erwarten ebensowenig etwas anderes. Sie können sich berechtigte Hoffnungen machen, in der Hierarchie eine Stufe höher zu klettern, haben aber kaum die Perspektive, ein Labor zu leiten. Derjenige, der es schafft, ein Labor zu leiten, und das ist einer von 25 bis 30 Technikern, hat oft auch die Möglichkeit, zu einem größeren und wohlhabenderen Krankenhaus zu wechseln. Der Distriktverantwortliche in Indien hat praktisch keine Möglichkeit, beruflich aufzusteigen, es sei denn, er wird nach einer dreijährigen Amtszeit in einen größeren Bezirk versetzt.
Die Aufstiegsmöglichkeiten für qualifizierte Spezialisten in einem informationsbasierten Unternehmen sollten vielfältiger sein als in einem Sinfonieorchester, einem Krankenhaus oder innerhalb der ehemals britischen Verwaltung in Indien. Doch wie in diesen Organisationen werden es in erster Linie Beförderungen innerhalb der Spezialbereiche sein, und auch hier werden diese Beförderungen beschränkt bleiben. Beförderungen in die Managementebene werden die Ausnahme sein, da weniger Positionen im mittleren Management vorhanden sein werden. Das ist ein deutlicher Unterschied zu den herkömmlichen Unternehmen, allerdings mit Ausnahme der medizinisch technischen Labors. Befördert wird hier vorrangig aus einem Spezialgebiet heraus ins allgemeine Management.

Schon vor mehr als 30 Jahren versuchte man diesem Problem bei General Electric mit Hilfe von parallelen Karriereperspektiven für individuelle Leistungsträger zu begegnen. Viele Unternehmen folgten diesem Beispiel. Doch die hochspezialisierten Mitarbeiter selbst haben diesen Lösungsversuch nicht akzeptiert. Für sie und ihre Kollegen im Management zählen nur Beförderungen ins Management. Die vorherrschenden Gehaltsstrukturen in fast allen Bereichen der Wirtschaft untermauern diese Haltung, da sie ganz besonders auf Managementpositionen und -titel ausgerichtet sind.

Einfache Antworten zur Lösung dieses Problems gibt es nicht. Vielleicht ist der Blick auf große Kanzleien und Consultingbüros eine Hilfe, in denen die meisten Gesellschafter auch Spezialisten sind, und in denen Angestellte, die nicht bereit sind, in die Gesellschaft einzutreten, recht schnell aus dem Geschäft sind. Doch egal, welches System sich schließlich durchsetzen wird, es wird nur funktionieren, wenn sich die wirtschaftlichen Werte ebenso drastisch ändern wie die zugrundeliegenden Gehaltsstrukturen.

Unternehmen, die hauptsächlich aus Spezialisten bestehen, benötigen, und das ist die zweite Herausforderung, eine allgemeingültige Vision, einen Blick auf das Ganze.

Die britische Verwaltung erwartete von ihrem Distriktverantwortlichen, daß er seinen Distrikt als Ganzes richtig einschätzen konnte. Doch um ihn in die Lage zu versetzen, sich darauf zu konzentrieren, wurden staatliche Verwaltungsdienstleistungen, die eine nach der anderen vom 19. Jahrhundert an erbracht wurden (im Bereich der Landwirtschaft, der Wasserwirtschaft, der Archäologie, des Gesundheitswesens, des Verkehrs), außerhalb der Verwaltungsstrukturen organisiert, und es gab tatsächlich keine Kontakte zum Distiktverwalter. Das jedoch bedeutete, daß der Distriktverwalter sich immer weiter von den Aktivitäten entfernte, die oft den größten Einfluß auf seinen Distrikt hatten und von größter Bedeutung waren. Am Ende gelang nur noch der Provinzregierung oder der Zentralregierung in Delhi der Blick auf das Ganze und der wurde immer abstrakter.

Ein Unternehmen kann so mit Sicherheit nicht funktionieren. Es benötigt einen Blick auf das Ganze und eine Fokussierung hierauf, die von der überwiegenden Zahl seiner hochspezialisierten Mitarbeiter angenommen und auf jeden Fall von den leitenden Angestellten uneingeschränkt getragen wird. Und es muß den Stolz und die professionelle Eigenständigkeit seiner Spezialisten akzeptieren, ja sogar unterstützen; denn gibt es die Möglichkeit, in das mittlere Management aufzusteigen nicht mehr, so werden ihr Stolz und ihre professionelle Eigenständigkeit zu Eckpfeilern ihrer persönlichen Motivation.

Eine Möglichkeit, die Professionalität der Arbeit zu unterstützen, ist die Zuweisung aufgabenbezogener Gruppen. Das informationsbasierte Unternehmen wird immer häufiger auf kleinere selbstbestimmte Gruppen zurückgreifen und ihnen Aufgaben zuweisen, die sie bewältigen können, wenn sie gut arbeiten. Doch bis zu welchem Ausmaß sollte das informationsbasierte Unternehmen Spezialisten aus ihren Spezialgebieten heraus in neue Aufgabenbereiche rotieren lassen? Und bis zu welchem Ausmaß wird das Topmanagement akzeptieren müssen, daß seine vorrangige Aufgabe darin besteht, eine gemeinsame Vision unter allen Experten und Spezialisten im Unternehmen zu vermitteln?

Sich in hohem Maße auf aufgabenbezogene Teams zu verlassen, hilft ein Problem zu lösen. Auf der anderen Seite verschärft das Unternehmen so ein anderes Problem: die Managementstruktur des informationsbasierten Unternehmens. Wie haben wir uns einen Manager im Unternehmen in Zukunft vorzustellen? Werden sie aufgabenbezogenen Gruppen leiten? Oder werden sie zu einem zweiköpfigen Monster, ein Kopf für die Expertenstruktur, vergleichbar vielleicht mit der medizinischen Arbeit der Ärzte im Krankenhaus und einer für die Verwaltungsstruktur, die sich in erster Linie auf die Leiter der aufgabenbezogenen Gruppen konzentriert?

Die Entscheidungen, die in bezug auf Rolle und Funktion der Leiter solcher aufgabenbezogener Gruppen getroffen werden müssen, sind riskant und sie werden kontrovers diskutiert. Sollen sie zu einer permanenten Einrichtung werden, wie der der Stationsschwester im Krankenhaus? Oder ist es eine Funktion, die in einem engen Bezug zur Aufgabe steht und die sich mit der zu bewältigenden Aufgabe verändert? Handelt es sich also um eine

Funktion oder eine Position? Welche Stellung werden sie in der Rangordnung einnehmen? Und für den Fall, daß dies umgesetzt wird, werden die Leiter der jeweiligen aufgabenbezogenen Gruppen den Produktmanagern bei Procter & Gamble entsprechen und zu elementaren Bestandteilen des Management ebenso wie zu Abteilungsleitern werden? Wäre es dann denkbar, daß solche Leiter aufgabenbezogener Arbeitsgruppen einen Unternehmensbereichsverantwortlichen oder einen stellvertretenden Geschäftsführer ablösen?

Anzeichen für jede einzelne dieser Entwicklungen sind schon auszumachen, doch es ist weder ein eindeutiger Trend zu erkennen, noch existiert ein Verständnis für die sich daraus ergebenden Folgen. Doch jede dieser Entwicklungen führt zu einer Organisationsstruktur, die nichts mehr mit denen gemein hat, die uns vertraut sind.

Schließlich, und das dürfte wahrscheinlich die schwierigste Aufgabe sein, die Verfügbarkeit, Ausbildung und Auswahl der Menschen, aus denen sich das Topmanagement zusammensetzt, muß gewährleistet sein. Dabei handelt es sich in der Tat um ein altbekanntes und zentrales Dilemma während der Entwicklung großer Unternehmen im Laufe der letzten vierzig Jahre. Doch die bestehenden Organisationsstrukturen verfügen über sehr viele Positionen im mittleren Management, die darauf ausgelegt sind, Mitarbeiter vorzubereiten und zu überprüfen, ob sie einer solchen Aufgabe gewachsen sind. Steht eine Stelle im leitenden Management zur Disposition, so kann unter einer ausreichenden Menge von Mitarbeitern eine Auswahl getroffen werden. Wird die Zahl der Positionen im mittleren Management nun beschnitten, woher sollen dann die Topmanager des informationsbasierten Unternehmens stammen? Wie werden sie auf ihre Aufgabe vorbereitet? Wie kann überprüft werden, ob sie einer solchen Aufgabe gewachsen sind?

Die Dezentralisierung in autonome Einheiten wird einen immer entscheidenderen Stellenwert einnehmen. Vielleicht übernehmen wir auch das, was in Deutschland als »Gruppe« bezeichnet wird. Dort arbeiten die dezentralen Einheiten als eigenständige Unternehmen mit ihrem eigenen Topmanagement. Dieses Modell

steht in der Tradition, Mitarbeiter in ihren Spezialgebieten zu unterstützen und zwar besonders im Bereich der Forschung und Entwicklung. Wären hier nicht Führungspositionen in nahezu unabhängigen Tochtergesellschaften verfügbar, so gäbe es kaum eine Möglichkeit, die meistversprechenden Mitarbeiter auszubilden und ihre Eignung zu überprüfen. Das entspricht in mancher Hinsicht einer Jugendnationalmannschaft.
Ebenso werden immer häufiger Positionen im Topmanagement großer Unternehmen mit Angestellten besetzt, die kleineren Unternehmen abgeworben wurden. Auf diesem Wege gelangt ein berühmtes Symphonieorchester zu einem neuen Dirigenten – ein junger Dirigent sammelt seine Erfahrungen bei einem kleinen Orchester oder in einem kleinen Opernhaus, immer mit dem Ziel, von einem bekannten Symphonieorchester abgeworben zu werden. Die Karrieren der Führungsspitzen vieler großer Krankenhäuser sind oft ähnlich verlaufen.
Können Wirtschaftsunternehmen dem Beispiel des Symphonieorchesters oder des Krankenhauses folgen, wo das Topmanagement zu einer eigenständigen Berufslaufbahn geworden ist? Dirigenten rekrutieren sich aus Aufbaukursen für Dirigenten, Geschäftsführer von Krankenhäusern aus Fachhochschulen für die Krankenhausverwaltung oder haben auf anderen Wegen ihre Führungskompetenz erlangt. In Frankreich ist ein solches Verhalten häufig anzutreffen. Dort werden große Unternehmen von Männern geleitet, die während ihrer gesamten vorherigen Karriere im Dienste des Staates gestanden haben. Doch in den meisten anderen Ländern wäre das für ein Unternehmen nicht tragbar (nur Frankreich verfügt über die ruhmreichen *grandes écoles*). Selbst in Frankreich sind die Anforderungen, die vor allem große Unternehmen an ihre Führungskräfte stellen, inzwischen so hoch, daß ein Mitarbeiter, der noch keine Führungspraxis und keine Erfolge vorweisen kann, kaum in der Lage wäre, ein solches Unternehmen zu führen.
So werden alle Abläufe im Topmanagement – Vorbereitung, Eignungsprüfung und Nachfolge – noch schwieriger, als sie ohnehin schon sind. Es wird für erfahrene Geschäftsleute immer wichtiger werden, sich nochmals in eine Ausbildung zu begeben. Und Wirt-

schaftsschulen müssen sich darauf konzentrieren, welches Wissen sich erfolgreiche Spezialisten aneignen müssen, um auf hochrangige Führungspositionen mit *wirtschaftlicher* Verantwortung und als Geschäftsführer mit wirtschaftlicher Verantwortung vorbereitet zu sein.

Seitdem das moderne Wirtschaftsunternehmen nach dem Bürgerkrieg in den Vereinigten Staaten und dem französisch-preußischen Krieg in Europa etabliert wurde, waren zwei wichtige evolutionäre Prozesse zu beobachten, die das Konzept und die Struktur der Unternehmen betrafen. Der erste fand in den zehn Jahren zwischen 1895 und 1905 statt. Es wurde nun zwischen Eigentum und Management unterschieden, und das Management wurde als eigenständige Arbeit und Aufgabe mit eigenen Rechten etabliert. Diese Entwicklung vollzog sich zuerst in Deutschland. Georg Siemens gründete und leitete die Deutsche Bank als erste deutsche Bank. Er rettete die Elektrogerätefirma, die sein Cousin Werner gegründet und die dessen Söhne und Erben durch ihr Mißmanagement fast in den Bankrott getrieben hatten. Da er Angst hatte, daß das Unternehmen seine Zins- und Tilgungsraten nicht mehr würde begleichen können, zwang er seine Cousins, das Management des Unternehmens Profis zu überlassen. Nur kurze Zeit später folgten J.P. Morgan, Andrew Carnegie und John D. Rockefeller diesem Beispiel, als sie die nachhaltige Umstrukturierung der Eisenbahngesellschaft U.S. Railroads einleiteten.
Zwanzig Jahre später fand der zweite evolutionäre Veränderungsprozeß statt. Die Entwicklung dessen, was wir noch heute für ein modernes Unternehmen halten, nahm seinen Anfang, als Pierre S. du Pont sein Familienunternehmen umstrukturierte, und wurde durch Alfred P. Sloans Umgestaltung von General Motors ein paar Jahre später fortgesetzt. So wurde das von der Kommandowirtschaft geprägte Unternehmen der Gegenwart etabliert. Dezentralisierung, Stabsabteilungen, Personalmanagement, Budgetierungs- und Kontrollmechanismen und die wichtige Trennung von Unternehmenspolitik und betrieblichen Abläufen standen im Mittelpunkt des Interesses. Diese Phase gipfelte in der nachhaltigen Reorganisation von General Electric in den frühen

50er Jahren. Hier wurde das Modell perfektioniert, dem die meisten großen Unternehmen überall auf der Welt (auch in Japan) immer noch folgen.

Wir nun stehen am Anfang der dritten Phase des Wandels: Auf dem Weg vom Unternehmen der Kommandowirtschaft zum informationsbasierten Unternehmen, von den Bereichen und Abteilungen zum Wissen der Spezialisten. Wir können uns vorstellen, wenn auch nur annähernd, wie ein solches Unternehmen aussehen wird. Wir können einige seiner wichtigsten Eigenschaften benennen und ebenso die Anforderungen, denen es genügen muß. Wir können auf zentrale Probleme die Werte, die Struktur und das Verhalten betreffend hinweisen. Doch die eigentliche Aufgabe, nämlich das informationsbasierte Unternehmen zu schaffen, liegt noch vor uns – es die Herausforderung, der sich das Management in Zukunft stellen muß.

WIE ORGANISATIONEN DIE NEUE GESELLSCHAFT PRÄGEN

Alle paar Jahrhunderte hat sich in der Geschichte der westlichen Welt ein deutlicher Wandel vollzogen. Es dauert nur wenige Jahrzehnte, bis eine Gesellschaft sich neu organisiert und strukturiert – ihre Weltanschauung, ihre Werte, ihre sozialen und politischen Strukturen, ihre Künste, ihre Schlüsselinstitutionen. Innerhalb von fünfzig Jahren ist eine neue Welt entstanden. Und die Menschen, die in diese Welt hineingeboren werden, können sich die, in der ihre Großeltern lebten und in die ihre Eltern noch hineinwuchsen, nur schwer vorstellen.

Unser Zeitalter ist eine solche Periode des Wandels. Nur mit dem Unterschied, daß der Wandel sich dieses Mal nicht auf die westliche Gesellschaft und die Geschichte der westlichen Welt beschränkt. Tatsächlich besteht eine der fundamentalsten Veränderungen darin, daß es so etwas wie die Geschichte der »westlichen Welt « oder eine »westliche« Zivilisation nicht mehr gibt. Es gibt nur noch Weltgeschichte und Weltzivilisation.

Ob dieser Wandel mit dem Erstarken Japans, das als erstes nichtwestliches Land zur großen Wirtschaftsmacht wurde, oder mit dem ersten Computer – also mit dem Zeitalter der Information – begann, ist zentrales Thema zahlreicher Diskussionen. Mein Favorit in diesem Streit wäre die »GI-Bill-of-Rights«, die jedem amerikanischen Soldaten, der aus dem Zweiten Weltkrieg zurückkehrte, Geld für den Besuch einer Universität zusicherte, eine Maßnahme, die nur dreißig Jahre früher, nach dem Ende des Ersten Weltkrieges, nicht den geringsten Sinn gehabt hätte. Dieses Gesetz – und die enthusiastische Reaktion darauf seitens der amerikanischen Veteranen – signalisiert den Wandel zur wissensorientierten Gesellschaft.

Wissen ist damit *die* wichtigste Ressource des Individuums wie auch der gesamten Gesellschaft. Grundbesitz, Arbeit und Kapital

– für einen Ökonomen die traditionellen Produktionsfaktoren – sind zwar nicht verschwunden, aber zweitrangig geworden. Sie können erworben werden, und dies mit Leichtigkeit – solange man über spezialisiertes Wissen verfügt. Gleichzeitig ist spezialisiertes Wissen allein jedoch vollkommen nutzlos. Es erhält seinen Nutzen erst dadurch, daß es in eine Aufgabe integriert wird. Und aus diesem Grunde ist eine wissensorientierte Gesellschaft gleichzeitig eine Gesellschaft der Organisationen: Ziel und Funktion einer jeden Organisation, ob im geschäftlichen oder im privaten Bereich, ist die Integration spezialisierten Wissens in eine gemeinsame Aufgabe.

Wenn man die Geschichte als Richtlinie ansehen kann, so wird der aktuelle Wandel nicht vor 2010 oder 2020 abgeschlossen sein. Aus diesem Grunde ist es riskant, die Welt, die daraus entstehen wird, bis ins Detail vorhersehen zu wollen. Welche neuen Fragen auftauchen werden und wo die großen Themen der Zeit liegen werden, läßt sich, wie ich glaube, allerdings mit einer großen Wahrscheinlichkeit vermuten.

Wir kennen vor allem die zentralen Spannungsfelder und Herausforderungen, der sich diese neue Gesellschaft stellen muß: Das Spannungsfeld, das durch das gesellschaftliche Bedürfnis nach Stabilität und durch das Bedürfnis der Unternehmen nach Destabilisierung hervorgerufen wird; die Beziehung zwischen dem Individuum und dem Unternehmen und die jeweilige Verantwortung des einen dem anderen gegenüber. Das Spannungsfeld, das aus dem Bedürfnis der Unternehmen nach Autonomie und dem gesellschaftlichen Bedürfnis nach Gemeinsinn entsteht; die immer nachhaltiger werdenden Forderungen nach Unternehmen, die soziale Verantwortung tragen. Das Spannungsfeld zwischen Spezialisten mit besonderem Fachwissen und dem Bedürfnis der Unternehmen, solche Spezialisten zur Teamarbeit zu bringen.

All diese Themen werden in den kommenden Jahren, besonders in der industrialisierten Welt, von zentraler Bedeutung sein. Ihre Lösung wird weder in Regierungswechseln noch in der Philosophie noch in der Gesetzgebung liegen. Sondern dort, wo sie entstehen: in den einzelnen Unternehmen und in der Arbeitswelt der Manager.

Gesellschaft, Gemeinschaft und Familie sind konservative Institutionen. Sie versuchen, Stabilität aufrechtzuerhalten und Veränderungen zu vermeiden oder wenigstens zu bremsen. Das moderne Unternehmen jedoch ist ein destabilisierendes Element. Es muß so organisiert sein, daß Innovation möglich ist, und Innovation ist, wie der bedeutende Ökonom Joseph Schumpeter sagte, »kreative Zerstörung«. Es muß so organisiert sein, daß alles, was etabliert, gewohnt, bekannt und bequem ist, systematisch aufgegeben werden kann, ob es sich um ein Produkt, um eine Dienstleistung, einen Service oder einen Prozeß handelt, um eine Reihe von Fertigkeiten, um menschliche und soziale Beziehungen oder um die Organisation, das Unternehmen selbst. Kurz: Es muß so organisiert sein, daß es einen stetigen Wandel zuläßt. Die Funktion eines Unternehmens ist es, Wissen und Arbeit zusammenzubringen – in Werkzeugen, Produkten und Prozessen; in der Gestaltung von Arbeit; im Wissen selbst. Es liegt in der Natur des Wissens, daß es sich schnell verändert und daß die Sicherheiten von heute zu den Absurditäten von morgen werden. Fertigkeiten unterliegen einem langsamen und unregelmäßigen Wandel. Wenn ein Steinmetz des antiken Griechenlands heute wieder zum Leben erweckt würde und zur Arbeit erschiene, wäre die einzige bedeutsame Veränderung das Design, das er in die Grabsteine meißeln müßte. Die Werkzeuge, die er benutzen würde, wären die gleichen, abgesehen davon, daß sich in den Griffen heute Akkus befinden. Seit den Anfängen der Geschichte hat der Handwerker im Alter von achtzehn oder neunzehn Jahren (nach einer Lehrzeit von fünf oder sieben Jahren) alles gelernt, was er bis zum Ende seines Lebens benötigt. In der Gesellschaft der neuen Organisationsformen hingegen darf mit Sicherheit angenommen werden, daß, wer auch immer über welches Wissen auch immer verfügen mag, alle vier oder fünf Jahre neues Wissen erwerben muß, um nicht überflüssig zu werden. Dies ist um so wichtiger, als der Wandel, dem institutionalisiertes Wissen unterliegt, in der Regel nicht aus seinem ursprünglichen Bereich kommt. Seit Gutenberg zum ersten Mal mit beweglichen Lettern setzte, hat es über vierhundert Jahre praktisch keine Veränderung im handwerklichen Bereich der Druckkunst gegeben – bis die Dampfmaschine erfunden wurde. Der größten Herausforderung an die Eisenbahn gingen keineswegs Veränderungen im Eisenbahngeschäft voraus, sondern Veränderungen im Straßenverkehr und in der Luftfahrt. Die pharmazeutische Industrie unterliegt heute einem tiefgreifenden Wandel durch das Wissen, das aus Genetik und Mikrobiologie einfließt, Disziplinen, von denen vor vierzig Jahren nur wenige Biologen gehört hatten.

Und es sind keineswegs nur Wissenschaft und Technik, die neues Wissen schaffen und altes Wissen überflüssig machen. Innovationen im sozialen Bereich sind ebenso wichtig, wenn nicht gar wichtiger als wissenschaftliche Innovationen. Tatsächlich war die Ursache für die augenblickliche weltweite Krise in der stolzesten Institution des neunzehnten Jahrhunderts, der Handelsbank, nicht etwa der Computer oder irgendein anderer technologischer Wandel. Es war vielmehr die Entdeckung einiger Nichtbanker, daß sich ein altes, aber bis dahin recht obskures Finanzinstrument, nämlich Handelspapiere, dazu eignet, Unternehmen zu finanzieren und somit die Banken aus einem Geschäft zu werfen, in dem sie mehr als zweihundert Jahre lang das Monopol besaßen und das ihnen den größten Teil ihres Einkommens sicherte: das Warenkreditgeschäft. Die größte aller Veränderungen ist vielleicht die Tatsache, daß zielorientierte Innovation – sowohl im technischen als auch im sozialen Bereich – eine organisierte Disziplin geworden ist, die lehrbar und erlernbar ist.

Ebenso sicher ist die Vorhersage, daß Schulen und Universitäten sich in den nächsten fünfzig Jahren drastischer verändern werden als in all der Zeit, seit sie vor über dreihundert Jahren ihre jetzige Form erhielten, als sie sich selbst um das gedruckte Buch organisierten. Was diese Veränderungen hervorrufen wird, sind zum Teil neue Technologien wie Computer, Video und Satellitenübertragungen, zum Teil die Anforderungen einer wissensbasierten Gesellschaft, in der organisiertes Lernen ein lebenslanger Prozeß werden muß, und zum Teil neue Theorien darüber, wie Menschen lernen.

Für Manager enthält die Dynamik des Wissens einen deutlichen Imperativ. Jedes Unternehmen und jede Organisation hat das

Management des Wandels in seine gesamte Struktur zu integrieren.

Einerseits bedeutet dies, daß jedes Unternehmen sich darauf vorbereiten muß, alles aufzugeben, was es momentan tut. Manager müssen lernen, nach einigen Jahren eines jeden Prozesses, eines jeden Produktes, einer jeden Prozedur, einer jeden Strategie zu fragen: »Wenn wir dies nicht schon tun würden, würden wir dann damit beginnen, mit dem Wissen, über das wir jetzt verfügen?« Wenn die Antwort negativ ausfällt, muß sich das Unternehmen fragen: »Also, was tun wir jetzt?« Und es muß etwas anderes tun, als lediglich zu sagen: »Geben wir eine andere Studie in Auftrag.« Tatsächlich werden Organisationen in zunehmendem Maße planen müssen, etwas aufzugeben, statt zu versuchen, ein erfolgreiches Produkt, eine erfolgreiche Strategie oder eine erfolgreichen Methode künstlich am Leben zu erhalten – ein Weg, den bislang nur einige wenige japanische Konzerne eingeschlagen haben.

Andererseits muß jede Organisation sich der Schaffung von Neuem verschreiben. Insbesondere muß jedes Management drei systematische Praktiken befolgen.

Die erste ist, mit der Verbesserung aller Aktivitäten fortzufahren, die die Organisation ausmachen, ein Prozeß, den die Japaner *kaizen* nennen. Jeder Künstler der Geschichte hat *kaizen* praktiziert oder an der kontinuierlichen Selbstverbesserung gearbeitet. Aber bis jetzt haben es nur die Japaner – vielleicht aufgrund ihrer Zen-Tradition – in ihr tägliches Leben und in die tägliche Arbeit ihrer wirtschaftlichen Organisationen integriert (wenn auch nicht in ihre gegen Veränderungen unvergleichlich resistenten Universitäten). Ziel des *kaizen* ist es, Produkte oder Dienstleistungen so zu verbessern, daß sie innerhalb von zwei oder drei Jahren zu wirklich völlig neuen Produkten oder Dienstleistungen werden.

Zweitens muß jedes Unternehmen lernen, sein Wissen auszunutzen, das heißt, die nächste Generation der Anwendungen, die sein eigener Erfolg zuläßt, zu entwickeln. Wiederum sind es japanische Firmen, die in diesem Bestreben ihr Bestes getan haben, wie der Erfolg der Hersteller elektronischer Konsumgüter beweist, die ein neues Produkt nach dem anderen – ausgehend von nur einer (amerikanischen) Erfindung, dem Kassettenrecorder – entwickeln.

Und schließlich wird jedes Unternehmen lernen müssen, systematisch Innovationen zu schaffen – und das kann und muß heute organisiert werden. Damit aber ist es wieder an der Zeit, Dinge aufzugeben, und der Prozeß beginnt aufs neue.
Wenn nicht nach diesem Schema vorgegangen wird, wird das wissenbasierte Unternehmen schnell erkennen, daß es veraltet ist, weil seine Leistungsfähigkeit nachläßt und damit auch ihre Möglichkeit, fähige und ausgebildete Leute für sich zu gewinnen und zu halten.
Die Notwendigkeit, Veränderung zu organisieren, erfordert ein hohes Maß an *Dezentralisierung*. Das hängt damit zusammen, daß eine Organisation so strukturiert sein muß, daß sie Entscheidungen sehr schnell treffen kann. Und derartige Entscheidungen müssen auf Nähe basieren – Nähe zur Leistung, zum Markt, zur Technologie, zu den unzähligen Veränderungen in der Gesellschaft, Nähe zur Umwelt, zur Demographie, und zu dem Wissen, das die Möglichkeit zur Innovation bereithält – vorausgesetzt, sie wird erkannt und umgesetzt.
All dies impliziert jedoch, daß die Unternehmen der postkapitalistischen Gesellschaft die Menschheit ununterbrochen beunruhigen, desorganisieren und destabilisieren müssen. Sie müssen die Anforderungen nach Fähigkeiten und Wissen verändern: Genau in dem Moment, in dem jede technische Universität in der Lage ist, eine Fakultät für Physik einzurichten, benötigen die Unternehmen Genetiker. Genau in dem Moment, in dem Bankangestellte Kreditanalysen perfekt beherrschen, müssen sie einen Job als Anlageberater übernehmen. Ebenso müssen Unternehmen die Freiheit haben, Werke schließen zu können, von denen die Arbeitsplätze einer Gemeinde abhängen.Solche Schritte jedoch versetzen die Menschen in Aufruhr, spalten die Gemeinschaft, berauben sie ihrer Kontinuität. Ein jeder solcher Schritt ist »unfair«. Ein jeder destabilisiert.

Ebenso beunruhigend ist eine weitere Tatsache im Leben eines Unternehmens: Das moderne Unternehmen muß zwar innerhalb einer Gemeinschaft existieren, darf aber nicht aus ihr bestehen. Die Mitglieder eines Unternehmens leben an einem bestimmten

Ort, sprechen die Sprache dieses Ortes, schicken ihre Kinder in dortige Schulen, wählen, zahlen Steuern und müssen sich dort zu Hause fühlen. Dennoch kann die Organisation nicht mit der Gemeinschaft verschmelzen oder sich ihren Zielen unterordnen. Ihre »Kultur« muß die Gemeinschaft transzendieren.
Das Wesen seiner Aufgabe – nicht die Gemeinschaft, in der die Aufgabe geleistet wird – bestimmt die Kultur einer Organisation. Ein amerikanischer Verwaltungsbeamter wird sofort verstehen, was ein chinesischer Kollege ihm über bürokratische Intrigen in Peking erzählt, auch wenn er den Kommunismus noch so sehr ablehnt. Aber er wäre vollkommen verwirrt, wenn er in Washington, D. C. an einer Diskussion der örtlichen Supermarktkette über die Sonderangebote der nächsten Woche teilnehmen müßte.
Um seine Aufgabe zu erfüllen, muß ein Unternehmen genauso aufgebaut und gemanagt werden wie andere Organisationen seiner Art. So hören wir zum Beispiel von großen Unterschieden im Management japanischer und amerikanischer Unternehmen. Ein großes japanisches Unternehmen funktioniert jedoch ganz ähnlich wie ein großes amerikanisches Unternehmen; und beide funktionieren wiederum ganz ähnlich wie eine deutsche oder britische Firma. Das gleiche gilt für Schulen und Universitäten, für Krankenhäuser und Forschungslaboratorien, für Museen und Opernhäuser, für Planetarien und große Farmen.
Dazu kommt, daß jede Organisation ein eigenes Wertesystem hat, das durch ihre Aufgabe bestimmt wird. In jedem Krankenhaus der Welt wird die Gesundheit der Patienten als das höchste Gut betrachtet. In jedem Unternehmen der Welt werden die Produktion und der Verkauf von Waren oder Dienstleistungen als das höchste Gut betrachtet. In jeder Schule der Welt wird Lernen als das höchste Gut betrachtet. Damit eine Organisation auf einem hohen Niveau arbeiten kann, müssen ihre Mitglieder davon überzeugt sein, daß das, was sie tut, in letzter Konsequenz ihr Beitrag zur Gemeinschaft und Gesellschaft ist, von dem alle anderen abhängen.
Eine Organisation muß die Gemeinschaft durch ihre Kultur transzendieren. Wenn die Kultur einer Organisation, eines Unternehmens und die Werte ihrer Gemeinschaft aufeinanderprallen, muß

die Organisation sich durchsetzen – sonst kann sie ihren Beitrag zur Gemeinschaft nicht leisten. Aber dieser Konflikt zwischen der Autonomie, die die Organisation benötigt, um arbeiten zu können, und den Zielen der Gemeinschaft, zwischen den Werten der Organisation und denen der Gemeinschaft, zwischen den Entscheidungen, die die Organisation trifft, und den Interessen der Gemeinschaft – ist fester Bestandteil einer Gesellschaft der Organisationen.

Das Anliegen der sozialen Verantwortung ist ebenfalls fester Bestandteil einer derartigen Gesellschaft. Die moderne Organisation ist ein sozialer Machtfaktor, und sie muß es sein – und dies in einem nicht zu unterschätzenden Ausmaß. Sie benötigt Macht, um Entscheidungen über Menschen zu treffen: Wer wird angestellt, wer wird gefeuert, wer wird befördert. Sie benötigt Macht, um die Regeln und die Disziplin einzuführen, die notwendig sind, um Ergebnisse zu erzielen: Beispielsweise die Beschreibung von Berufsfeldern und Aufgaben. Sie benötigt Macht, um zu entscheiden, welche Produktionsstätte wo gebaut wird und welche geschlossen wird. Und sie benötigt Macht, um Preise festzulegen.

Die Macht der Organisationen kann durch politische Macht eingeschränkt werden. Sie kann Gegenstand zäher Verhandlungen und rechtlicher Auseinandersetzungen sein. Allerdings muß sie letztendlich durch einzelne Organisationen ausgeübt werden – und nicht durch politische Autoritäten. Aus diesem Grunde ist in der postkapitalistischen Gesellschaft so häufig von der sozialen Verantwortung der Organisationen die Rede.

Die Argumente *Milton Friedmans,* des amerikanischen Nobelpreisträgers für Wirtschaftswissenschaften, Unternehmen trügen nur eine Verantwortung, nämlich die der ökonomischen Leistungsfähigkeit, klingen nicht sonderlich überzeugend. Die ökonomische Leistungsfähigkeit ist natürlich die *vorrangige* Verantwortung eines Unternehmens. In der Tat handelt eine Firma, deren Gewinne nicht wenigstens so hoch sind wie ihre Kapitalkosten, unverantwortlich; sie verschwendet gesellschaftliche Ressourcen. Ökonomische Leistungsfähigkeit ist die Basis, ohne die ein Unternehmen seine weiteren Verantwortungen nicht erfüllen kann; es ist unter diesen Umständen kein guter Arbeitgeber, erfüllt seine gesellschaftlichen Pflichten nicht und wird im direkten Umfeld nicht akzeptiert. Aber die Sicherstellung der ökonomischen Leistungsfähigkeit ist nicht die *einzige* Verantwortung, die ein Unternehmen zu tragen hat.

Wenn der Macht keine Verantwortung gegenübersteht, wird aus ihr Tyrannei. Darüber hinaus nimmt, wenn die Macht nicht durch ein gewisses Maß an Verantwortung aufgewogen wird, die Leistung eines Unternehmens deutlich ab, und Unternehmen müssen Leistung zeigen. Und so wird die Forderung nach sozial und verantwortlich handelnden Unternehmen nicht abnehmen, sondern sich sogar ausweiten.

Glücklicherweise zeichnet sich, wenn auch nur in groben Zügen, bereits heute eine Antwort auf die Frage ab, wie das Problem der sozialen Verantwortlichkeit zu lösen sei. Jedes Unternehmen muß die volle Verantwortung für die Auswirkungen seines Handelns auf die Mitarbeiter, auf die Umwelt, auf die Kunden sowie auf Dinge und Personen, die von seinem Handeln betroffen sind, übernehmen. Das ist mit sozialer Verantwortung gemeint. Doch wir wissen auch, daß die Aufmerksamkeit der Gesellschaft sich besonders auf große Unternehmen und Verwaltungen richtet, seien sie nun gewinnorientiert oder nicht. Und hier sollten wir sehr aufmerksam sein, weil gute Absichten nicht immer gleichbedeutend sind mit sozial verantwortlichem Handeln. Es ist geradezu unverantwortlich für eine Organisation, eine Verantwortung zu akzeptieren – geschweige denn zu verfolgen –, die sie daran hindern würde, ihrer wesentlichen Aufgabe, ihrem eigentlichen Zweck nachzugehen oder sich in einem Bereich zu betätigen, in dem sie über keinerlei Kompetenzen verfügen.

»Organisation und Unternehmen « sind zu alltäglichen Begriffen geworden. Jeder nickt verständnisvoll, wenn ein anderer sagt: »In unserem Unternehmen sollte sich alles um den Kunden drehen« oder »In dieser Organisation wird ein Fehler niemals vergessen.« Und die meisten, wenn nicht sogar alle sozialen Aufgabenstellungen in den entwickelten Ländern werden von »Organisationen« unterschiedlicher Ausprägung in Angriff genommen. Bis zum Ende des Zweiten Weltkrieges sprach niemand in den Vereinigten Staaten von »Organisationen«. *The Concise Oxford Dictionary* aus dem Jahre 1950 führte den Begriff nicht einmal unter der allgemeinen Bedeutung.

Erst die Etablierung des Managements seit dem Ende des Zweiten Weltkrieges, das, was ich »Management Revolution« nenne, gab uns die Möglichkeit zu erkennen, daß die Organisation sich von anderen gesellschaftlichen Formen unterscheidet.

Anders als Gemeinschaften, Gruppen oder Familien sind Organisationen zweckorientiert entwickelt und immer spezialisiert. Gruppen und Gemeinschaften sind immer durch die Gemeinsamkeiten definiert, die ihre Mitglieder zusammenhalten, seien sie sprachlichen, kulturellen, historischen oder räumlichen Ursprungs. Eine Organisation jedoch wird durch ihre Aufgabe definiert. Ein Symphonieorchester etwa wird nicht den Versuch starten, Krankheiten zu heilen; es spielt Musik. Krankenhäuser nehmen sich der Krankheiten an und werden nicht damit beginnen, Beethoven zu spielen.

Tatsächlich ist eine Organisation nur dann effektiv, wenn sie sich auf eine Aufgabe konzentriert. Diversifizierungen zerstören die Leistungsfähigkeit einer Organisation, gleichgültig, ob es sich dabei um ein Unternehmen, eine Gewerkschaft, eine Schule, ein Krankenhaus, eine Behörde oder um eine Kirche handelt. Gemeinschaften und Gruppen müssen multidimensional sein, sie sind Umwelt. Eine Organisation ist ein Werkzeug. Und wie bei jedem Werkzeug ist das Vermögen, das vorgegebene Ziel zu erreichen, um so größer, je spezialisierter das Werkzeug ist.

Da eine moderne Organisation aus Spezialisten besteht, von denen jeder nur einen eng umrissenen Erfahrungshorizont hat, muß ihre Aufgabenstellung extrem klar sein. Die Organisation muß auf nur eine einzige Sache ausgerichtet sein, sonst wird sie ihre Mitglieder verwirren. Sie werden sich an ihrer eigenen Spezifizierung orientieren und nicht an der gemeinsamen Aufgabe. Sie werden, jeder für sich, ein »Ergebnis« im Sinne ihrer eigenen Spezifizierung definieren und deren Wertesystem auf die Organisation übertragen. Nur eine zielgerichtete und gemeinsame Mission wird die Organisation zusammenhalten und sie befähigen, Er-

gebnisse zu schaffen. Ohne eine solche Mission wird die Organisation schnell ihre Glaubwürdigkeit verlieren und damit ihre Fähigkeit, die Menschen für sich zu gewinnen, derer sie bedarf, um Leistung zu bringen.
Manager vergessen nur allzuleicht, daß der Eintritt in eine Organisation stets ein freiwilliger Schritt ist. De facto mag die Auswahl gering sein. Aber auch wenn die Mitgliedschaft alles andere als freiwillig ist, die Fiktion einer freiwilligen Wahl ist immer gegenwärtig.
Ebenso dürfte es schwierig sein, die eine oder andere Organisation zu verlassen – die Mafia zum Beispiel oder einen großen japanischen Konzern. Es ist jedoch immer möglich. Und je größer die Zahl der Menschen ist, die innerhalb einer Organisation wissensbasierte Arbeit leisten, desto einfacher ist es, diese wieder zu verlassen. Darum steht eine Organisation immer unter Wettbewerbsdruck, wenn es um ihre wesentliche Ressource geht: qualifizierte und gut ausgebildete Mitarbeiter und Mitarbeiterinnen.

Heute spricht man in allen Organisationen ganz selbstverständlich vom »Menschen als wertvollstes Kapital«. Doch nur wenige praktizieren, was sie postulieren (wenn sie überhaupt von dem überzeugt sind, was sie sagen). In den meisten Organisationen wird, wenn auch nicht bewußt, noch immer geglaubt, was Arbeitgeber im 19. Jahrhundert angenommen haben: Die Mitarbeiter sind viel mehr auf uns angewiesen als wir auf sie. Tatsächlich aber müssen die Organisationen die Mitgliedschaft in ihren eigenen Reihen ebenso schmackhaft machen, wie es bei der Vermarktung ihrer Produkte und Dienstleistungen der Fall ist – wenn nicht sogar darüber hinaus. Sie müssen Menschen anziehen, halten, sie anerkennen und belohnen, Menschen motivieren, sie bedienen und zufriedenstellen.
Das Verhältnis zwischen Menschen, die wissensbasierte Arbeit leisten, und ihren Organisationen ist ein gänzlich neues Phänomen, eines, für das kein entsprechender Begriff zur Verfügung steht. Zum Beispiel ist ein Arbeitnehmer *per definitionem* jemand, der für seine Arbeit bezahlt wird. Doch die größte Gruppe von »Arbeitnehmern« in den Vereinigten Staaten besteht aus Millio-

nen von Männern und Frauen, die etliche Stunden in der Woche ohne Bezahlung für gemeinnützige Organisationen arbeiten. Ähnlich verhält es sich mit Menschen, die als Mitarbeiter gelten, ohne jedoch in einem rechtskräftigen Arbeitsverhältnis zu stehen, weil sie nicht direkt angestellt sind. Vor fünfzig oder sechzig Jahren wurden solche Menschen (viele, wenn nicht die meisten, sind ausgebildete Fachkräfte) als »unabhängig« bezeichnet, heute spricht man von »freien Mitarbeitern«.

Diese Diskrepanzen – die es in fast jeder Sprache gibt – erinnern uns daran, warum neue Realitäten häufig neue Begriffe verlangen. Aber bis ein solcher Begriff entsteht, ist die folgende Definition vielleicht am besten geeignet, um die Mitarbeiter der postkapitalistischen Gesellschaft zu beschreiben: Menschen, deren Fähigkeit, einen Beitrag zu leisten, davon abhängt, ob sie einen Zugang zu einer Organisation haben.

Für Arbeitnehmer in niedrigen und untergeordneten Positionen – den Verkäufer im Supermarkt, die Putzfrau im Krankenhaus, den Lieferwagenfahrer – hat diese neue Definition kaum Konsequenzen. Denn in praktischer Hinsicht ist ihre Situation nicht sehr weit entfernt von der des Lohnempfängers, des Arbeiters von gestern, dessen direkte Nachfahren sie sind. Und tatsächlich ist genau dies auch eines der zentralen Probleme, denen die moderne Gesellschaft gegenübersteht.

Aber die Beziehung zwischen der Organisation und den Menschen, die wissensbasierte Arbeit leisten und die schon heute mindestens ein Drittel, wenn nicht sogar 40 Prozent aller Arbeitnehmer ausmachen, hat sich ganz radikal verändert – so wie auch die Beziehung zwischen der Organisation und den, »freien Mitarbeitern«. Sie können nur arbeiten, weil es die Organisation gibt – von daher sind auch sie abhängig. Gleichzeitig aber sind sie im Besitz der »Produktionsmittel«, ihres Wissens. In dieser Hinsicht sind sie unabhängig und sehr mobil.

Menschen, die wissensbasierte Arbeit leisten, brauchen immer noch Werkzeuge zur Produktion. Das in den wissenschaftlichen Arbeitnehmer investierte Kapital mag heute schon höher sein, als es das in den Fabrikarbeiter investierte jemals war. (Beispielsweise ist die Investition in die Ausbildung eines Menschen, der wissensbasierte Arbeit leistet, um ein Vielfaches höher als die in eine Ausbildung eines Fabrikarbeiters.) Aber diese Kapitalinvestition ist unproduktiv, solange die Menschen, die wissensbasierte Arbeit leisten, das Wissen, das sie besitzen und das man ihnen nicht wegnehmen kann, nicht anwenden. Ein Maschinenführer in einer Fabrik tut, was man ihm sagt. Die Maschine bestimmt nicht nur, was zu tun ist, sondern auch, wie es zu tun ist. Die Person, die wissensbasierte Arbeit leistet, mag zwar ebenfalls eine Maschine benötigen, sei es einen Computer, ein Ultraschallgerät oder ein Teleskop. Aber die Maschine wird dieser Person nicht vorgeben, was sie zu tun hat, geschweige denn, wie sie es zu tun hat. Und ohne das Wissen, das diese Person besitzt, ist die Maschine unproduktiv.

Darüber hinaus konnte man einem Maschinenführer, wie allen anderen Arbeitern in der Menschheitsgeschichte, befehlen, was er zu tun hatte, wie er es zu tun hatte und wie schnell er zu arbeiten hatte. Menschen, die wissensbasierte Arbeit leisten, können nicht effektiv überwacht werden. Wenn sie nicht mehr über ihr Spezialgebiet wissen als jeder andere in der Organisation, sind sie im Grunde überflüssig. Der Marketingdirektor mag dem Marktforscher vorgeben, was das Unternehmen über das Design eines neuen Produktes und das Marktsegment, in dem es positioniert werden soll, wissen muß. Aber es ist der Job des Marktforschers, dem Chef des Unternehmens vorzugeben, welcher Marktforschungsmethode es bedarf, wie man sie realisiert und was die Ergebnisse bedeuten.

Während der traumatischen Restrukturierung der amerikanischen Wirtschaft in den achtziger Jahren haben Tausende, wenn nicht Hunderttausende von Menschen, die wissensbasierte Arbeit leisteten, ihren Job verloren. Ihre Unternehmen wurden aufgekauft, fusionierten, gerieten ins Schleudern oder wurden liquidiert. Innerhalb weniger Monate fanden jedoch die meisten von ihnen neue Jobs, in die sie ihr Wissen als ihre Arbeitskraft einbringen konnten. Die Übergangsphase war schmerzhaft, und in etwa der Hälfte aller Fälle war die Bezahlung nicht so gut wie die der früheren Position, und die Arbeit machte vielleicht nicht so viel Spaß. Aber die auf Eis gelegten Techniker, Angestellten und

Manager fanden heraus, daß sie das »Kapital« hatten, das Wissen: Sie besaßen die Produktionsmittel. Jemand anderes, die Organisation, das Unternehmen, hatte die Werkzeuge zur Produktion. Und beide brauchten einander.
Eine Konsequenz dieser neuen Beziehung – und dies ist ein weiteres neues Spannungsfeld in der modernen Gesellschaft – ist die Tatsache, daß man Loyalität nicht länger mit Hilfe des Lohnstreifens aufrechterhalten kann. Die Organisation muß sich die Loyalität verdienen, indem sie ihren Wissensarbeitern beweist, daß sie ihnen außergewöhnliche Möglichkeiten bietet, ihr Wissen einzusetzen. Vor nicht allzu langer Zeit redeten wir von »Arbeit«. In zunehmendem Maße reden wir von »Human Resources«. Diese Veränderung verdeutlicht, daß das Individuum, und besonders der fachlich und wissenschaftlich ausgebildete Arbeitnehmer, in großem Ausmaß bestimmt, welchen Beitrag er oder sie zur Organisation beiträgt und wie groß die Bandbreite seines oder ihres eigenen Wissens sein wird.

Weil die moderne Organisation aus Menschen besteht, die wissensbasierte Arbeit leisten, muß sie eine Organisation Gleicher, eine Organisation von Kollegen und Teilhabern sein. Kein Wissen wird höher bewertet als ein anderes; jedes wird an seinem Beitrag zur gemeinsamen Aufgabe gemessen und nicht an irgendeiner impliziten Überlegenheit oder Minderwertigkeit. Deshalb kann die moderne Organisation keine aus Chefs und Untergebenen sein. Sie muß als Team organisiert werden.
Es gibt nur drei verschiedene Arten von Teams. Die eine ist vergleichbar mit dem Team, das zusammen ein Tennis-Doppel spielt. In diesem Team – und das muß sehr klein sein – paßt sich jedes Mitglied an die Persönlichkeit, die Ausbildung, die Stärken und Schwächen des oder der anderen Mitglieder an. Dann gibt es das Fußballteam. Jeder Spieler hat eine feste Position; aber das gesamte Team bewegt sich gemeinsam (mit Ausnahme des Torhüters), während jedes einzelne Mitglied seine relative Position behält. Und schließlich gibt es das Baseballteam – oder das Orchester –, in dem alle Mitglieder feste Positionen innehaben.
Eine Organisation kann stets nur ein Spiel spielen. Und sie kann

für jede Aufgabe nur eine Art von Team einsetzten. Welches Team ausgewählt wird oder welches Spiel gespielt wird, gehört zu den riskantesten Entscheidungen im Leben einer Organisation. Kaum etwas ist so schwierig wie der Übergang von einem Team zu einem anderen.

Die amerikanische Industrie spielte traditionell im »Baseballteam«, um ein neues Produkt oder Modell zu produzieren. Die Forschungsabteilung leistete ihre Arbeit und leitete sie dann weiter an die Entwicklungsabteilung. Die Entwicklungsabteilung leistete ihre Arbeit und leitete sie weiter an die Herstellung. Die Herstellung leistete ihre Arbeit und leitete sie weiter an die Marketingabteilung. Die Kostenrechnung setzte üblicherweise mit der Herstellungsphase ein. Personal spielte nur dann eine Rolle, wenn es eine wirkliche Krise gab – und oft noch nicht einmal dann.

Dann begannen die Japaner damit, ihre Produktentwicklung in ein Fußballteam umzuwandeln. In einem solchen Team leistet jeder Funktionsträger seine eigene Arbeit, aber er arbeitet von Anfang an mit den anderen zusammen. Die Japaner benötigten mindestens fünfzehn Jahre, um zu lernen, wie man so etwas macht. Aber als sie es schließlich herausgefunden hatten, verkürzten sie die Entwicklungszeit mit einem Schlag um zwei Drittel. Wo man traditionell fünf Jahre brauchte, um ein neues Auto zu entwickeln, benötigen Toyota, Nissan und Honda heute nur noch achtzehn Monate. Ergänzt durch ihre Qualitätskontrolle, hat diese Arbeitsmethode den Japanern die Oberhand sowohl auf dem amerikanischen als auch auf dem europäischen Markt gesichert.

Einige amerikanische Hersteller haben hart daran gearbeitet, ihre Entwicklungsarbeit nach dem japanischen Modell zu organisieren. Ford beispielsweise hat damit schon in den achtziger Jahren begonnen. Zehn Jahre später, zu Beginn der neunziger Jahre, haben sie schon beachtliche Fortschritte gemacht – aber lange nicht genug, um die Japaner einzuholen. Denn ein Team zu verändern erfordert die schwierigste Lernarbeit überhaupt: Umlernen. Es bedeutet die Aufgabe hart erarbeiteter Fähigkeiten, lebenslanger Gewohnheiten, tief verinnerlichter Werte über Handwerk und Beruf, und – vielleicht die schwierigste aller Übungen – es erfordert die Aufgabe alter und geschätzter menschlicher Beziehungen.

Man muß also das aufgeben, was Menschen immer als »unsere Gemeinschaft« oder »unsere Familie« bezeichnet haben.
Wenn jedoch eine Organisation etwas leisten soll, muß sie wie ein Team organisiert sein. Als die ersten modernen Organisationen am Ende des 19. Jahrhunderts entstanden, war ihr einziges Vorbild das Militär. Die preußische Armee war für die Welt um 1870 ein ebensolches Wunder wie Henry Fords Fließband für die Welt um 1920. 1870 tat so ziemlich jedes Mitglied der Armee das gleiche, und die Anzahl derjenigen, die auch nur ein Quentchen Verstand hatten, war unendlich klein. Die Armee war nach dem Prinzip »Befehl und Kontrolle« organisiert, und sowohl Unternehmen als auch die meisten anderen Institutionen kopierten dieses Modell. Das ändert sich nun in rasantem Tempo. Weil immer mehr Organisationen auf Informationsbasis arbeiten, entwickeln sie sich zu Fußballoder Tennisteams, also zu verantwortungsbasierten Organisationen, in denen jedes Mitglied als verantwortlicher Entscheidungsträger handeln muß. Mit anderen Worten, alle Mitglieder müssen sich selbst als »leitende Angestellte« sehen.
Trotzdem muß eine Organisation gemanagt werden. Das Management mag lückenhaft und schablonenhaft sein, wie zum Beispiel in dem Eltern-Lehrer-Rat einer US-amerikanischen Vorstadtschule. Oder es mag ein anspruchsvoller Vollzeit-Job für eine recht große Anzahl von Leuten sein, wie zum Beispiel in der Armee, in einem Wirtschaftsunternehmen, in einer Gewerkschaft oder in einer Universität. Aber es muß Leute geben, die Entscheidungen treffen – sonst wird nichts jemals funktionieren. Es muß Leute geben, die für die Aufgabe der Organisation, für ihre Gesinnung, für ihre Leistung und ihre Ergebnisse verantwortlich sind. Gesellschaft, Gemeinschaft und Familie mögen eine Autorität haben, aber nur Organisationen kennen ein »Management«. Und obwohl dieses Management über eine beachtliche Autorität verfügen muß, besteht seine Aufgabe in einer modernen Organisation nicht darin, zu befehlen. Sie besteht darin, zu inspirieren.

Für eine von Organisationen bestimmte Gesellschaft gibt es in der Geschichte der Menschheit kein Vorbild. Dies gilt vor allem für ihre Leistungsfähigkeit, weil erstens jede der sie konstituierenden

Organisationen ein hochspezialisiertes Werkzeug für eine bestimmte Aufgabe darstellt, und weil zweitens jede Organisation auf der Ausbeutung und der Organisation von Wissen basiert. Aber es gibt auch hinsichtlich ihrer Spannungsfelder und Probleme keine Vorbilder. Einige davon können wir heute schon lösen – das Anliegen der sozialen Verantwortung zum Beispiel. Aber es gibt Bereiche, in denen wir die richtigen Antworten nicht kennen und in denen wir vielleicht noch nicht einmal die richtigen Fragen gestellt haben.

Da wäre beispielsweise das Spannungsfeld zwischen dem Bedürfnis der Gemeinschaft nach Kontinuität und Stabilität einerseits und dem Bedürfnis der Organisation, innovativ und destabilisierend zu wirken, andererseits. Da wäre beispielsweise der Bruch zwischen dem »Gelehrten« und dem »Manager«. Beide werden gebraucht: Ersterer, um Wissen zu produzieren, letzterer, um Wissen anzuwenden und es produktiv zu machen. Dabei konzentriert sich ersterer auf Worte und Ideen, letzterer auf Menschen, Arbeit und Leistung. Da wäre die Bedrohung der gesamten Grundlage dieser organisationsbasierten Gesellschaft – der Wissensbasis –, die sich aus der immer größeren Spezialisierung ergibt, aus der Veränderung von Wissen zu Wissens*feldern*. Die größte und schwierigste Herausforderung hat jedoch ihre Ursache im neuen Pluralismus der Gesellschaft.

Seit über sechshundert Jahren verfügte keine Gesellschaft über so viele Machtzentren wie die, in der wir heute leben. Das Mittelalter kannte zwar eine Form des Pluralismus. Die Gesellschaft war aus Hunderten autonomer, miteinander konkurrierender Machtzentren zusammengesetzt: Feudalherren und Ritter, freie Bistümer, autonome Klöster, »freie« Städte. In einigen Gegenden, wie in Tirol, gab es sogar »freie Bauern«, die niemandem Rechnung zu tragen hatten außer dem Kaiser. Es gab auch autonome Handwerkerzünfte und transnationale Handelsgesellschaften wie die der nordeuropäischen Hanse oder der Bankkaufleute in Florenz, es gab Zoll- und Steuereintreiber, örtliche »Parlamente« mit legislativer Macht und Steuerhoheit und Privatarmeen, die man mieten konnte.

Die moderne Geschichte Europas – und ebenso Japans – ist die Geschichte der Unterwerfung aller miteinander konkurrierenden

Machtzentren durch eine zentrale Autorität, erst durch den absolutistischen Herrscher, später durch den Staat. Um die Mitte des 19. Jahrhunderts feierte der Einheitsstaat in allen westlichen Ländern – mit Ausnahme der Vereinigten Staaten, die in der Basis ihrer religiösen und ihrer Bildungsorganisationen pluralistisch blieben – Triumphe. Im Endeffekt galt die Abschaffung des Pluralismus über mehr als sechshundert Jahre als »progressiv«.

Aber just als der Triumph des Staates sicher schien, tauchte die erste neue Organisation auf – das große Wirtschaftsunternehmen. (So etwas passiert natürlich immer, wenn das »Ende der Geschichte« prophezeit wird.) Seitdem ist eine neue Organisation nach der anderen entstanden. Und alte Organisationen wie die Universität, die in Europa scheinbar gänzlich unter der Kontrolle einer zentralen Regierung zu sein schien, wurden wieder autonom. Ironie des Schicksals, daß der Totalitarismus des 20. Jahrhunderts, besonders der Kommunismus, der letzte verzweifelte Versuch war, das alte progressive Glaubensbekenntnis zu retten, in dem es nur ein Machtzentrum und eine Organisation gibt anstelle eines Pluralismus miteinander konkurrierender und autonomer Organisationen.

Dieser Versuch scheiterte, wie wir wissen. Das Scheitern einer zentralen Autorität in und an sich selbst bietet nichts, um den Herausforderungen, die aus einer pluralistischen Gesellschaft entstehen, zu begegnen. Um das zu verdeutlichen, vergegenwärtigen Sie sich bitte die folgende Geschichte, die schon viele Leute gehört, oder besser: überhört haben.

Sein ganzes Leben lang war Charles E. Wilson eine prominente Persönlichkeit, erst als Präsident und Vorstandsvorsitzender von General Motors, seinerzeit das größte und erfolgreichste produzierende Unternehmen der Welt, dann als Verteidigungsminister im Kabinett Präsident Eisenhowers. Der Grund dafür, daß man sich jedoch heute überhaupt noch an ihn erinnert, ist ein Satz, den er nicht gesagt hat: *»Was gut ist für General Motors, ist auch gut für die Vereinigten Staaten.«* Tatsächlich sagte er im Jahre 1953 in seiner Rede vor dem Antritt seines Amtes im Verteidigungsministerium genau umgekehrt: *»Was gut ist für die Vereinigten Staaten, ist auch gut für General Motors.«*

Für den Rest seines Lebens versuchte Wilson, dieses falsche Zitat richtigzustellen. Aber niemand hörte ihm zu. Jeder argumentierte: »Auch wenn er es nicht gesagt hat, so wird er es mit Sicherheit glauben – er muß es einfach glauben.« Denn wie gesagt, leitende Angestellte in einer Organisation – ob in einem Unternehmen oder in einer Universität, in einem Krankenhaus oder bei den Pfadfindern – müssen glauben, daß Vision und Aufgabe einer Organisation auch die wichtigste Vision und Aufgabe einer Gesellschaft und damit der Grundstein für alles andere sind. Wenn sie davon nicht überzeugt sind, wird ihre Organisation bald den Glauben an sich selbst, ihr Selbstvertrauen, ihren Stolz und ihre Leistungsfähigkeit verlieren.

Die Verschiedenartigkeit, die für eine moderne Gesellschaft charakteristisch ist und die die Grundlage ihrer großen Stärke bildet, ist nur aufgrund der spezialisierten, auf nur eine Aufgabe ausgerichteten Organisationen möglich, wie wir sie seit der Industriellen Revolution kennen. Aber die wesentlichen Merkmale, denen sie ihre Leistungsfähigkeit verdanken, ist ihre Autonomie und ihre Spezialisierung, genährt nur von ihrer begrenzten Mission und Vision.

Kehren wir nun zurück zum alten – und noch immer nicht gelösten – Problem der pluralistischen Gesellschaft: Wer kümmert sich um das Gemeinwohl? Wer definiert es? Wer schafft das Gleichgewicht zwischen den besonderen, oft miteinander konkurrierenden Zielen und Werten der Institutionen einer Gesellschaft? Wer trifft die unliebsamen Entscheidungen und worauf sollten sie basieren?

Der mittelalterliche Feudalismus ist nur deshalb durch den souveränen Einheitsstaat abgelöst worden, weil er auf diese Fragen keine Antwort wußte. Aber dieser ist nun seinerseits durch einen neuen Pluralismus abgelöst worden – eher einen Pluralismus der Funktionen als einen der politischen Macht –, weil er weder die Bedürfnisse der Gesellschaft befriedigen noch die notwendigen Aufgaben der Gemeinschaft erfüllen konnte. Dies ist in der abschließenden Analyse die grundlegende Lektion, die wir aus dem Scheitern des Sozialismus, dem Scheitern des Glaubens an den allumfassenden und allmächtigen Staat lernen müssen. Die Herausforderung, die sich uns nun stellt, und dies besonders in den modernen Demokratien des freien Marktes, ist es, den Pluralismus der autonomen, wissensbasierten Organisationen so zu gestalten, daß er einen Beitrag sowohl zur wirtschaftlichen Leistungsfähigkeit als auch zu politischen und sozialen Zusammenhängen leistet.

WAS UNTERNEHMEN VON GEMEINNÜTZIGEN ORGANISATIONEN LERNEN KÖNNEN

Die Pfadfinderinnen, das Rote Kreuz, die Kirchen – unsere gemeinnützigen Organisationen zeigen im Management längst bessere Leistungen als Unternehmen, die gewinnorientiert arbeiten. In zwei Bereichen, nämlich hinsichtlich der Strategie und hinsichtlich der Effektivität ihrer Verwaltung praktizieren sie inzwischen, was die meisten amerikanischen Unternehmen noch immer nur predigen. Und in dem wichtigsten Bereich – der Motivation und Produktivität ihrer auf Wissensbasis arbeitenden Mitarbeiter – sind sie wahre Pioniere, indem sie die Strategien und Praktiken ausarbeiten, die die Unternehmen in Zukunft erst noch lernen müssen.

Nur wenige Menschen sind sich darüber im klaren, daß der gemeinnützige Sektor mit Abstand Amerikas größter Arbeitgeber ist. Jeder zweite Erwachsene – insgesamt mindestens 80 Millionen Menschen – arbeitet freiwillig in einer oder mehreren gemeinnützigen Organisationen und leistet dort fast fünf Stunden Arbeit pro Woche. Das entspricht 10 Millionen Vollzeit-Arbeitsplätzen. Würden die Ehrenamtlichen bezahlt, würde sich ihr Lohn auf etwa 150 Milliarden Dollar belaufen, das entspricht 5 Prozent des Bruttosozialproduktes. Und freiwillige Arbeit ist steten Veränderungen unterworfen. Natürlich erfordert das, was viele tun, keine überragende Fertigkeiten oder außergewöhnliches Urteilsvermögen: zum Beispiel das Sammeln in der Gemeinde an einem Samstagnachmittag im Jahr für wohltätige Zwecke, der Verkauf von selbstgebackenen Plätzchen der Pfadfinderinnen oder der Fahrdienst für alte Menschen. Aber immer mehr ehrenamtliche Helfer werden zu unbezahltem Personal und übernehmen professionelle Aufgaben und Managertätigkeiten in ihren Organisationen.

Nicht allen gemeinnützigen Organisationen ging es in der Vergangenheit gut. Eine Menge kirchlicher Krankenhäuser ist in furchtbaren Nöten. Traditionelle Kirchen und Synagogen aller Glaubensrichtungen – liberal, konservativ, evangelisch, fundamentalistisch – leiden noch immer unter einem ständigen Mitgliederschwund. Dieser Sektor ist in den letzten 10 oder 15 Jahren nicht expandiert, weder hinsichtlich der finanziellen Mittel, die er durch Spenden einnimmt (gemessen an der Inflationsrate) noch hinsichtlich der Zahl der ehrenamtlich Tätigen. Gemessen an seiner Produktivität, dem Umfang der Arbeit und dem Beitrag, den der Sektor für die amerikanische Gesellschaft geleistet hat, ist er jedoch in den letzten zwei Jahrzehnten enorm gewachsen.

Die Heilsarmee ist hierfür ein hervorragendes Beispiel. Menschen, die in Florida zu ihrer ersten Haftstrafe verurteilt werden, werden heute der Obhut der Heilsarmee anvertraut – etwa 25 000 pro Jahr. Statistiken zeigen, daß die Mehrheit dieser jungen Männer und Frauen zu Gewohnheitstätern wird, wenn diese im Gefängnis untergebracht werden. Die Heilsarmee dagegen war in der Lage, 80 Prozent von ihnen zu rehabilitieren, indem sie ihnen ein strenges Arbeitsprogramm auferlegte, das hauptsächlich von Ehrenamtlichen gemanagt wird. Und das Programm kostet nur einen Bruchteil dessen, was erforderlich wäre, um die Straftäter in Haft zu nehmen.

Diesem Programm liegt ebenso wie vielen anderen nicht gewinnorientierten Bemühungen die Begeisterung für das Management zugrunde. Vor zwanzig Jahren war Management für diejenigen, die sich in gemeinnützigen Organisationen engagierten, etwas Verachtenswertes. Es hatte etwas mit Geschäften zu tun, und nicht gewinnorientierte Organisationen rühmten sich, frei vom Anstrich des Kommerzes zu sein und über so profanen Dingen wie dem betriebswirtschaftlichen Druck zu stehen. Inzwischen haben die meisten von ihnen gelernt, daß gemeinnützige Organisationen ein gutes Management noch mehr brauchen als Unternehmen, gerade weil ihnen dieser Druck, kostendeckend arbeiten zu müssen, und die damit zusammenhängende Disziplin fehlt. Die gemeinnützigen Organisationen haben natürlich immer noch die Absicht, »Gutes zu tun«. Aber sie erkennen auch, daß gute

Absichten mitnichten Organisation und Führung, Verantwortung, Leistungsfähigkeit und Ergebnisse ersetzen können. Denn diese Faktoren bedürfen des Managements, und das wiederum beginnt mit dem Auftrag der Organisation.

In der Regel gehen nicht-gewinnorientierte Organisationen bewußter mit Geld um als Unternehmen. Sie sorgen sich viel um ihre finanziellen Mittel und reden häufig darüber, weil es so schwierig ist, Geld zu bekommen und weil sie immer weniger haben als sie benötigen. Aber Gemeinnützige gründen ihre Strategien nicht auf Geld, und ebensowenig machen sie es zum Zentrum ihres Handelns, wie es so viele Führungskräfte in Unternehmen tun. »Die Unternehmen, für die ich arbeite, beginnen bei ihren Planungen mit den finanziellen Erträgen«, erzählte mir ein bekannter CEO, der in Aufsichtsräten gemeinnütziger und gewinnorientierter Organisationen sitzt. »Die nicht-gewinnorientierten beginnen mit der Leistung, die sie im Rahmen ihrer Mission zu erbringen haben.«
Den Auftrag und seine Anforderungen zum Ausgangspunkt ihres Handelns zu machen, ist schon die erste Lektion, die Unternehmen von erfolgreichen gemeinnützigen Organisationen lernen können. Diese Herangehensweise lenkt den Fokus der Organisation auf das Handeln. Sie definiert die spezifischen Strategien, die erforderlich sind, um die wichtigsten Ziele zu erreichen. Sie schafft eine disziplinierte Organisation. Nur diese Herangehensweise kann die am meiste verbreitete degenerative Krankheit von Organisationen vermeiden, an denen besonders große Unternehmen leiden: Die stets nur begrenzt zur Verfügung stehenden Ressourcen an eine Reihe von Dingen zu verschwenden, die »interessant« sind oder »profitabel« scheinen, statt sie auf eine sehr kleine Zahl produktiver Anstrengungen zu konzentrieren.
Die besten gemeinnützigen Organisationen verwenden einen großen Teil ihrer Zeit darauf, ihren Auftrag zu definieren. Sie vermeiden es, mit guten Absichten zu prahlen und konzentrieren sich stattdessen auf Ziele, aus denen sich eindeutig erschließen läßt, welche Arbeit ihre Mitglieder leisten – sowohl bezahlte als auch unbezahlte. Das Ziel der Heilsarmee zum Beispiel ist es, die

Menschen, die von der Gesellschaft zurückgewiesen werden, wieder zu integrieren. Die jungen Mitglieder der Pfadfinderinnen werden zu zuversichtlichen, selbstbewußten jungen Frauen, die sich und andere respektieren. Der Naturschutzverband *Nature Conservancy* hat sich zum Ziel gemacht, die Vielfältigkeit der natürlichen Fauna und Flora zu erhalten. Für gemeinnützige Organisationen besteht die Grundlage ihres Handelns in der Existenz der Umwelt, der Gesellschaft, der »Kunden«, und nicht, wie es in amerikanischen Unternehmen üblicherweise der Fall ist, in ihrem Inneren, das heißt der Organisation oder den finanziellen Erträgen.

Die Willowcreek Community Church in South Barrington, Illinois, in der Nähe von Chicago, ist zur größten Kirche der USA geworden – ihr gehören etwa 13 000 Gläubige an. Und das, obwohl sie kaum 15 Jahre alt ist. Bill Hybels wählte diese Gemeinde aus, als er im Alter von etwas über zwanzig Jahren die Kirche gründete, weil sie relativ wenig Kirchgänger zählte, obwohl die Bevölkerung stark zunahm und es ausreichend Kirchen gab. Er ging von Tür zu Tür und fragte: »Warum besuchen Sie die Kirche nicht?« Dann entwarf er eine Kirche, die den Bedürfnissen der potentiellen Kunden entgegenkam: Zum Beispiel bietet er Messen am Mittwochabend an, weil viele berufstätige Eltern den Sonntag mit ihren Kindern verbringen möchten. Darüber hinaus hat Hybels nicht aufgehört, zuzuhören und zu reagieren. Die Predigt des Pastors wird aufgezeichnet und sofort vervielfältigt, so daß die Gläubigen eine Kassette mitnehmen können, wenn sie das Gebäude verlassen, denn man hatte ihm immer wieder gesagt: »Ich möchte die Predigt hören können, wenn ich zur Arbeit oder nach Hause fahre, so daß ich die Botschaft in meinem Alltag umsetzen kann.« Aber man machte ihn noch auf etwas anderes aufmerksam: »In der Predigt sagt man mir immer, daß ich mein Leben verändern soll, aber nie, wie ich es tun soll.« Deshalb endet jede Predigt von Hybel mit spezifischen Empfehlungen, wie der Einzelne handeln kann.

Ein klar definierter Auftrag dient als ständige Erinnerung an die Notwendigkeit, außerhalb der Organisation nicht nur nach »Kunden« zu suchen, sondern auch nach Erfolgsmaßstäben. Die

Gefahr, Ergebnisse durch gute Absichten zu ersetzen, stellt sich in gemeinnützigen Organisationen immer. Aus genau diesem Grunde haben erfolgreiche und leistungsfähige gemeinnützige Organisationen gelernt, klar zu definieren, welche Veränderungen außerhalb der Organisation zu »Ergebnissen« führen, und sich auf diese zu konzentrieren.

Die Erfahrungen einer großen katholischen Krankenhauskette im Südwesten der Vereinigten Staaten zeigen, wie produktiv der ausgeprägte Sinn für den eigenen Auftrag und die Konzentration auf Ergebnisse sein kann. Trotz der schmerzhaften Einschnitte, die zu finanziellen Einbußen und zur Kürzung der Dauer der Krankenhausaufenthalte führten, konnte die Kette ihre Einnahmen um 15 Prozent steigern (und damit erreichen, daß sie in die Schwarzen Zahlen gelangte), während sie ihre Dienstleistungen umfangreich ausdehnte und sowohl das Niveau der Patientenpflege als auch den medizinischen Standard verbessern konnte. Möglich waren diese Veränderungen nur, weil die geschäftsführende Ordensfrau verstanden hatte, daß sie und ihr Personal in einer Branche tätig sind, in der es darum geht, die medizinische Versorgung (vor allem für Arme) sicherzustellen, und nicht darum, Krankenhäuser zu führen.

Als vor etwa zehn Jahren der Trend einsetzte, daß die medizinische Versorgung aus medizinischen, nicht aus wirtschaftlichen Gründen aus den Krankenhäusern ausgelagert wurde, unterstützte die Kette diesen Trend, statt gegen ihn anzuarbeiten. Sie gründete ambulante Operationszentren, Rehabilitationszentren, Röntgen- und Labornetzwerke, Gesundheits- und Beratungszentren usw. Das Motto der Kette lautete: »Wenn es im Interesse der Patienten ist, müssen wir es unterstützen; es ist dann unser Job, dafür zu sorgen, daß es wirtschaftlich ist.« Paradoxerweise hat ausgerechnet diese Strategie dafür gesorgt, daß die Krankenhäuser der Kette ausgelastet sind; die leerstehenden Einrichtungen sind so beliebt, daß es ständig Anfragen gibt.

Das alles ist natürlich gar nicht so weit von den Marketingstrategien erfolgreicher japanischer Unternehmen entfernt. Aber es unterscheidet sich deutlich von der Denk- und Handlungsweise der meisten westlichen Unternehmen. Und der Unterschied besteht allein darin, daß die katholische Ordensfrau – ebenso wie die Japaner – ihren Auftrag, und nicht die finanzielle Belohnung als Basis für ihr Handeln begreift, und daß sie von dem ausgeht, was sie außerhalb ihrer selbst, auf dem Markt, verändern muß, um eine Belohnung zu verdienen.

Schließlich wird eine klar definierte Mission dazu führen, daß innovative Ideen entstehen, und dazu beitragen, daß andere verstehen, warum diese umgesetzt werden müssen – egal, wie sehr sie der Tradition widersprechen. Um das zu verdeutlichen, denken Sie nur an die Daisy Scouts, ein Programm für Fünfjährige, das die Pfadfinderinnen vor einigen Jahren initiiert haben. 75 Jahre lang mußten die Mädchen mindestens das Schulalter erreicht haben, um in eine Pfadfinderinnengruppe aufgenommen zu werden, und viele Ortsverbände wollten das auch so beibehalten. Andere dagegen hatten die demographische Entwicklung vor Augen und stellten fest, daß die wachsende Zahl berufstätiger Frauen dazu führte, daß es immer mehr Schlüsselkinder gab. Und sie beobachteten die Kinder und sahen, daß sie weitaus ungebildeter waren und über geringere soziale Kompetenzen verfügten als die älteren Jahrgänge (was sie vor allem auf den gestiegenen Fernsehkonsum zurückzuführten).

Heute gehören den Daisy Scouts 100 000 Mädchen an, und die Mitgliederzahlen wachsen schnell. Von den vielen Programmen für Vorschulkinder, die in den letzten 20 Jahren entstanden sind, ist dieses das weitaus erfolgreichste, und in seinen Leistungen den sehr teuren staatlichen Programmen um ein Vielfaches überlegen. Mehr noch, bislang ist es das einzige Programm, das die kritischen demographischen Veränderungen in Verbindung mit den Fernsehgewohnheiten der Kinder als Chance erkannt hat.

Viele Gemeinnützige verfügen heute über einen funktionierenden Vorstand – in der Wirtschaft ist das noch immer eine Ausnahme. Und sie verfügen über etwas, das ebenfalls nicht die Regel ist: einen Vorsitzenden, der dem Vorstand gegenüber Rechenschaft ablegen muß und dessen Leistung jährlich von einem Ausschuß unter die Lupe genommen wird. Darüber hinaus haben sie etwas, das noch seltener ist: einen Vorstand, dessen Leistungen Jahr für

Jahr an vorher festgelegten Leistungszielen gemessen werden. Der effektive Gebrauch des Vorstandes ist also ein zweites Gebiet, auf dem Unternehmen von gemeinnützigen Organisationen lernen können.

In der US-amerikanischen Rechtsprechung wird der Verwaltungsrat immer noch als das Organ des Unternehmens angesehen, das für das Management verantwortlich ist. Autoren und Wissenschaftler, die im Managementbereich tätig sind, stimmen darin überein, daß ein starker Vorstand unabdingbar ist und schreiben seit mehr als 20 Jahren zu diesem Thema, angefangen bei Myles Maces Pionierarbeit[1]. Und trotzdem haben die Topmanager der großen US-Unternehmen die Rolle des Direktors, seine Macht und Unabhängigkeit mehr als ein halbes Jahrhundert lang immer heruntergespielt. Wann immer ein großes Unternehmen in den vergangenen Jahrzehnten zugrunde ging, der Vorstand erkannte als letztes, daß etwas falsch lief. Um einen wirklich effektiven Vorstand zu finden, sollten Sie besser einen Blick auf den gemeinnützigen Sektor werfen als auf private Unternehmen.

Dieser Unterschied ist zum Teil ein Produkt der Geschichte. Der Vorstand sorgt traditionell dafür, daß der Laden läuft – oder versucht es jedenfalls. Nur weil so viele gemeinnützige Organisationen zu groß und komplex geworden sind, um von Außenstehenden in deren Freizeit innerhalb von drei Stunden pro Monat gemanagt zu werden, haben sich viele zu einem professionellen Management entschlossen. Das Amerikanische Rote Kreuz verfügt wahrscheinlich über die größte und mit Sicherheit über die komplexeste nichtstaatliche Verwaltung der Welt. Es ist weltweit in der Katastrophenhilfe tätig; es verwaltet Tausende von Blutbanken sowie die Knochen- und Hautbanken in Krankenhäusern; es führt in den gesamten USA Seminare über Atem- und Herzerkrankungen durch und bietet in unzähligen Schulen Erste-Hilfe-Kurse an. Und dennoch hatte es bis 1950 keinen bezahlten Vorstand, und der erste bezahlte CEO nahm seine Arbeit erst in der Reagan-Ära auf.

Egal wie selbstverständlich ein professionelles Management auch wird – und bezahlte CEOs gibt es mittlerweile in den meisten gemeinnützigen Organisationen (die großen verfügen alle über ein Profimanagement), die Vorstände der nichtgewinnorientierten Organisationen können in der Regel nicht zu einer solchen Machtlosigkeit verdammt werden, wie es in vielen Unternehmen der Fall war. Egal wie sehr die CEOs der Gemeinnützigen eine solche Entwicklung begrüßen würden – und es gibt sicherlich einige, auf die das zutrifft –, die gemeinnützigen Vorstände werden nicht zu bloßen Abnickern. Ein Grund dafür ist das Geld. Nur wenige Vorstandvorsitzende in großen Unternehmen sind auch Hauptanteilseigner, während viele Geschäftsführer von gemeinnützigen Organisationen selbst große Summen beisteuern und man von ihnen erwartet, daß sie Spenden aufbringen. Aber in den meisten Fällen gibt es auch eine persönliche Verpflichtung dem Zweck der Organisation gegenüber. Nur wenige Menschen engagieren sich in der Gemeindevertretung einer Kirche oder im Elternrat einer Schule, wenn Glauben oder Erziehung für sie nicht Anliegen von großer Bedeutung sind. Mehr noch, die Mitglieder gemeinnütziger Verwaltungsräte haben häufig lange Jahre als Ehrenamtliche gearbeitet und kennen die Organisation von Grund auf, im Gegensatz zu vielen Geschäftsführern, die als Außenstehende das Management einer Organisation übernommen haben.

Gerade weil die Vorstände der Gemeinnützigen sehr engagiert und aktiv sind, ist ihre Beziehung zur Geschäftsführung üblicherweise so spannungsgeladen und birgt so viele Gelegenheiten, durch die es zum Bruch kommen könnte. Die CEOs gemeinnütziger Organisationen beklagen, die Vorstände würden sich »einmischen«. Die Vorstandsmitglieder beschweren sich im Gegenzug darüber, das Management reiße die Funktionen des Gremiums unberechtigt an sich. Diese Polarisierung hat immer mehr gemeinnützige Organisationen zu der Einsicht gebracht, daß weder der Geschäftsführer noch der Vorstand als »Boß« anzusehen sind. Sie sind Kollegen, die für dasselbe Ziel arbeiten, aber jeweils eine andere Aufgabe haben. Und sie haben gelernt, daß es in der Verantwortung des CEO liegt, diese Aufgaben, seine eigene wie die des Gremiums, zu definieren.

Eine große Elektrizitätsgenossenschaft an der Pazifikküste im Nordwesten beispielsweise schuf zehn Ratsausschüsse, einen für jedes Mitglied. Jeder Ausschuß hat eine bestimmte Aufgabe: Beziehungen zur Gemeinde, Stromtarife, Personal, Servicestandard, usw. Zusammen mit einem unbezahlten Vorsitzenden und dem bezahlten Geschäftsführer definiert jeder dieser Einpersonenausschüsse die Einjahres- und Dreijahresziele sowie die Arbeit, die erforderlich ist, um diese Ziele zu erreichen. Das nimmt etwa fünf bis acht Arbeitstage eines jeden Verwaltungsratsmitgliedes pro Jahr in Anspruch. Der Vorsitzende beurteilt einmal pro Jahr die Arbeit und die Leistung eines jeden Mitgliedes, und diejenigen, deren Leistung in zwei aufeinanderfolgenden Jahren zu wünschen übrig läßt, können nicht erneut zur Wiederwahl kandidieren. Zusätzlich beurteilt der Vorsitzende einmal im Jahr zusammen mit drei anderen Mitgliedern die Leistungen des gesamten Gremiums und des CEO.

Der Schlüssel, um einem Verwaltungsrat zu Effektivität zu verhelfen, ist also nicht, über seine Funktion zu reden, sondern, seine Arbeit zu organisieren. Immer mehr Gemeinnützige tun genau das, darunter ein halbes Dutzend recht großer Hochschulen für Moderne Kunst, ein führendes Theologisches Seminar, einige große wissenschaftlich arbeitende Krankenhäuser und ein paar Museen. Ironischerweise erinnern diese Ansätze an die Art und Weise, wie vor 300 Jahren der erste Verwaltungsrat Amerikas organisiert war: das *Harvard University Board of the Overseers.* Jedes Mitglied wird als »Besucher« einem Bereich der Universität zugeteilt: der medizinischen Hochschule, der Abteilung für Astronomie, den Investitionsvorhaben der Stiftung – und agiert sowohl als Quelle von Wissen und Erfahrung als auch als Kritiker der Leistungen. Ein Bonmot in der akademischen Welt Amerikas lautet, Harvard habe den einzigen Verwaltungsrat, der etwas bewege.

Die Schwächung der Aufsichtsräte der großen Unternehmen würde, so sagten (angefangen bei Myles Mace) viele von uns voraus, das Management eher schwächen als stärken. Es würde dazu führen, daß die Zuordnung von Leistungen und Ergebnissen an das Management verschwimme; und tatsächlich es ist eine Seltenheit, daß Aufsichtsräte die Leistung eines CEO an festgelegten wirtschaftlichen Zielen messen. Die Schwächung des Gremiums

würde das Topmanagement darüber hinaus einer effektiven und glaubwürdigen Unterstützung berauben, wenn es attackiert werde. Die Vorhersagen haben sich in der gegenwärtigen Flut feindlicher Übernahmen größtenteils erfüllt.
Um die Fähigkeit des Managements, seine Aufgaben erfüllen zu können, wiederherzustellen, müssen wir dafür Sorge tragen, daß die Vorstände wieder effektiv arbeiten – und das sollte als Verantwortung des CEO angesehen werden. Der Buchprüfungsausschuß hat in den meisten Unternehmen heute die Verantwortung, eine wirkliche und nicht nur eine Scheinaufgabe zu leisten. Einige wenige Unternehmen – darunter bislang keiner der großen Konzerne – verfügen über einen kleinen Ausschuß, der sich um die Förderung von Führungskräften und entsprechendem Nachwuchs bemüht und sich regelmäßig mit langjährigen Führungskräften trifft, um ihre Leistungen und ihre Pläne zu diskutieren. Aber mir ist bislang kein Unternehmen bekannt, in dem es Arbeitspläne für den Vorstand und irgendeine Art der Beurteilung von dessen Leistungen gibt. Und nur wenige tun das, was in den größeren nicht gewinnorientierten Organisationen beinahe an der Tagesordnung ist: ein neues Vorstandsmitglied durch systematisches Training aufzubauen.

In gemeinnützigen Organisationen hörte man früher häufig: »Wir bezahlen unsere ehrenamtlichen Mitarbeiter nicht, also können wir auch nichts von ihnen verlangen.« Heute hat sich ihr Standpunkt geändert: »Ehrenamtliche Mitarbeiter müssen eine viel größere Befriedigung durch ihre Leistungen erfahren und einen größeren Beitrag leisten, gerade weil sie keinen Lohn erhalten.« Die allmähliche Entwicklung des ehrenamtlichen Mitarbeiters von einem wohlmeinenden Amateur zu einem qualifizierten, professionell arbeitenden, unbezahlten Mitglied des Personals ist die bedeutendste Entwicklung im sozialen Sektor – und gleichzeitig diejenige, die die weitestreichenden Implikationen für die Unternehmen der Zukunft bereithält.
Eine katholische Diözese im Mittleren Westen hat in diesem Prozeß vielleicht am meisten erreicht. Sie beschäftigt heute weniger als die Hälfte der Priester und Ordensfrauen als noch vor 15 Jah-

ren und konnte ihre Aktivitäten dennoch umfangreich ausweiten – in einigen Fällen, so zum Beispiel in der Obdachlosenhilfe und in der Betreuung für Drogenkranke sogar verdoppeln. Es gibt noch immer viele traditionelle Ehrenamtliche, wie die Mitglieder des Kreises zur Altarschmückung, die für den Blumenschmuck zuständig sind. Aber darüber hinaus engagieren sich noch etwa 2 000 unbezahlte Freiwillige, die in Teilzeitarbeit die katholischen Wohlfahrtsdienste führen, Verwaltungsarbeit in gemeindeeigenen Schulen leisten und Jugendaktivitäten, Erstsemesterclubs an Colleges und sogar einige Pensionierungen organisieren.

Ein ähnlicher Wandel hat an der First Baptist Church in Richmond, Virginia stattgefunden, einer der größten und ältesten Kirchen in der Southern Baptist Convention. Als Dr. Peter James Flamming die Leitung der Kirche vor 5 Jahren übernahm, hatte sie, wie so viele innerstädtische Kirchen, über viele Jahre sinkende Mitgliederzahlen verzeichnen müssen. Heute hat sie wieder 4 000 Kommunikanten, führt ein Dutzend Gemeindeprogramme durch und verfügt über die ganze Bandbreite an geistlichen Ämtern innerhalb der Kirche. Sie beschäftigt nur neun bezahlte Vollzeitangestellte. Aber von den 4 000 Kommunikanten engagieren sich 1 000 als unbezahlte Mitarbeiter.

Diese Entwicklung beschränkt sich keineswegs auf religiöse Organisationen. Die *American Heart Association* (amerikanische Gesellschaft für Herzerkrankungen) unterhält landesweit Anlaufstellen in allen Städten, egal welcher Größe. Und doch gibt es nur an den Hauptstandorten bezahltes Personal, außerdem nur einige Troubleshooter, die landesweit aktiv sind. Ehrenamtliche Mitarbeiter sind für Management und personelle Besetzung der Büros und außerdem für die lokale Gesundheitserziehung sowie das Spendenaufkommen verantwortlich.

Diese Veränderungen sind teilweise die Antwort auf neue Bedürfnisse. Da bereits nahezu die Hälfte aller Erwachsenen ehrenamtlich tätig ist, ist es sehr unwahrscheinlich, daß ihre Zahl noch weiter zunimmt. Und da das Geld immer knapp ist, können die gemeinnützigen Organisationen nicht auf zusätzliche, bezahlte Mitarbeiter zurückgreifen. Wenn sie ihre Aktivitäten ausweiten wollen – und die Bedürfnisse wachsen –, dann müssen sie dafür

Sorge tragen, daß ihre ehrenamtlichen Mitarbeiter produktiver werden, indem sie ihnen mehr Arbeit und mehr Verantwortung geben. Aber der wichtigste Anreiz für die Veränderungen in der Rolle der Ehrenamtlichen kam von ihnen selbst.

Immer mehr ehrenamtliche Mitarbeiter sind Menschen mit langer Berufsausbildung, die in qualifizierten Positionen arbeiten oder Führungsaufgaben leisten – einige Männer und Frauen in den Fünfzigern, im Vorruhestand, noch mehr aber aus der Baby-Boomer-Generation, die Mitte dreißig oder um die vierzig Jahre alt sind. Diese Menschen wollen sich nicht damit zufriedengeben, Helfer zu sein. Sie sind Wissensarbeiter mit einem Beruf, der ihren Lebensunterhalt sichert, und sie wollen als Wissensarbeiter in den Jobs arbeiten, mit denen sie einen Beitrag zur Gesellschaft leisten – also in ihrer ehrenamtlichen Arbeit. Wenn gemeinnützige Organisationen für sie attraktiv sein und sie halten wollen, müssen sie es zulassen, daß ihre Mitarbeiter ihre Kompetenzen und ihr Wissen in die Arbeit einbringen. Sie müssen ihnen anbieten, sinnvolle Arbeit leisten zu können.

Viele gemeinnützige Organisationen suchen inzwischen gezielt nach solchen Menschen. Erfahrene ehrenamtliche Mitarbeiter übernehmen die Aufgabe, »Neue« in Augenschein zu nehmen – die neuen Mitglieder einer Kirche oder Synagoge, den Nachbarn, der für das Rote Kreuz sammelt –, um herauszufinden, wer über Führungsqualitäten verfügt, und um sie zu überzeugen, sich neuen, herausfordernden Aufgaben zu stellen. Dann bemüht sich ein Mitglied, das schon länger für die Organisation tätig ist (entweder ein bezahlter Mitarbeiter, der eine Vollzeitstelle innehat oder ein erfahrener Ehrenamtlicher) in einem Gespräch mit den neuen Bewerbern, ihre Stärken herauszufinden und ihnen angemessene Aufgaben zuzuweisen. Zuweilen werden den Ehrenamtlichen auch ein Mentor und ein Supervisor zugewiesen, mit denen die Neuen gemeinsam die Leistungsziele festlegen. Diese Berater sind in der Regel zwei verschiedene Menschen, die üblicherweise selbst ehrenamtlich tätig sind.

Die Organisation der Pfadfinderinnen, die zur Betreuung der 3,5 Millionen weiblichen Mitglieder 730 000 ehrenamtliche und nur 6 000 bezahlte Mitarbeiterinnen beschäftigt, geht auf diese Weise vor. Eine Ehrenamtliche beginnt ihre Karriere üblicherweise, indem sie die Mädchen einmal pro Woche zu einem Treffen fährt. Dann führt ein Mitglied, das bereits länger aktiv ist, sie in weiterreichende Aufgaben ein; zum Beispiel kann sie junge Pfadfinderinnen begleiten, die von Haus zu Haus gehen und Plätzchen verkaufen, oder sie kann eine Gruppe von Mädchen zusammen mit einer anderen Betreuerin während eines Campingausfluges begleiten. Aus diesem schrittweisen Prozeß entwickeln sich die aus Ehrenamtlichen bestehenden Vorstände der Ortsgruppen, und gelegentlich gehen aus diesen auch Mitglieder der nationalen Geschäftsführung hervor. Jeder Schritt, auch der erste, wird von einem eigenen verpflichtenden Trainingsprogramm begleitet, das üblicherweise von einer Frau, die selbst ehrenamtlich tätig ist, geleitet wird. Jeder Schritt hat seine eigenen Leistungsstandards und Leistungsziele.

Was fordern diese unbezahlten Mitarbeiter selbst ein? Was motiviert sie, zu bleiben – denn schließlich könnten sie jederzeit gehen? Ihre erste und wichtigste Forderung ist, daß die gemeinnützigen Organisationen einen klar definierten Auftrag haben, der allen Aktivitäten der Organisation zugrunde liegt. Eine Frau, die als stellvertretende Geschäftsführerin einer großen, regional tätigen Bank arbeitet und zwei Kinder hat, übernahm kürzlich den Vorsitz des Naturschutzbundes *Nature Conservancy* in ihrem Staat. Die Organisation spürt gefährdete ökologische Nischen auf, kauft das Gelände und verwaltet es. »Ich liebe meine Arbeit«, sagte sie, als ich sie fragte, warum sie eine solch schwere zusätzliche Arbeit auf sich nehme, »und natürlich hat die Bank ebenfalls ein Unternehmensziel definiert. Aber bei *Nature Conservancy* weiß ich, wofür ich arbeite.«

Die zweite Sache, die diese neuen Ehrenamtlichen benötigen, ja sogar einfordern, ist Weiterbildung, Weiterbildung und nochmals Weiterbildung. Und im Gegenzug ist die effektivste Art und Weise, um langgediente Mitarbeiter zu motivieren und zu halten, ihre Erfahrung anzuerkennen und für das Training neuer Mitarbeiter zu nutzen. Dann fordern diese Wissensarbeiter, Verantwortung übernehmen zu können – vor allem, über Leistungsziele nachzudenken und eigene Ziele festzulegen. Sie erwarten, daß sie um Rat gebeten werden und an Entscheidungen, die ihre Arbeit und die Arbeit der gesamten Organisation betreffen, beteiligt werden. Und sie erwarten, daß sie die Möglichkeit haben, sich weiterzuentwickeln, das heißt Aufgaben zu übernehmen, die noch herausfordernder sind und mehr Verantwortung erfordern, so wie es ihre Leistung zuläßt. Aus diesem Grunde haben zahlreiche gemeinnützige Organisation Karriereleitern für ihre freiwilligen Mitarbeiter entwickelt.

Diese Aktivitäten werden durch die Möglichkeit unterstützt, Leistungen eindeutig zuordnen zu können. Viele der Wissensarbeiter, die ehrenamtlich tätig sind, bestehen darauf, daß ihre Leistungen mindestens einmal pro Jahr an festgelegten Zielen gemessen werden. Und mehr und mehr Menschen erwarten von ihren Organisationen, daß diese den Mitarbeitern, die unzureichende Leistungen erzielen, andere, ihren Fähigkeiten eher entsprechende Aufgaben zuweisen, oder oder ihnen nahelegen, daß sie ihre Arbeit aufgeben. »Es ist schlimmer als im Trainingslager der Marines«, sagt der Priester, der in der oben genannten Diözese im Mittleren Westen für die ehrenamtlichen Mitarbeiter verantwortlich ist, »aber wir haben 400 Leute auf der Warteliste.« Ein großes Kunstmuseum im Mittleren Westen verlangt von seinen freiwilligen Mitarbeitern – Verwaltungsratsmitgliedern, Spendensammlern, Dozenten und den Leuten, die den Museumsrundbrief herausgeben – daß sie ihre Ziele jährlich festlegen, ihre Leistungen an diesen messen lassen und bereit sind, zurückzutreten, wenn sie in zwei aufeinanderfolgenden Jahren ihre Ziele nicht erreichen. Ebenso verfährt eine recht große jüdische Organisation, die an Colleges tätig ist.

Diese ehrenamtlichen Profis stellen noch eine Minderheit dar – sie machen etwa ein Zehntel aller ehrenamtlich Tätigen aus –, aber sie gewinnen an Bedeutung. Und ihre Zahl nimmt zu, ebenso wie – und das ist noch wichtiger – ihr Einfluß auf den nichtgewinnorientierten Sektor. Immer häufiger hört man in gemeinnützigen Organisation Äußerungen wie diese eines Geistlichen in einer großen Pastoralkirche: »Es gibt in dieser Kirche keine Laien; es gibt hier nur Pastoren, ein paar bezahlte und viele unbezahlte.«

Dieser Schritt von dem ehrenamtlich gemeinnützig Tätigen zum unbezahlten Profi ist vielleicht die wichtigste Entwicklung in der heutigen amerikanischen Gesellschaft. Es wird viel über Verfall und Auflösung von Familie und Gesellschaft und über den Werteverfall geredet. Und natürlich gibt es Grund zur Sorge. Aber die Gemeinnützigen schaffen einen machtvollen Gegenpol. Sie schaffen neue gesellschaftliche Bande, eine neue Verpflichtung zu aktivem Gemeinsinn, zu sozialer Verantwortung, zu Werten. Und sicherlich ist das, was eine gemeinnützige Organisation für den ehrenamtlichen Mitarbeiter leistet, ebenso bedeutsam wie das, was die Ehrenamtlichen für die Organisationen leisten. Es kann in der Tat ebenso wichtig sein wie der Dienst, den die Gemeinnützigen, egal ob es sich um Kirchen, Bildungseinrichtungen oder Wohlfahrtsverbände handelt, an der Gesellschaft leisten.

Diese Entwicklung birgt darüber hinaus eine eindeutige Botschaft an die Wirtschaft. Das Management der Wissensarbeiter mit dem Ziel, mehr Produktivität zu erreichen, ist die dringendste Herausforderung für das amerikanische Management. Die Gemeinnützigen zeigen uns, wie diese Aufgabe bewältigt werden kann. Es bedarf eines klar definierten Auftrages, einer sorgfältigen Zuordnung von Aufgaben und Personal und eines anhaltenden Lern- und Lehrprozesses, es erfordert ein zielorientiertes und durch Selbstkontrolle bestimmtes Management, hohe Anforderungen, aber angemessene Verantwortung, und die Möglichkeit der Zuordnung der erreichten Leistungen und Ergebnisse.

Dieser Wandel in der ehrenamtlichen Arbeit beinhaltet darüber hinaus eine deutliche Warnung an die amerikanische Wirtschaft. Die Studenten des Programmes für Führungskräfte des oberen und mittleren Managements, in dessen Rahmen ich unterrichte, arbeiten für eine große Bandbreite von Unternehmen: Banken und Versicherungsunternehmen, große Einzelhandelsketten, Luftfahrt- und Computerunternehmen, Immobilienkonzerne und so weiter. Aber die meisten von ihnen arbeiten darüber hinaus in gemeinnützigen Organisationen – in einer Kirche, im Verwaltungsrat des Colleges, an dem sie ihr Examen gemacht haben, in der Pfadfinderinnenorganisation, im YMCA, in der Gemeinde oder dem städtischen Symphonieorchester. Wenn ich sie frage, warum sie das tun, geben die weitaus meisten die gleiche Antwort: »... weil mein Beruf mir nicht genug Herausforderung, nicht genug Befriedigung, keine ausreichende Verantwortung zugesteht; und es gibt keine Mission, nur Zweckmäßigkeiten.«

DIE HERAUSFORDERUNG DURCH DIE NEUE PRODUKTIVITÄT

Die größte Herausforderung, der die Manager in den entwickelten Ländern der Welt sich stellen müssen, ist es, die Produktivität der Wissens- und Dienstleistungsarbeiter zu erhöhen. Diese Herausforderung, die die Tagesordnung des Managements in den nächsten Jahrzehnten bestimmen wird, wird letztendlich über die Wettbewerbsleistung der Unternehmen entscheiden. Und noch wichtiger, es wird die gesamte Struktur der Gesellschaft und die Lebensqualität in allen Industrienationen bestimmen.

In den vergangenen 120 Jahren ist die Produktivität in der produzierenden Industrie, in der Landwirtschaft, im Bergbau, der Bauwirtschaft und im Transportwesen in den entwickelten Ländern mit einer jährlichen Rate von 3 bis 4 Prozent gestiegen. Das bedeutet insgesamt eine 45fache Zunahme der Produktivität. Auf diesem explosionsartigen Wachstum beruhen alle Errungenschaften in diesen Ländern: der gigantische Zuwachs an frei verfügbarem Einkommen und Kaufkraft, ein immer leichterer Zugang zu Bildung und Gesundheitsversorgung, und die Verfügbarkeit von Freizeit, etwas, das vor 1914, als jeder Mensch mindestens 3 000 Stunden pro Jahr arbeitete, nur dem Adel und dem »reichen Müßiggänger« vorbehalten war. (Heute leisten selbst die Japaner nicht mehr als 2 000 Stunden Arbeit pro Jahr, die Amerikaner kommen auf durchschnittlich 1800 Stunden und die Westdeutschen auf 1650.)

Nun lösen diese Gewinne sich mit der Zeit auf. Das liegt jedoch keineswegs daran, daß die Produktivität in der Herstellung, im Transport und im Handel gesunken ist. Im Gegensatz zum allseits verbreiteten Glauben nimmt die Produktivität in diesen Bereichen nach wie vor mit fast derselben Geschwindigkeit zu, und das gilt für die Vereinigten Staaten ebenso wie für Japan oder Westdeutschland. Letztendlich überstieg der Produktivitätszuwachs während der 80er Jahre in den Vereinigten Staaten, gemessen in absoluten Zahlen, die entsprechenden Zuwachsraten in Japan und Westdeutschland sogar, und die 4- bis 5prozentigen Zugewinne in der Landwirtschaft stellen einen weltweiten, noch nie dagewesenen Rekord dar.

Die Produktivitätsrevolution ist Vergangenheit, weil heute zu wenige Menschen in der produzierenden Industrie sowie in Transport und Handel beschäftigt sind, um mit ihrer Produktivität noch entscheidende Akzente setzen zu können. Insgesamt machen sie heute nur noch ein Fünftel der Arbeitskräfte in den entwickelten Volkswirtschaften aus. Vor nur 30 Jahren waren sie noch fast in der Mehrheit. Selbst Japan, wo die produzierende Industrie noch immer von großer Bedeutung ist, kann nicht länger davon ausgehen, daß ein Produktivitätszuwachs in diesem Bereich sein wirtschaftliches Wachstum stützt. Mittlerweile ist die große Mehrheit der arbeitenden Bevölkerung Japans in wissensbasierten Berufen sowie im Dienstleistungssektor tätig, und ihre Produktivität in diesen Bereichen ist ebenso niedrig wie in jedem anderen entwickelten Land. Und wenn nicht mehr als drei Prozent der Berufstätigen in der Landwirtschaft arbeiten, wie es in den Vereinigten Staaten, in Japan und in den meisten westeuropäischen Ländern der Fall ist, dann leisten selbst Rekordzuwächse der landwirtschaftlichen Erträge keinen entscheidenden Beitrag zum gesamten Wirtschaftswachstum und Wohlstand eines Landes.

Aus diesem Grunde sollten die entwickelten Länder es als die größte *wirtschaftliche* Notwendigkeit erachten, die Produktivität der Dienstleistungen und der wissensbasierten Arbeit zu steigern. Das Land, dem dieser Schritt als erstes gelingt, wird das 21. Jahrhundert in wirtschaftlicher Hinsicht dominieren. Die größte *soziale* Herausforderung, der sich die entwickelten Länder stellen müssen, ist es jedoch, die Produktivität der Dienstleistungsarbeit zu erhöhen. Wenn die entwickelten Volkswirtschaften sich dieser Herausforderung entziehen, werden sie mit sozialen Spannungen, einer zunehmenden Polarisierung und Radikalisierung, vielleicht sogar mit Klassenkämpfen konfrontiert werden.

In den entwickelten Ländern haben zunehmend nur Menschen mit langjähriger Schulbildung und mit der Qualifizierung für eine wissensbasierte Arbeit Aussichten auf eine Karriere oder auch nur auf Beförderungen. Aber diese Männer und Frauen werden auch in Zukunft nur eine Minderheit darstellen. Sie werden zahlenmäßig immer von den Menschen in den Schatten gestellt werden, denen die Qualifikation fehlt, um etwas anderes als Dienstleistungsarbeiten auf einem niedrigen Niveau zu leisten – Menschen, die in ihrer sozialen Position mit den »Proletariern« vor 100 Jahren vergleichbar sind, den ungebildeten Massen mit geringer Qualifikation, die in Scharen in die explodierenden Industriestädte und ihre Fabriken strömten.

In den frühen 80er Jahren des 19. Jahrhunderts waren die intellektuellen Beobachter jeder politischen Couleur besessen von dem Schreckgespenst des Klassenkampfes zwischen dem industriellen Proletariat und der Bourgeoisie. Karl Marx war keineswegs der einzige, der vorhersagte, daß die Verelendung des Proletariats unausweichlich zur Revolution führen würde. Benjamin Disraeli, vielleicht der größte Konservative des 19. Jahrhunderts, war von der Unabwendbarkeit des Klassenkampfes nicht weniger überzeugt. Und Henry James, der Chronist des amerikanischen Wohlstands und der europäischen Aristokratie, fürchtete sich vor dieser Aussicht so sehr, daß er sie zum Thema eines seiner beeindruckendsten Romane, »Prinzessin Casamassima«, machte.

Was all diese Prophezeiungen zunichte machte, obwohl sie so glaubwürdig, ja den Zeitgenossen sogar offensichtlich erschienen, war die Revolution in der Produktivität, die Frederick W. Taylor im Jahre 1881 in Gang setzte, als er sich daran machte, zu studieren, wie ein gewöhnlicher Arbeiter Sand schaufelte. Taylor selbst arbeitete in einer Gießerei und war von dem Haß, der zwischen Arbeitern und Management herrschte, zutiefst schockiert. Aus Angst, daß dieser Haß schließlich zum Klassenkampf führen würde, begab er sich daran, die Effizienz der Industriearbeit zu verbessern. Und seine Anstrengungen begründeten im Gegenzug die Revolution, die es den Industriearbeitern ermöglichte, einen Lohn zu verdienen, der dem der Mittelschicht entsprach, und trotz ihrer mangelnden Qualifikation und Bildung auch deren sozialen Status zu erlangen. Um 1930, als nach Marx die Revolution des Proletariats längst hätte stattfinden sollen, war aus dem Proletariat die Bourgeoisie geworden.

Nun ist es Zeit für eine weitere Produktivitätsrevolution. Dieses Mal ist die Geschichte jedoch auf unserer Seite. Während des letzten Jahrhunderts haben wir eine Menge über Produktivität und die Wege, diese zu steigern, gelernt – genug, um zu wissen, daß wir eine Revolution benötigen, genug, um zu wissen, wie wir sie anzetteln können.

Dienstleistungen und wissensbasierte Arbeit bieten einer breiten Palette von Berufstätigen Beschäftigung: vom Wissenschaftler, der in der Forschung tätig ist, und der Herzchirurgin über den Bauzeichner und die Filialleiterin bis hin zu sechzehnjährigen Teenagern, die an Samstagnachmittagen Hamburger in Fastfood-Restaurants grillen. Auch Menschen, die durch ihre Arbeit zu »Maschinenführern« werden, gehören dazu: Tellerwäscher, Hausmeister und Schreibkräfte, die Daten eingeben. So unterschiedlich sie jedoch sind, was ihr Wissen, ihre Fertigkeiten, den Grad ihrer Verantwortung, ihren sozialen Status und ihr Gehalt betrifft, in zweierlei Hinsicht sind sich Dienstleistungs- und Wissensarbeiter bemerkenswert ähnlich: Was in dem Bestreben, ihre Produktivität zu steigern, funktioniert und was nicht.

Als erstes mußten wir lernen, was nicht funktionierte. Die Erkenntnis, daß Arbeit nicht durch Kapital »substituierbar« war, war ein Schock. Ebenso wurde deutlich, daß neue technologische Entwicklungen allein nicht zwangsläufig zu einer höheren Produktivität führen. Im Bereich der Herstellung, des Handels und des Transportes sind Kapital und Technologie Produktions*faktoren*. Für wissensbasierte Arbeit und Dienstleistungen sind es Produktions*werkzeuge*. Ob sie der Produktivität zuträglich sind oder ihr schaden, hängt davon ab, wie und für welchen Zweck sie eingesetzt werden. Vor dreißig Jahren waren wir uns sicher, daß der Computer die Zahl der Arbeitsplätze in den Verwaltungen erheblich reduzieren würde. Die Aussicht auf eine Steigerung der Produktivität führte zu umfangreichen Investitionen im Bereich der Datenverarbeitung, die nun mit den Technologien zur Materialverarbeitung (dem konventionellen Maschinenpark) konkurrierten. Doch die Zahl der Arbeitsplätze in den Verwaltungen steigt seit der Einführung der Informationstechnologien wie noch nie zuvor. Die Produktivität im Bereich der dienstleistungsrelevanten Arbeiten dagegen ist mitnichten gestiegen.

Krankenhäuser sind in diesem Zusammenhang ein herrvorragendes Beispiel. Zum Ende der vierziger Jahre unseres Jahrhunderts waren die Abläufe dort sehr arbeitsintensiv. Investitionen beschränkten sich auf den Kauf und die Instandhaltung der Immobilie und die Beschaffung der Betten. Eine Vielzahl renommierter Krankenhäuser verfügte noch nicht einmal über Klinikeinrichtungen, die längst dem Stand der Technik entsprochen hätten: Es waren weder Röntgenabteilungen noch klinische Laboreinrichtungen vorhanden, und auch physiotherapeutische Behandlungen waren nicht möglich. Das Krankenhaus der Gegenwart dagegen ist eine äußerst kapitalintensive Einrichtung. Ultraschallgeräte, Bodyscanner, Computertomographen, Labor- und Hygienetechnik sind nur einige der umfangreichen Investitionsfelder. Jede dieser Investitionen zog die Einstellung immer besser bezahlter Spezialisten nach sich, während andererseits innerhalb der bestehenden Belegschaften keine Arbeitsplätze eingespart werden konnten. Die weltweit zu beobachtende Kostenexplosion im Gesundheitswesen ist zu einem großen Teil darauf zurückzuführen, daß die Krankenhäuser zu arbeits- und kapitalintensiven Megainstitutionen geworden sind. Doch zumindest waren sie in der Lage, auf diesem Wege ihre Leistungsfähigkeit entscheidend zu erhöhen. In anderen Bereichen von wissensbasierter Arbeit und Dienstleistung sind dagegen nur höhere Kosten, ein Anstieg der Investitionen und eine wachsende Zahl an Mitarbeitern zu beobachten.

Massive Produktivitätssteigerungen sind der einzige Weg, der aus diesem Sumpf führt. Produktiver zu sein, ohne dafür härter und länger arbeiten zu müssen, ist die Lösung. Frederick W. Taylor hat das als *»working smarter«* bezeichnet[1)].

Für den Ökonomen sind Kapitalinvestitionen der Schlüssel zur Produktivität; der Techniker vertraut auf neue Maschinen. Doch entscheidend für einen explosionsartigen Anstieg der Produktivität ist die effizientere Arbeit, das *working smarter*. Der Einsatz von Kapital und Technologie war in den ersten 100 Jahren der industriellen Revolution ebenso hoch wie in der zweiten Hälfte dieser Entwicklung. Nur durch eine effizientere Arbeit konnte die Produktivität in der Herstellung, im Handel und Transport von Waren so enorm gesteigert werden.

Und so wird es auch im Bereich der Dienstleistungen und der wissensbasierten Arbeit sein – mit einem Unterschied: In der produzierenden Industrie ist das *working smarter* nur ein Schlüssel zur größeren Produktivität. Für Dienstleistungen und wissensbasierte Arbeit ist es die einzig verfügbare Lösung. Mehr noch, es ist eine wesentlich komplexere Lösung, die es erfordert, die Arbeit noch viel genauer zu analysieren, als Taylor es sich jemals vorstellte.

Als Taylor das Sandschaufeln beobachtete, war die einzige Frage, die ihn interessierte: »Wie wird es gemacht?«. Fast 50 Jahre später, als Elton Mayo an der Harvard Universität begann, Taylors »wissenschaftliches Management« zu demontieren und es durch etwas zu ersetzen, das später *»human relations«* genannt wurde, ging es ihm um die gleiche Frage. In seinen Experimenten bei Western Electrics Hawthorne Works untersuchte Mayo, wie die Verdrahtung im Innern der Telefone am effizientesten zu gestalten wäre. Der springende Punkt ist, daß jede einzelne Aufgabe in der produzierenden Industrie bereits vorgegeben ist.

In der wissensbasierten Arbeit und im Dienstleistungsgewerbe hingegen muß die erste Frage in dem Bestreben, die Produktivität zu steigern – und effizienter zu arbeiten – lauten: »Worin besteht die Aufgabe? Was wollen wir erreichen? Warum tun wir all das?«

Die einfachsten, gleichzeitig aber vielleicht die größten Produktivitätssteigerungen, die wir in dieser Art der Arbeit erreichen können, ergeben sich aus der Definition der Aufgabe und vor allem aus dem Verzicht auf das, was nicht getan werden muß.[2)]

Um das zu illustrieren, ist eines der ältesten Beispiele immer noch das beste: die Abwicklung des Versandgeschäftes in den ersten Jahren von Sears Roebuck. Zwischen 1906 und 1908 schaffte Sears die zeitraubende Arbeit ab, die das Zählen des Geldes aus den eingegangenen Bestellungen bedeutete. Statt die Geldkuverts zu öffnen, die mit den Bestellformularen eintrafen, wog Sears sie automatisch. Zu dieser Zeit bezahlten so gut wie alle

Sears-Kunden mit Münzen. Wenn das Gewicht des Umschlages (innerhalb sehr geringer Toleranzgrenzen) der Auftragssumme entsprach, wurde der Brief ungeöffnet zur weiteren Abwicklung weitergegeben. Auf ähnliche Art und Weise schaffte Sears auch die noch zeitintensivere Erfassung aller Bestellungen ab. Auftragsabwicklung und Versand wurden nach dem Gewicht der eingehenden Post geplant, indem man davon ausging, daß jedes Pfund Post ungefähr 40 Aufträgen entsprach. Innerhalb von zwei Jahren führten diese Schritte zu einer zehnfachen Produktivitätssteigerung in der gesamten Versandgeschäftsabwicklung[3].

Ein großes Versicherungsunternehmen konnte vor einiger Zeit die Produktivität seiner Abteilung, die mit der Schadensregulierung befaßt ist, um beinahe das Fünffache steigern – von einer durchschnittlichen Bearbeitungszeit von fünfzehn auf drei Minuten pro Versicherungsfall –, indem die detaillierte Prüfung jedes Falles mit Ausnahme solcher, in denen es um sehr hohe Schadenssummen geht, abgeschafft wurde. Statt wie bisher 30 Sachverhalte zu überprüfen, konzentrieren die Sachbearbeiter sich heute auf ganze vier: Ist die Police noch gültig? Decken sich Versicherungssumme und Anspruchssumme? Ist der Name desjenigen, auf den die Police ausgeschrieben ist, mit dem Namen auf dem Totenschein identisch? Stimmt der Name des Begünstigten mit dem Namen des Anspruchstellers überein? Die Motivation für diese Veränderung entstand durch die Frage: »Worin besteht die Aufgabe?« und die darauflautende Antwort: »Ansprüche aus Lebensversicherungen sollen so schnell und kostengünstig wie möglich beglichen werden.« Um das Verfahren zu kontrollieren, muß das Unternehmen heute lediglich Stichproben im Umfang von etwa 2 Prozent, etwa jeden fünfzigsten Fall, auf traditionelle Art und Weise abwickeln.

Auf ähnliche Art und Weise umgehen einige wenige Krankenhäuser bereits den Großteil der Arbeit ihres Aufnahmeverfahrens, indem sie alle Patienten so aufnehmen, wie sie früher nur mit Notfallpatienten verfuhren, die bewußtlos oder stark blutend eingeliefert wurden und deshalb die umfangreichen Formulare nicht ausfüllen konnten. Auch in diesen Krankenhäusern wurde die Frage gestellt: »Wie lautet die Aufgabe?« Und die Antwort war:

»Den Namen des Patienten, das Geschlecht, das Alter, die Anschrift und die Zahlungsweise festzustellen« – und diese Informationen fanden sich auf den Versichertenkarten, die praktisch alle Patienten bei sich tragen.

Beide Beispiele stammen aus dem Dienstleistungsgewerbe. In der wissensbasierten Arbeit sind die klare Definition der Aufgabe und der Verzicht auf Arbeiten, die nicht getan werden müssen, noch wichtiger und führen zu noch besseren Ergebnissen. Lesen Sie, wie ein großes, multinational operierendes Unternehmen seine strategische Planung neudefinierte:

Viele Jahre lang arbeitete ein Planungsstab mit 45 brillanten Mitarbeitern aufs sorgfältigste minutengenaue strategische Szenarien aus. Die Dokumente waren, darin waren sich alle einig, erstklassige Arbeiten und sehr anregend zu lesen. Aber sie hatten nur einen minimalen Einfluß auf die Operationen des Unternehmens. Dann fragte ein neuer CEO: »Wie lautet die Aufgabe?« und antwortete: »Unseren Geschäftsbereichen Richtung und Ziel vorzugeben und eine Strategie auszuarbeiten, die aussagt, wie diese Ziele erreicht werden können.« Es dauerte vier Jahre, erforderte harte Arbeit, und es gab mehrere Fehlstarts. Aber heute legt die Planungsabteilung (die immer noch ungefähr über die gleiche Anzahl von Mitarbeitern verfügt) nur drei Fragen für jeden Geschäftsbereich des Unternehmens zugrunde: Welche Marktposition ist erforderlich, um die Marktführerschaft zu behaupten? Welche innovativen Leistungen sind erforderlich, um diese Position aufrechtzuerhalten? Und wie hoch muß die Mindestrendite sein, um die Kapitalkosten zu decken? Dann arbeitet die Planungsabteilung zusammen mit den Betriebsfachleuten der einzelnen Geschäftsbereiche die groben strategischen Richtlinien aus, nach denen diese Ziele unter verschiedenen wirtschaftlichen Bedingungen erreicht werden sollen. Die Ergebnisse sind weitaus einfacher und um einiges weniger elegant, aber sie sind zu den »Flugplänen« geworden, nach denen die Geschäftsbereiche und ihre Topführungskräfte sich richten können.

Wenn Menschen Dinge herstellen oder bewegen, erfüllen sie jeweils nur eine Aufgabe. Taylors Arbeiter schaufelte Sand; er war nicht auch für die Beschickung des Hochofens zuständig. Mayos Drahtfrauen löteten; sie testeten die fertiggestellten Telefone nicht gleichzeitig. Der Landwirt, der Mais anbaut, steigt nicht nach dem Pflügen des halben Feldes vom Traktor, um an einer Besprechung teilzunehmen. Dienstleistungen und wissensbasierte Arbeit erfordern auch Konzentration. Der Chirurg nimmt im Operationssaal keine Telefongespräche entgegen, ebensowenig wie ein Rechtsanwalt, der gerade einen Klienten berät.

Dagegen wird dort, wo der größte Teil der wissensbasierten Arbeit geleistet wird, in Organisationen, die geteilte Aufmerksamkeit mehr und mehr zur Regel. Die Mitarbeiter an der Spitze eines Unternehmens können sich manchmal noch konzentrieren (wenn auch immer weniger es tatsächlich versuchen). Aber die große Mehrheit der Ingenieure, Lehrer und Verkäufer oder der Menschen, die in der Krankenpflege oder im mittleren Management arbeiten, muß eine immer größere Last an Nebentätigkeiten tragen, Aktivitäten, die wenn überhaupt, so nur einen geringen Wert haben und nur das Geringste mit dem zu tun haben, wofür diese Berufstätigen qualifiziert sind und bezahlt werden.

Am schlimmsten betroffen sind vielleicht die Schwestern in amerikanischen Krankenhäusern. Wir hören häufig von der zu geringen Anzahl von Krankenschwestern. Aber wie kann es eigentlich dazu kommen? Die Zahl der Schulabgänger, die sich für diesen Beruf entscheiden, nimmt seit vielen Jahren beständig zu. Gleichzeitig hat die Bettenbelegung deutlich abgenommen. Die Erklärung für diesen paradoxen Zustand: Das Pflegepersonal verbringt nur die Hälfte seiner Zeit mit der Aufgabe, für die es ausgebildet ist und bezahlt wird – der Krankenpflege. Die andere Hälfte wird an Aktivitäten verschwendet, die Wissen und Qualifikation nicht erfordern, die weder von wirtschaftlicher Bedeutung noch von Belang für die Gesundheitsvorsorge sind und die wenig oder gar nichts mit der Patientenpflege und dem Wohlbefinden der Patienten zu tun haben. Das Pflegepersonal ist, natürlich, mit den Unmengen schriftlicher Arbeit beschäftigt, die für die Gesundheitsvorsorgeprogramme für Bedürftige oder ältere Menschen, für Versicherungen, die Krankenhausverwaltung und für die Vermeidung von Kunstfehlerprozessen notwendig sind.

Die Situation im Bildungswesen sieht ganz ähnlich aus. Die Fakultäten in Colleges und Universitäten verbringen mehr und mehr Zeit in Ausschußsitzungen als im Klassenraum mit dem Unterricht, mit der Beratung der Studenten oder mit der Forschung. Aber die wenigsten Ausschüsse würde man jemals vermissen. Und sie würden in weniger Zeit eine bessere Arbeit leisten, wenn sie statt sieben nur noch drei Mitglieder hätten.

Das Verkaufspersonal ist ebenfalls betroffen. In Kaufhäusern verbringen Verkäufer und Verkäuferinnen so viel Zeit vor dem Computer, daß ihnen nur noch wenig Zeit bleibt, um Kunden zu bedienen – vielleicht ist das der Hauptgrund dafür, daß sie einen immer geringeren Beitrag zu Verkäufen und Einnahmen leisten. Außendienstmitarbeiter verbringen bis zu einem Drittel ihrer Zeit damit, Berichte auszufüllen, statt in dieser Zeit Kunden anzurufen. Und Ingenieure haben eine Besprechung nach der anderen, obwohl sie eigentlich an ihren Arbeitsplätzen sitzen sollten.

Das ist keine Bereicherung für die Arbeit, sondern eine Verarmung. Es zerstört die Produktivität. Es beraubt die Mitarbeiter ihrer Motivation und Moral. Das Pflegepersonal beklagt sich, wie jede einschlägige Umfrage zeigt, immer mehr darüber, daß es nicht mehr Zeit mit den Patienten verbringen kann. Die Pflegerinnen und Pfleger glauben verständlicherweise auch, daß sie für das, was sie zu leisten in der Lage sind, bei weitem unterbezahlt sind, während die Krankenhausverwaltung, ebenfalls verständlicherweise, glaubt, daß sie für die unqualifizierte Schreibarbeit, die sie leisten, bei weitem überbezahlt sind.

Die Lösung ist, wie immer, sehr einfach. Sie lautet, die Arbeit – in diesem Falle die Fürsorge und Pflege – auf die Aufgabe – in diesem Falle die Patientenpflege – zu konzentrieren. Das ist der zweite Schritt in Richtung *»working smarter«*. Einige wenige Krankenhäuser haben beispielsweise die Schwestern von der Papierarbeit befreit und eigens eine Schreibkraft eingestellt, die für eine Abteilung oder eine Etage verantwortlich ist und auch Telefonanrufe von Freunden und Verwandten entgegennimmt sowie die Blumen versorgt. Das Niveau der Patientenpflege sowie die Zeit, die das Pflegepersonal mit dieser verbringt, sind in kürzester Zeit deutlich gestiegen. Und dennoch waren die Kranken-

häuser darüber hinaus in der Lage, ihr Pflegepersonal um ein Viertel oder gar ein Drittel zu reduzieren und die Gehälter anzuheben, ohne insgesamt mehr Aufwendungen für das Pflegepersonal zu haben.
Um Verbesserungen dieser Art zu ermöglichen, müssen wir einige weitere Fragen zu jedem einzelnen Aufgabengebiet im Dienstleistungsgewerbe oder in wissensbasierten Berufen stellen: »Wofür bezahlen wir die Mitarbeiter? Welchen Wert soll dieses Aufgabengebiet beitragen?« Die Antwort ist nicht immer offensichtlich oder widerspruchsfrei. Die Verantwortlichen eines Kaufhauses antworteten, als es um das Verkaufspersonal ging: »Umsatz«, die eines anderen, das in dem gleichen Stadtgebiet lag und eine ganz ähnliche Klientel aufwies, sagten: »Kundendienst«. Jede Anwort führte zu einer anderen Neustrukturierung der Aufgabenbereiche im Verkaufsraum. Aber beide Kaufhäuser erreichten, und dies in recht kurzer Zeit, wesentliche Einnahmenzuwächse, die pro Mitarbeiter und in jeder Abteilung erwirtschaftet wurden, das heißt sowohl Gewinne in der Produktivität als auch in der Profitabilität.

Trotz all seiner erstaunlichen Auswirkungen hatte Taylors wissenschaftliches Management eine schlechte Presse, besonders in Akademikerkreisen. Einer der Hauptgründe war vielleicht die nicht enden wollende Kampagne, die die US-amerikanischen Gewerkschaften gegen seine Theorie – und gegen Taylor selbst – in den ersten Jahren dieses Jahrhunderts führten. Die Gewerkschaften waren nicht gegen Taylor, weil sie ihn für arbeiterfeindlich oder dem Management zugetan hielten. Er war keines von beiden. Seine unverzeihliche Sünde bestand darin, daß er immer wieder versicherte, es gebe so etwas wie Qualifikation in der Herstellung, im Handel und Transportwesen nicht. All diese Arbeit sei gleich, versicherte Taylor. Und jede Arbeit könne gleichermaßen, Schritt für Schritt, in eine Abfolge unqualifizierter Handlungen zerlegt und zu einer neuen Arbeit, gleich welcher Art, zusammengesetzt werden. Jeder, der bereit sei, diese Handlungsabfolgen zu erlernen, sei ein »erstklassiger Mann«, der eine »erstklassige Bezahlung« verdiene. Er könne die fortschrittlichste Arbeit leisten, und dies bis zur Perfektion.

Für die auf Qualifikation setzenden Gewerkschaften, die um die Jahrhundertwende dominierten, stellte diese Versicherung einen klaren Angriff dar. Und das galt besonders für die extrem mächtigen Gewerkschaften, die die zu dieser Zeit die angesehendsten Produktionsstätten des Landes dominierten – die Waffen- und Munitionsfabriken der Armee und die Werften der Marine, in denen in Friedenszeiten bis weit nach dem Ersten Weltkrieg fast die gesamte Produktion für das Militär stattfand. Für diese Gewerkschaften war jedes Handwerk ein Mysterium, dessen Geheimnisse kein Mitglied preisgeben konnte. Ihre Machtbasis war die Kontrolle der Ausbildung, die sich über fünf oder sieben Jahre erstreckte und zu der in der Regel nur Verwandte der Mitglieder zugelassen wurden. Und ihre Arbeiter wurden extrem gut bezahlt – besser als die meisten Ärzte zu dieser Zeit, und etwa dreimal besser, als der »erstklassige Mann« Taylors es in diesen Jahren erwarten konnte. Kein Wunder, daß die Versicherungen Taylors diese Aristokraten der Arbeit dermaßen in Aufregung versetzten.

Der Glaube an das Mysterium von Handwerk und Fertigkeiten hatte Bestand, ebenso wie die Annahme, daß derart lange Lehrjahre notwendig waren, um beides zu erlangen. Tatsächlich begann Hitler den Krieg gegen die Vereinigten Staaten aufgrund dieser Annahme. Er war fest davon überzeugt, daß es fünf Jahre oder länger in Anspruch nehmen würde, um Optiker auszubilden (deren Fertigkeiten für die moderne Kriegführung unerläßlich waren). Er ging deshalb davon aus, daß es zumindest so lange dauern würde, bis Amerika eine effektive Armee und Luftwaffe in Europa aufbauen konnte – und erklärte Amerika nach dem japanischen Angriff auf Pearl Harbor den Krieg.

Wir wissen heute, daß Taylor recht hatte. Die Vereinigten Staaten verfügten im Jahre 1941 über sehr, sehr wenige Optiker. Und die moderne Kriegführung erfordert tatsächlich große Mengen an optischen Präzisionsgeräten. Aber indem die Vereinigten Staaten Taylors Methoden des wissenschaftlichen Managements anwandten, konnten sie innerhalb weniger Monate einfache Arbeiter zu höher qualifizierten Optikern ausbilden, als es sogar die Deutschen vermochten, fast wie am Fließband, bereit, rekrutiert zu werden.

Und zu dieser Zeit verdienten die »erstklassigen Männer« Taylors bereits mehr Geld, als irgendein Handwerker im Jahre 1911 jemals zu träumen gewagt hätte. Vielleicht stellt sich irgendwann heraus, daß wissensbasierte Arbeit und Dienstleistungen der Arbeit in der produzierenden Industrie entsprechen – also »einfach Arbeit« sind, um einen alten Slogan aus dem wissenschaftlichen Management zu bemühen. (Zumindest behaupten das Taylors wahre Erben, die Entwickler der Künstlichen Intelligenz, auch heute noch). Aber zur Zeit können wir wissensbasierte Arbeit und Dienstleistungen nicht nur als »einfache Arbeit« abtun. Und ebensowenig können wir annehmen, daß sie homogen sind. Vielmehr können diese Arbeiten in drei unterschiedliche Kategorien eingeteilt werden, indem man untersucht, welche produktive Leistung eine bestimmte Arbeit eigentlich darstellt. Dieser Prozeß – die Definition der Leistung – ist der dritte Schritt in dem Bestreben, »intelligenter« zu arbeiten.

In manchen Dienstleistungen und wissensbasierten Berufen ist Leistung gleichbedeutend mit Qualität. Nehmen Sie die Wissenschaftler in einem Forschungslaboratorium, in dem die Quantität – die Menge der Ergebnisse – erst an zweiter Stelle hinter ihrer Qualität steht. Ein neues Medikament, das jährliche Umsätze von 500 Millionen Dollar erwirtschaftet und den Markt für ein Jahrzehnt dominiert, ist unendlich mehr wert als 20 unwesentliche Produkte, mit denen pro Jahr 20 oder 30 Millionen Dollar Umsatz gemacht werden. Das gleiche Prinzip gilt für grundlegende Entscheidungen über die Unternehmensphilosophie oder Geschäftsstrategien sowie für weniger aufsehenerregende Arbeiten wie zum Beispiel die Diagnose eines Arztes, das Design einer Verpackung oder die Herausgabe einer Zeitschrift. In jedem dieser Fälle wissen wir noch nicht genau, wie wir den Prozeß analysieren müssen, der zu qualitativ hochwertigen Ergebnissen führt. Um die Produktivität zu erhöhen, können wir deshalb nur fragen: »Was funktioniert?«

Die zweite Kategorie umfaßt die Mehrheit aller Dienstleistungen und wissensbasierten Arbeiten: Aufgabenbereiche, in denen Qualität und Quantität zusammen über die Leistung bestimmen. Die Umsätze eine Kaufhauses sind ein gutes Beispiel. Einen »zufriedenen Kunden« zu haben, ist ebenso wichtig wie die Menge des Geldes, das sich am Ende eines Tages in der Kasse befindet, aber bei weitem nicht so leicht zu definieren. Auch die Qualität der Arbeit, die eine Bauzeichnerin in einem Architektenbüro leistet, ist unerläßlicher Bestandteil ihrer Leistung. Die Anzahl der Zeichnungen, die sie anfertigen kann, ist jedoch ebenso wichtig. Das gilt auch für Ingenieure, Angestellte in Maklerbüros, medizinisch-technische Assistenten, den Leiter einer Bankfiliale, Journalisten, Pflegepersonal, Sachbearbeiter und so weiter. Die Erhöhung der Produktivität in diesen Berufen verlangt, daß man die Frage stellt, »Was funktioniert?«, aber auch den Prozeß Schritt für Schritt und Operation für Operation analysiert.

Schließlich gibt es im Bereich der Dienstleistungen eine Vielzahl von Jobs (Registratur, Abwicklung von Lebensversicherungen, Bettenrichten) die, wie im Bereich der Herstellung und des Handels von Waren, fast ausschließlich auf die Quantität ausgerichtet sind. (Zum Beispiel, in welcher Zeit ein Krankenhausbett gerichtet ist.) Im Rahmen dieser »Verrichtungen« ist Qualität in erster Linie ein externes Kriterium und steht nicht so sehr im Zusammenhang mit der erbrachten Leitung selbst. Die Ausarbeitung und Umsetzung von Standards in den Arbeitsprozeß ist von grundlegender Bedeutung für diese Tätigkeiten. Ist diese Phase abgeschlossen, greifen herkömmliche, aus der Industrie bekannte Vorgehensweisen, um Produktivitätssteigerungen erzielen zu können. Das heißt, auch hier werden die Aufgaben analysiert und mehrere einfache Verrichtungen zu einem vollständigen Arbeitsplatz zusammengefügt.

Drei Schritte ermöglichen eine substantielle Produktivitätssteigerung: die Definition einer Aufgabe, die Anpassung der Arbeit an diese Aufgabe, die Definition der Leistung. Diese Schritte müssen immer wieder, etwa alle drei bis fünf Jahre, überarbeitet werden, und wenn die zu verrichtenden Arbeiten oder die Arbeitsabläufe sich verändern, sogar schon nach kürzerer Zeit. Und wie unsere Erfahrungen zeigen, werden, wenn das beherzigt wird, die sich daraus ergebenden Produktivitätssteigerungen dem entsprechen, was im Rahmen der Produktionsüberwachung und -optimierung, des betriebswirtschaftlichen Managements und der Personalarbeit im Bereich der Herstellung geleistet worden ist – oder die Leistungen sogar übertreffen. Die drei zuvor genannten Schritte sollten uns den revolutionären Anstieg der Produktivität bescheren, den wir im Bereich der Dienstleitung und der Wissensarbeit so sehr benötigen.

Das jedoch kann nur unter einer Bedingung erreicht werden: Wir müssen das anwenden, was wir seit dem Zweiten Weltkrieg in Herstellung, Transport und Handel gelernt haben. Der vierte Schritt auf dem Weg zum *»working smarter«* muß unter diesen Umständen beinhalten, daß das Management eine Partnerschaft zu denjenigen aufbaut, die die Arbeitsplätze ausfüllen, zu denjenigen, die ihre Produktivität steigern sollen. Das Ziel muß sein, die Verantwortlichkeit für Produktivität und Leistung zu einem wesentlichen Bestandteil der Berufe im Bereich der Wissensarbeit oder der Dienstleitung zu machen. Position, Schwierigkeitsgrad oder Befähigung spielen dabei keine Rolle.

Frederick Taylor ist oft dafür kritisiert worden, daß er die Arbeiter, über die er seine Studien angefertigt hat, niemals befragt hat, wie ihre Arbeit ihrer Meinung nach optimiert werden könnte. Er gab vor, wie das möglich ist. Ebenso verhielt sich Elton Mayo vierzig Jahre später. Doch die Theorien von Taylor, ebenso wie die von Mayo, müssen im Hinblick auf die Zeit, in der sie entstanden sind, bewertet werden, denn das Wissen der Fachleute wurde damals nicht angezweifelt. (Auch Sigmund Freud hat seine Patienten nie darum gebeten, ihre Probleme selbst zu beurteilen. Ebenso gibt es keine Indizien dafür, daß Marx und Lenin jemals in Erwägung gezogen hätten, die Massen zu befragen.) Für Taylor waren Arbeiter und Manager »blöde Ochsen«. Mayo zollte Managern großen Respekt, Arbeiter hingegen hielt er für »unreif« und »verhaltensgestört«. Sie bedurften nach seiner Einschätzung psychologischer Hilfe.

Doch mit Ausbruch des Zweiten Weltkrieges gab es keine andere Möglichkeit mehr, die Arbeiter mußten befragt werden. In den US-amerikanischen Fabriken waren keine Ingenieure, Psychologen oder Vorarbeiter mehr zu finden. Sie alle dienten nun in den Reihen des Militärs. Zu unserer großen Verwunderung – und ich erinnere mich noch sehr genau daran – mußten wir feststellen, daß die Arbeiter weder dumm, unreif noch verhaltensgestört waren. Sie wußten eine ganze Menge über ihre Arbeit, über die ihr zugrundeliegende Logik, ihre Abläufe, ihre Qualität, und die notwendigen Werkzeuge. Ihre Meinung war gleichermaßen relevant für Produktivität und Qualität[4)].

Zu Beginn akzeptierten nur einige wenige Unternehmen dieses neue Denken. IBM war Pionier auf diesem Gebiet und lange Zeit eines der wenigen Unternehmen, die diese Vorstellungen zugrundelegten. Doch während der 50er und der frühen 60er Jahre übernahmen japanische Industrielle diesen Ansatz. Zuvor unternommene Versuche, die Vorkriegsverhältnisse wiederherzustellen, hatten blutige Streiks und bürgerkriegsähnlichen Zustände zur Folge und scheiterten. Auch wenn wir heute noch weit von einer vollständigen Umsetzung dieses Ansatzes entfernt sind, so ist doch zumindest auch in der Theorie allgemein anerkannt, daß das Wissen der Arbeiter über den Job, den sie verrichten, Ausgangspunkt für die Steigerung von Produktivität, Qualität und Leistungsfähigkeit ist.

In der verarbeitenden Industrie ist der Aufbau eines partnerschaftlichen Verhältnisses zu den verantwortlichen Arbeitern die *beste* Alternative, um Produktivitätssteigerungen zu erzielen. Auch die Taylorschen Prinzipien funktionieren hier – und das durchaus zufriedenstellend. Im Bereich der Wissensarbeit und Dienstleistungen dagegen ist ein partnerschaftliches Verhältnis die *einzige* Alternative.

Zwei weitere Lektionen, die weder Frederick Taylor noch Elton Mayo gekannt haben, weil wir sie erst in den letzten Jahren gelernt haben, müssen wir als weitere Aspekte des *»working smarter«* ansehen. Die Produktivitätssteigerung muß von einem kontinuierlichen Lernprozeß begleitet sein. Eine Arbeit umzugestalten und dem Arbeiter daraufhin den neuen Arbeitsablauf zu vermitteln, wie Taylor es vorsah, ist keine ausreichende Basis für kontinuierliches Lernen. Diese Form der »Einübung« ist nur der erste Schritt zum »Lernen«. Die japanische Kultur vermittelt uns, dank ihrer Zen-Tradition, worin der größte Nutzen der Übung, des Trainings, besteht. Er ergibt sich nicht daraus, etwas Neues zu lernen, sondern daraus, etwas zu verbessern, was wir ohnehin schon beherrschen.

Die Erkenntnis, daß Menschen, die als Wissensarbeiter oder im Dienstleistungssektor arbeiten, sehr effektiv lernen, wenn sie andere unterrichten, hat sich in den letzten Jahren ergeben und steht in einem sehr engen Zusammenhang zu den vorangegangen Ausführungen. Den Starverkäufer zu bitten, ein Seminar über »Das Geheimnis meines Erfolges« zu halten, ist der wahrscheinlich beste Weg, auch seine eigene Produktivität weiter zu steigern. Gleiches gilt für einen erfolgreichen Chirurgen, der auf einer Fachtagung Rede und Antwort steht. Oft ist zu hören, daß ein Unternehmen im Informationszeitalter zu einer lernfähigen Institution werden muß. Ebenso wichtig ist jedoch, daß sie zu einer Institution wird, die ihren Mitarbeitern die Möglichkeit bietet, ihr Wissen zu vermitteln.

Vor einhundert Jahren waren die Anzeichen für einen Klassenkampf unmißverständlich. Doch es war der Produktivitätssteigerung in den Reihen der Industriearbeiter zu verdanken, daß dieser Konflikt entschärft werden konnte. Das war eine so ungeheuerliche Entwicklung, daß selbst der eifrigste Verfechter dieser These, Frederick Taylor, nicht in der Lage war, sie in einen treffenden Begriff zu fassen.

Heute wissen wir, daß die Produktivität die ausschlaggebende Ressource für einen Wettbewerbsvorteil ist. Doch wir müssen auch erkennen, daß sie der Garant für eine soziale Stabilität ist. Darum ist es so wichtig, daß die Produktivitätssteigerung im Dienstleistungsbereich ähnlich erfolgreich verläuft wie im Bereich der industriellen Fertigung. Für Manager überall in der entwickelten Welt muß diese Veränderung zum vorrangigen Anliegen werden.

Es ist ein volkswirtschaftliches Faktum, daß das Realeinkommen nur über einen recht begrenzten Zeitraum die Produktivitätsleistung übertreffen kann. Sollte die Produktivität derjenigen, die in der Dienstleistungsbranche arbeiten, nicht rasch gesteigert werden können, muß die ökonomische und soziale Stellung der betroffenen Menschen sich stetig nach unten entwickeln. Dabei ist die Gruppe derer, die im Bereich der Dienstleistungen arbeiten, bereits jetzt schon so groß wie die der Industriearbeiter in den Zeiten der Vollbeschäftigung. Als Konsequenz wäre zumindest eine wirtschaftliche Stagnation zu befürchten, wenn nicht soziale Spannungen, die es in der Form seit den ersten Jahrzehnten der Industriellen Revolution nicht mehr gegeben hat. Es ist denkbar, daß die im Bereich der Dienstleitung Beschäftigten aufgrund ihrer zahlenmäßigen Überlegenheit Gehälter erzwingen werden, die nicht ihrer wirtschaftlichen Leistung entsprechen. Doch das ginge zu Lasten der gesamten Gemeinschaft und hätte zur Folge, daß die Realeinkommen sinken würden und die Arbeitslosigkeit anstiege. Oder aber, daß die Einkommen der wenig oder unqualifizierten Arbeitnehmer im Dienstleistungsbereich weiter fallen würden, im Verhältnis zu den kontinuierlich ansteigenden Gehältern der wohlhabenden Wissensarbeiter. Das jedoch würde die Kluft zwischen diesen beiden Gruppen nur noch vergrößern und eine weitere Polarisierung fördern. Entfremdung und Verbitterung dürften die Folge unter den unqualifizierten Arbeitern im Dienstleistungsbereich sein. Sie werden sich als Klasse definieren, die von der Gesellschaft an den Rand gedrängt wurde.

Glücklicherweise sind wir in einer weitaus besseren Lage als unsere Vorfahren vor einhundert Jahren. Wir wissen, was Marx und seine Zeitgenossen noch nicht wußten: Die *Produktivität läßt sich steigern,* und wir wissen auch, *wie.*

Und gerade dort, wo soziale Belange vernachlässigt wurden, wissen wir, welche Mittel greifen. Raumpflegearbeiten in Fabriken, Schulen, Krankenhäusern und Verwaltungen; Service-jobs in Fast-food-Restaurants und Supermärkten, einfache Verwaltungsarbeiten – all das ist, wie schon beschrieben, Produktionsarbeit, wie sie auch in der industriellen Fertigung geleistet wird. All das, was wir im Laufe der letzten einhundert Jahre über die Möglichkeiten zur Produktivitätssteigerung gelernt haben, ist mit nur minimalen Veränderungen auf diese Form der Arbeit übertragbar.

In den Vereinigen Staaten und in Europa gibt es bereits Ansätze für eine erfolgreiche Steigerung der Produktivität von Mitarbeitern in diesem Bereich. Einige multinationale Dienstleistungsanbieter haben bereits genaue Aufgabenprofile erarbeitet, die Arbeit konzentriert und Leistungsmerkmale definiert. Sie haben ihre Mitarbeiter zu Partnern im Bereich der Produktivitätssteigerung gemacht und verlassen sich hauptsächlich auf ihre Erfahrung. Ebenso haben sie kontinuierliche Lehr- und Lernprozesse in der Arbeit eines jeden einzelnen und in der Arbeit der Teams verankert. Die Produktivität konnte so erheblich gesteigert, in einigen Fällen sogar verdoppelt werden. So war es sogar möglich, daß die Unternehmen ihre Mitarbeiter besser bezahlen konnten. Die Tatsache, daß das Selbstwertgefühl der Mitarbeiter nachhaltig verbessert wurde und sie stolz auf ihre Leistungen waren, ist mit Sicherheit ebenso wichtig.

Dabei ist kein Zufall, daß die Leistungen von externen Vertragspartnern erzielt wurden und nicht etwa von den betreffenden Einrichtungen selbst. Um im Bereich produktionsähnlicher Dienstleistungsarbeit spürbare Produktivitätssteigerungen erzielen zu können, ist es gewöhnlich notwendig, die Arbeit auszulagern. Es wird in der Regel ein Unternehmen beauftragt, das keine anderen Dienste anbietet, das etwas von dieser Arbeit versteht, dieser Arbeit Respekt entgegenbringt und schlecht oder unqualifizierten Mitarbeitern Aufstiegsmöglichkeiten zum Bereichs- oder Regionalleiter bietet. In vielen Institutionen, innerhalb derer diese Arbeit verrichtet wird, seien es Krankenhäuser oder Universitäten, wird sie nicht ausreichend gewürdigt und respektiert. Es ist dort nicht möglich, Arbeit, Wissen und Zeit in einem Maß zu investieren, das notwendig wäre, um auch in diesem Bereich Produktivitätssteigerungen erzielen zu können.

Die Aufgabe ist bekannt und lösbar. Doch die Zeit drängt. Wir können uns nicht auf staatliche oder politische Regulative verlassen, um eine Steigerung der Produktivität im Bereich der Dienstleistung zu erzielen. Es ist die Aufgabe der Manager und Führungskräfte in den Unternehmen und den nicht gewinnorientierten Organisationen. Es ist ohne Zweifel die vordringlichste soziale Verantwortung des Managements in der wissensbasierten Gesellschaft.

MANAGEMENT UND DIE ARBEIT DER WELT

Als Karl Marx Anfang der 50er Jahre des 19. Jahrhunderts begann, »Das Kapital« zu verfassen, gab es noch kein »Management«. Ebenso unbekannt waren Unternehmen, die von Managern geleitet werden. Das größte produzierende Unternehmen weit und breit befand sich in Manchester. Es war eine Baumwollweberei, in der weniger als 300 Menschen arbeiteten und deren Eigentümer Marx' Freund und Weggefährte Friedrich Engels war. Obwohl es eines der profitabelsten Unternehmen seiner Zeit war, gab es dort keine Manager, nur Vorarbeiter. Sie waren direkt in den Arbeitsprozeß miteinbezogen und für die Disziplin einer Handvoll untergebener »Proletarier« verantwortlich.

Nur selten in der Geschichte der Menschheit hat sich ein Instrument so schnell durchgesetzt und so schnell an Einfluß gewonnen wie das Management. Es hat in weniger als 150 Jahren die soziale und wirtschaftliche Struktur der entwickelten Welt völlig verändert. Das Management hat ein globales Wirtschaftsgefüge und neue Regeln für Länder geschaffen, die als gleichberechtigte Partner an diesen wirtschaftlichen Abläufen teilhaben wollen. Doch ebenso ist das Management selbst verändert worden.

Die zugrundeliegende Aufgabe des Managements bleibt jedoch mit Sicherheit die, Menschen die Chance zu geben, eine Leistung gemeinsam zu erzielen. Das geschieht, indem ihnen ein gemeinsames Ziel und gemeinsame Werte vermittelt werden, indem vernünftige Strukturen zugrundegelegt werden und indem eine kontinuierliche Ausbildung und Weiterentwicklung gewährleistet sind, um positive Leistungen erzielen zu können und um in der Lage zu sein, sich Veränderungsprozessen stellen zu können. Doch die Inhalte dieser Aufgabe haben sich verändert, denn die Leistungen des Instrumentes Management haben bewirkt, daß

sich die arbeitende Bevölkerung nicht mehr zum größten Teil aus unqualifizierten Arbeitern zusammensetzt, sondern aus hervorragend ausgebildeten Wissensarbeitern.
Nur wenige Führungskräfte wissen von diesem ungeheuren Einfluß des Managements. Viele entsprechen dem Charakter des M. Jourdain in Molières »Der Bürger als Edelmann«, der sich seiner Ausdrucksform nicht bewußt war. Sie nehmen kaum wahr, daß sie dieses Instrument anwenden, und sind nicht ausreichend auf die gewaltigen Veränderungen vorbereitet, die vor ihnen liegen. Die wirklich wichtigen Probleme, mit denen Manager sich auseinandersetzen müssen, sind nicht technologischer oder politischer Natur. Ihre Ursache liegt nicht außerhalb von Management und Unternehmen. Es sind Probleme, die sich aus der Erfolgsgeschichte des Managements selbst ergeben.

Vor achtzig Jahren, an der Schwelle zum Ersten Weltkrieg, waren sich nur einige wenige Menschen der Existenz des Managements bewußt. Die meisten Menschen in der »entwickelten Welt« (um die achtzig Prozent) verdienten ihren Lebensunterhalt innerhalb dreier Beschäftigungsfelder. Sie arbeiteten als Hausangestellte – in Großbritannien war dies die größte zusammenhängende Beschäftigungsgruppe, und auch in allen anderen Ländern stellten sie einen großen Anteil der Beschäftigten. Oder sie arbeiteten als Bauern, normalerweise in Familienbetrieben, die mehr als die Hälfte der arbeitenden Bevölkerung in allen Länder mit Ausnahme Belgiens und Englands ausmachte. Und schließlich arbeiteten sie als Industriearbeiter in der produzierenden Industrie, dem Beschäftigungsbereich mit den höchsten Wachstumsraten, in dem schon 1925 annähernd 40 Prozent der US-amerikanischen Arbeitskräfte arbeiteten.
Hausangestellte spielen auf dem heutigen Arbeitsmarkt keine Rolle mehr. Bauern, die ihrem Beruf als Vollzeitbeschäftigung nachgehen, stellen nur noch drei bis fünf Prozent der arbeitenden Bevölkerung in den nichtkommunistischen Ländern der entwikkelten Welt (Stand 1988). Und das, obwohl die landwirtschaftliche Produktion den vier- bis fünffachen Ertrag dessen liefert, was sie vor 80 Jahren erwirtschaften konnte. Die Beschäftigung im

Bereich der Industriearbeit nimmt einen ähnlichen Verlauf wie im Bereich der Landwirtschaft. Arbeiter in der Industrie stellen in den Vereinigten Staaten nur noch 18 Prozent aller Beschäftigten. Am Ende des Jahrhunderts wird sich ihr Anteil auf um die zehn Prozent eingependelt haben, und das während die industrielle Produktion unablässig steigt und mindestens 50 Prozent höher sein wird. Mehr als ein Drittel aller Arbeitnehmer ist in der Verwaltung und in gehobenen Berufen beschäftigt. Ein größerer Anteil der erwachsenen Bevölkerung als jemals zuvor – in den USA fast zwei Drittel – geht zur Zeit in den entwickelten, nichtkommunistischen Ländern einer erfolgreichen Erwerbstätigkeit nach.

Das Instrument Management war der maßgebliche Protagonist dieses unglaublichen Wandels. Es ist der Entwicklung des Management zu verdanken, daß es uns zum ersten Mal im Laufe der Menschheitsgeschichte möglich ist, qualifizierte Menschen in diesem Ausmaß zu beschäftigen. Das ist keiner Gesellschaft zuvor gelungen, keine frühere Kultur war in der Lage, mehr als eine Handvoll solcher Menschen zu unterstützen. Erst jetzt ist es möglich, daß Menschen mit unterschiedlichen Fähigkeiten und unterschiedlichem Wissen zusammen für ein gemeinsames Ziel arbeiten. Im 18. Jahrhundert schauten die westlichen Intellektuellen voller Bewunderung nach China, denn dort standen mehr qualifizierte Arbeitsplätze – etwa 20 000 pro Jahr – zur Verfügung als in ganz Europa. Doch heute gibt es in den USA, mit einer in etwa vergleichbaren Bevölkerungszahl, pro Jahr etwa eine Million Collegeabsolventen, von denen die meisten ohne Probleme eine gut dotierte Stelle finden. Es war die Entwicklung des Managements, die das möglich gemacht hat.

Wissen – und besonders fortgeschrittenes Wissen – ist immer hochgradig spezialisiert. Nur für sich betrachtet nützt es gar nichts. Doch ein modernes großes Unternehmen kann bis zu 10 000 hochqualifizierter Menschen, die bis zu 60 unterschiedlichen Fachbereichen zuzuordnen sind, sinnvoll beschäftigen. Ingenieure aller Fachrichtungen, Designer, Marketingfachleute, Wirtschaftswissenschaftler, Statistiker, Psychologen, Planer, Buchhalter, Personalleiter – alle zusammen arbeiten für ein

Unternehmen, und keiner von ihnen könnte ohne das durch das Management zusammengehaltene Unternehmen effektiv agieren.
Die Frage, was zuerst war – der explosionsartige Anstieg des Bildungsniveaus im Laufe der letzten einhundert Jahre oder das Management, das dazu beitrug, Wissen produktiv umzusetzen –, ist strittig. Ein modernes Management und moderne Unternehmen können ganz eindeutig nicht ohne das zugrundeliegende Wissen bestehen, das die entwickelten Gesellschaften geschaffen haben. Doch es ist das Management, das dieses Wissen effektiv umsetzen kann und Menschen die Möglichkeit gibt, ihr Wissen beizusteuern. Durch die Entwicklung des Managements ist Wissen, zuvor kaum mehr als eine gesellschaftliche Spielerei und reiner Luxus, zu dem geworden, was heute als das entscheidende Kapital einer jeden Volkswirtschaft gilt.
Im Gegenzug ist Wissen zum Mittelpunkt von Investitionen geworden. Japan investiert 8 Prozent seines jährlichen Bruttosozialproduktes in Fabriken und Anlagen. Ein Spitzenwert. Doch Japan investiert mindestens das Doppelte in die Ausbildung seiner Bewohner. Zwei Drittel kommen der Ausbildung von Kindern und Jugendlichen zugute, der Rest fließt in die Erwachsenenbildung (zum größten Teil innerhalb der Unternehmen und Organisationen, für die sie arbeiten). Die USA investieren einen noch bedeutenderen Teil – ungefähr 20 Prozent – ihres weit größeren Bruttosozialproduktes in Training und Ausbildung. In der modernen, von Unternehmen und Management geprägten Gesellschaft ist Wissen die wertvollste Ressource und der wirkliche Reichtum einer Gesellschaft.

1870 waren nicht viele Unternehmensführer in der Lage, diese Entwicklung vorherzusehen. Bereits aber zu diesem Zeitpunkt zeichnete sich die Bildung der großen Unternehmen der Gegenwart ab. Doch es mangelte den Verantwortlichen nicht an Weitsicht, es gab keine Beispiele, an denen sie sich hätten orientieren können. Während dieser Zeit war die Armee die einzige große dauerhafte Institution. So war es keine überraschende Entwicklung, daß die dem Militär zugrundeliegende Kommando- und

Kontrollstruktur zum Modell für diejenigen wurde, die transkontinentale Eisenbahnen schufen, Hochöfen, moderne Banken und Einzelhandelsfilialen.
Das Kommando- und Kontrollmodell mit einigen wenigen an der Spitze, die ihre Anweisungen an die Basis weiterleiteten, die ihnen zu Gehorsam verpflichtet war, blieb für annähernd einhundert Jahre die Norm. Doch es war niemals so statisch, wie dieser lange Zeitraum suggerieren mag. Ganz im Gegenteil, Veränderungen stellten sich ein, sobald Spezialwissen aus allen Bereichen in die Unternehmen einfloß. Der erste Ingenieur mit einer Hochschulausbildung in der produzierenden Industrie wurde 1867 in Deutschland eingestellt und hatte innerhalb von fünf Jahren eine Forschungsabteilung auf die Beine gestellt. Andere Spezialisten folgten bald darauf, und bis zum Ersten Weltkrieg hatten sich die typischen Bereiche eines herstellenden Betriebes ausgeweitet: Forschung und Ingenieurarbeit, Herstellung, Vertrieb, Finanzbuchhaltung und wenig später auch das Personalwesen gehörten zum Alltag.
Zu dieser Zeit wirkte sich eine andere, ebenfalls vom Management bestimmte Entwicklung noch viel nachhaltiger auf Unternehmen und die gesamte Weltwirtschaft aus. Es war die Anwendung der Erkenntnisse des Managements auf die Fertigung in Form des Anlernens. Aufgrund der Notwendigkeiten des Krieges hat dieses »Anlernen« in der Fertigung den Wandel der Weltwirtschaft in den letzten dreißig Jahren extrem beschleunigt. Niedriglohnländer waren so in der Lage, etwas zu leisten, was nach den Regeln der herkömmlichen Wirtschaftstheorie niemals hätte eintreten können: Sie wurden, fast über Nacht, zu konkurrenzfähigen Wettbewerbern, die jedoch noch immer mit niedrigen Löhnen aufwarten konnten.
Bis zum Beginn des Ersten Weltkrieges galt es als unumstößliche Tatsache, daß es eine lange Zeit dauere, bis ein Land oder eine Region eine industrielle Tradition hervorbringen kann und die notwendigen organisatorischen und herstellungstechnischen Fähigkeiten in ausreichendem Maße vorhanden sind, um ein bestimmtes Produkt, sei es Baumwollkleidung oder Geigen, herstellen und vermarkten zu können. Doch während des Ersten

Weltkrieges mußte eine Vielzahl völlig »ungelernter« Menschen, die noch im vorindustriellen Zeitalter aufgewachsen waren, innerhalb kürzester Zeit zu produktiven Arbeitern werden. Um diesen Bedarf befriedigen zu können, bedienten sich Unternehmen in den USA und in England des von Frederick Taylor zwischen 1885 und 1910 entwickelten Prinzips des »Wissenschaftlichen Managements«, um auf dieser Basis Fabrikarbeiter in großer Zahl anlernen zu können. Sie analysierten die zu verrichtenden Arbeiten und schlüsselten sie in einzelne einfache Arbeitsabläufe auf, die recht schnell zu erlernen waren. Im Zweiten Weltkrieg wurde dieses System weiterentwickelt, dann wurde es von den Japanern übernommen und zwanzig Jahre später von Südkorea, das dieses System als Grundlage für seine außergewöhnlichen Erfolge nutzte.

Während der zwanziger und dreißiger Jahre unseres Jahrhunderts wurde die Praxis des Managements in vielen Belangen und Bereichen des produzierenden Unternehmens umgesetzt. Die Dezentralisierung zum Beispiel wurde entwickelt, um die Vorteile eines großen und eines kleinen Unternehmens für eine Firma nutzen zu können. Die Finanzen entwickelten sich von der Buchhaltung zum Analyse- und Kontrollinstrument. Die Produktionsplanung nahm ihre Anfänge in den Jahren 1917 und 1918 mit den sogenannten »Gantt Charts«, mit denen die Kriegsproduktion geplant werden sollte. Zur gleichen Zeit gewann die Nutzung analytischer und statistischer Berechnungen an Bedeutung, um Erfahrungen und Intuition in Definitionen, Informationen und Diagnosewerkzeuge zu verwandeln. Marketingstrategien entwickelten sich ganz ähnlich, in dem Managementkonzepte auf Distribution und Verkauf angewandt wurden.

Schon in der Mitte der zwanziger Jahre und zu Anfang der dreißiger begannen einige Managementpioniere (Thomas Watson, Chef des noch jungen Unternehmens IBM, General Robert E. Woods bei Sears, Roebuck und Elton Mayo, Harvard Business School, gehörten dazu) sich Gedanken darüber zu machen, welche Organisationsprinzipien dem Herstellungsprozeß zugrunde lägen. Sie gelangten zu dem Schluß, daß das Fließband trotz seiner enormen Fertigungsleistung nur ein kurzfristiger Kompromiß sei, und zwar aus folgenden Gründen: Es sei unflexibel und damit unwirtschaftlich; das Potential der Mitarbeiter werde nicht ausgeschöpft; die Qualität der Konstruktion leide. Sie hoben daraufhin ein Denken aus der Taufe, an dessen Ende die »Automatisation« für die Abwicklung von Herstellungsprozessen stand, sowie die »Theorie Y«, in deren Mittelpunkt Teamwork, Qualitätskreisläufe und das informationsbasierte Unternehmen als Möglichkeit eines Managements der Potentiale und Fähigkeiten von Mitarbeitern zu finden waren.

Jede dieser Managementinnovationen stand für die Anwendung von Wissen in der Arbeitswelt; an die Stelle von Vermutungen und stupider mühevoller Arbeit trat systematisches und informationsbezogenes Arbeiten. Jede dieser Innovationen veränderte »harte Arbeit« zu »intelligenter Arbeit« oder, wie Taylor es nannte, *»working smarter«*.

Die Stärken dieser Veränderungen wurden im Laufe des Zweiten Weltkrieges deutlich. Bis zum Ende des Krieges waren die Deutschen strategisch weitaus überlegen. Da ihre Kampflinien überschaubar waren, benötigten sie weniger Hilfstruppen und konnten ihre Kräfte bündeln. Doch letztendlich gewannen die Alliierten – ein Sieg des Managements.

Die Vereinigten Staaten hatten mit einem Anteil von einem Fünftel ihrer Bevölkerung fast so viele Männer unter Waffen wie alle anderen kriegführenden Staaten zusammengenommen. Darüber hinaus produzierte das Land mehr Kriegsmaterial als alle anderen zusammen. Und das Land war in der Lage, dieses Material in die entferntesten Einsatzgebiete zu befördern, nach China, Rußland, Indien, Afrika und Westeuropa. Kein Wunder, daß die Welt nach dem Ende des Krieges von den Vorzügen des Managements überzeugt war. Das Management wurde zu einer ganz besonderen Form der Arbeit, es wurde an Hochschulen gelehrt und entwickelte sich zu einer wissenschaftlichen Disziplin. Diese Entwicklung war in allen Ländern zu beobachten, die nach dem Krieg eine wirtschaftliche Führungsrolle übernommen hatten.

Doch ebenso wurde uns nach dem Zweiten Weltkrieg langsam bewußt, daß Management nicht nur ein in der Privatwirtschaft sinnvolles Instrument war. Es sollte sich herausstellen, daß es in allen Organisationen anwendbar ist, in denen Menschen mit unterschiedlichem Wissen und voneinander abweichenden Fähigkeiten zusammenarbeiten. In Krankenhäusern, Universitäten, Kirchen, Kulturbetrieben und allen sozialen Einrichtungen kann ein betriebswirtschaftliches Management effektiv genutzt werden. Diese Einrichtungen des »Dritten Sektors« wuchsen in der entwickelten Welt nach dem Zweiten Weltkrieg schneller als alle privatwirtschaftlichen Unternehmen und alle Behörden. Und ihre Führungskräfte sind immer häufiger von den Vorteilen eines betriebswirtschaftlichen Managements überzeugt. Die Arbeit mit ehrenamtlichen Mitarbeitern oder die Spendenbeschaffung mag unterschiedliche Anforderungen an Manager im Nonprofitbereich stellen als an ihre Kollegen im privatwirtschaftlichen Bereich, doch der weitaus größere Teil ihrer Verantwortungsbereiche ist identisch. Sie müssen beide die richtige Strategie und die richtige Zielsetzung bestimmen, sind verantwortlich für eine Steigerung der Leistungsfähigkeit ihrer Mitarbeiter, müssen die Leistungen einschätzen und die Angebote der Organisation oder des Unternehmens vermarkten.

Es kann nun keineswegs behauptet werden, daß unser Wissen im Bereich des Managements vollständig wäre. Die betriebswirtschaftliche Managementausbildung sieht sich nachhaltiger Kritik ausgesetzt, die in weiten Teilen berechtigt ist. Die Erkenntnisse, die wir vor 40 Jahren über ein erfolgreiches Management gewonnen haben – und die unser System einer betriebswirtschaftlichen Managementausbildung bestimmt haben –, sind nicht in jedem Fall angemessen, um Managern zu helfen, den gegenwärtigen Herausforderungen entgegenzutreten. Doch trotzdem war dieses Wissen die Basis des atemberaubenden Wachstums der Weltwirtschaft seit den 50er Jahren unseres Jahrhunderts, gleichermaßen in der entwickelten Welt wie in den Ländern, in denen die Entwicklung noch nicht so weit fortgeschritten war. Diese Entwicklung hat den Schritt von der körperlichen Arbeit zur Wissensarbeit mit hoher Geschwindigkeit vorangetrieben, und zu einem großen Teil ist es der Erfolg dieses Wissens selbst, der es so schnell hat veralten lassen.

Ein Beispiel: Zur Zeit werden immer häufiger Stimmen laut, die neue Buchführungs- und Kostenrechnungssysteme fordern. Fachleute wie Robert Kaplan haben deutlich gemacht, daß die Voraussetzungen, auf denen unser System beruht, nicht länger gültig sind. Die Grundlagen von Buchhaltung und Kostenrechnung setzen zum Beispiel voraus, daß die herstellende Industrie im Zentrum des Interesses steht; doch tatsächlich sind die Dienstleistungs- und Informationsindustrien in allen entwickelten Ländern viel wichtiger geworden. Ebenso wird dort vorausgesetzt, daß ein Unternehmen nur ein Produkt herstellt, obwohl längst alle modernen Unternehmen eine Vielzahl von Produkten herstellen. Noch schwerer aber wiegt die Tatsache, daß die Kostenrechnung, als *die* Innovation Mitte der 20er Jahre, voraussetzt, daß 80 Prozent aller Kosten direkter körperlicher Arbeit zugewiesen werden. Die Wirklichkeit heute: In einem modernen produzierenden Unternehmen schlägt die direkte physische Arbeit nur noch mit 8 bis 12 Prozent aller Kosten zu Buche. Und die Prozesse, die in Industrien wie der Automobil- oder Stahlindustrie zum Einsatz kommen, in denen die Kosten der Arbeit noch höher sind, diese Prozesse sind offensichtlich veraltet.
Bestrebungen, Kostenrechnungssysteme zu entwickeln, die Veränderungen wie diese berücksichtigen, zeichnen sich ab und werden genaue Informationen für das Management bereitstellen. Doch sie stehen noch am Anfang ihrer Entwicklung, ebenso wie unsere Bemühungen, Antworten auf die anderen großen Herausforderungen des Managements zu finden: Strukturen, die in informationsbasierten Unternehmen und Organisationen funktionieren, Möglichkeiten, die Effektivität von Wissensarbeitern zu steigern, Managementtechniken für bereits bestehende Unternehmen und Organisationen zu erarbeiten, während gleichzeitig neue und völlig andere entwickelt werden, Wege in eine wirklich globale Wirtschaft und ein dementsprechendes Management und vieles mehr.

Das Management stammt aus den entwickelten Ländern. Doch wie wirkt sich dieses Instrument auf die Länder aus, die sich noch in der Entwicklung befinden? Am einfachsten läßt sich diese Frage beantworten, indem wir mit dem Nächstliegenden beginnen. Das Management als Instrument und die großen Unternehmen haben zusammen mit den neuen Kommunikationsmöglichkeiten eine wirklich globale Weltwirtschaft geschaffen. Im Rahmen dieser Entwicklung haben sie die Voraussetzungen verändert, die diesen Ländern eine effektive Teilnahme an solchen wirtschaftlichen Prozessen ermöglichen und sie in die Lage versetzen, wirtschaftliche Erfolge zu erzielen.

Hauptrollen in der Weltwirtschaft waren in der Vergangenheit immer auf eine Vorherrschaft im Bereich technischer Innovationsleistungen beschränkt. Die Einführung der Dampfmaschine, maschinengetriebener Werkzeuge, die Entwicklung der Textilindustrie, der Eisenbahn, der Stahlerzeugung, des Versicherungs- und des internationalen Bankwesens ließ Großbritannien im späten 18. und frühen 19. Jahrhundert zu einer Wirtschaftsmacht wachsen. Innovationen in Bereichen wie Chemie, Elektrotechnik, Elektronik, in der Entwicklung optischer Geräte und in der Stahlproduktion sowie die Einführung der modernen Bank leiteten den wirtschaftlichen Aufstieg Deutschlands in der zweiten Hälfte dieses Jahrhunderts ein. Zur gleichen Zeit wurden die Vereinigten Staaten zur Wirtschaftsmacht. Sie übernahmen die innovative Vorreiterrolle in der Stahlproduktion, der Elektrotechnik, der Telekommunikation, der Elektronik, der Agronomie, der Büroausstattung, im Automobilbau ebenso wie im Bereich landwirtschaftlicher Nutzfahrzeuge und der Luftfahrt.

Doch eine bedeutende Wirtschaftmacht dieses Jahrhunderts hat auf keinem Gebiet technologische Pionierarbeit geleistet – Japan. Seine Vormachtstellung beruht vollends auf Qualitäten im Bereich des Managements. In Japan wurden die Lektionen, die sich aus den amerikanischen Erfahrungen in der Anwendung des Managements während des Zweiten Weltkrieges ergeben hatten, wesentlich besser verstanden als in unserem eigenen Land. Hierbei steht vor allem die Einschätzung der Mitarbeiter als Ressource und weniger als Kostenfaktor im Mittelpunkt. So war es nur logisch, daß die neuen sozialen Technologien des Westens übernommen und den eigenen Werten und Traditionen angepaßt wurden. Sie übernahmen (und adaptierten) die Unternehmenstheorie, um so dezentrale Strukturen weltweit ohne vergleichbaren Erfolg etablieren zu können (noch vor dem Zweiten Wetkrieg war Japan ein ganz und gar von zentralistischen Strukturen geprägtes Land). Und Marketinginstrumente wurden dort schon erfolgreich umgesetzt, als sie in amerikanischen Unternehmen noch ausschließlich beschworen wurden.

In Japan hatte man viel schneller begriffen als in anderen Ländern, warum Management und technologischer Fortschritt gemeinsam die wirtschaftliche Landschaft so sehr verändert haben. Das Zeitalter der mechanistischen Weltanschauung, das mit Denis Papin, einem kaum beachteten französischen Physiker und Arzt seinen Anfang nahm, als dieser den Prototyp der Dampfmaschine entwickelte endete 1945 mit der Explosion der ersten Atombombe und der Entwicklung des ersten Computers. Von diesem Zeitpunkt an war das zugrundeliegende theoretische Modell für organisatorische und technische Abläufe ein biologisches – interdependent, wissensintensiv, und mit einem organisatorischen Prinzip, das durch den Fluß der Informationen bestimmt wird.

Es ist auf diesen Wandel zurückzuführen, daß die Industrien, die Grundlage der Unternehmen während der letzten 100 Jahre waren, sich nun in einer Krise befinden. Und das gilt auch für die Länder, in denen die demographische Entwicklung eigentlich das Gegenteil vermuten ließe. Als Beispiele seien hier Mexiko und Brasilien genannt, die über ein unaufhörliches Potential an jungen Menschen verfügen, denen einfache Arbeiten leicht vermittelt werden können. Die in einer mechanistischen Tradition stehenden Industrien sind auf den ersten Blick die perfekte Lösung. Doch die Unternehmen in allen Industrienationen wissen inzwischen, daß mechanische Herstellungverfahren veraltet sind. Wettbewerbsfähig ist nur eine automatisierte Produktion, die nach den Maßgaben der vorhandenen Informationen restrukturiert wurde. Aus diesem Grund ist die Ausbildung die wahrscheinlich größte Herausforderung für das Management der Schwellen- und Entwicklungsländer.

Eine zweite Tatsache, mit der die Schwellen- und Entwicklungsländer rechnen müssen, führt zum selben Schluß: Die entwickelten Länder sind nicht mehr auf sie angewiesen, wie es noch während des 19. Jahrhunderts der Fall war. Es mag überzogen sein, wie der führende Unternehmensberater Japans, Kenichi Ohmae, zu behaupten, daß Japan, Nordamerika und Westeuropa eigenständig, ohne zwei Drittel der Menschheit, die in den Entwicklungs- und Schwellenländern leben, existieren könnten. Doch es ist eine Tatsache, daß die Länder dieser drei Hemisphären mit Ausnahme der Öllieferungen unabhängig sind. Sie produzieren ganz anders als noch während des 19. Jahrhunderts mehr Lebensmittel, als sie verbrauchen. Ungefähr drei Viertel aller Waren und Dienstleistungen weltweit stammen aus diesen Ländern. Zudem bilden sie in einem ähnlichen Verhältnis die Märkte.

Selbst für große Schwellenländer wie China und Indien ist das ein akutes Problem. Sie können nicht erwarten, wirtschaftliche Bedeutung zu erlangen, indem sie mit den Industrien und den noch vorwiegend auf Handarbeit ausgerichteten Herstellungsverfahren des 19. und des frühen 20. Jahrhunderts die Entwicklung von Unternehmen und Management beginnen. Ein Blick auf die Bevölkerungsentwicklung läßt jedoch kaum ein anderes Verhalten zu, und vielleicht sind sie imstande, aufzuschließen. Aber können sie so jemals an die Spitze gelangen? Ich zweifle daran.

Während der letzten 200 Jahre hat kein Land eine wirtschaftliche Vormachtstellung erlangt, indem es dem Beispiel einer früheren Führungsmacht gefolgt ist. Immer waren es fortschrittliche Industrien oder Produktions- und Distributionsprozesse, von denen die Erfolge ausgingen, und immer übernahmen diese Länder eine Vorreiterolle für das Management. In der Gegenwart erfordert die weitere Entwicklung, teilweise aufgrund der Automatisierung, der Informationsdichte und der ausgereiften Technologien, doch vielmehr aufgrund des Bedarfs an gut ausgebildeten Mitarbeitern in allen Bereichen des Managements eine Wissensbasis, die nur wenige der industrialisierten Länder bereitstellen können. Die aktuelle wirtschaftliche Entwicklung hängt entscheidend davon ab, ob eine angemessene Grundlage an Managementwissen geschaffen werden kann. Doch bislang ist diese Frage noch nicht beantwortet.

Die Probleme und Herausforderungen, die Gegenstand der aktuellen Diskussionen sind, lassen sich weitestgehend an internen Managementund Unternehmensabläufen festmachen. Doch die nachhaltigste Herausforderung, vor der das Management in der entwickelten Welt steht, ist das Ergebnis einer externen Veränderung, die ich in meinem 1976 erschienenen Buch *»The Unseen Revolution: How Pension Fund Socialism Came to America«*, erstmals als *Pensionsfonds-Sozialismus* bezeichnet habe. Dabei beziehe ich mich auf die Verschiebung der Eigentumsverhältnisse von Aktiengesellschaften hin zu den treuhänderischen Verwaltern des Vermögens der Arbeitnehmer eines Landes. Und diese Aufgabe nehmen vor allem die Pensionsfonds wahr.

Es ist eine der positivsten sozialen Entwicklung des 20. Jahrhunderts, denn die grundlegende soziale Frage des 19. Jahrhunderts – der Konflikt zwischen Arbeit und Kapital – wird gelöst, indem beide Seiten miteinander verschmolzen werden. Auf der anderen Seite hat diese Entwicklung seit ihrem Beginn vor einem Jahrhundert zu den heftigsten Unruhen innerhalb des Managements geführt. Denn Pensionsfonds sind die Ursache für die explosionsartige Zunahmen feindlicher Übernahmen während der letzten Jahre – und nichts zermürbt und demoralisiert Manager so sehr wie eine feindliche Übernahme. Aus dieser Perspektive betrachtet sind feindliche Übernahmen nichts anderes als ein Symptom der grundlegenden Fragestellung, die ein Sozialismus der Pensionsfonds in bezug auf die Legitimierung des Managements aufwirft: Wem gegenüber sind Manager verantwortlich? Für was? Worin bestehen Sinn und Zweck einer großen Aktiengesellschaft?

Den aktuellsten Zahlen zufolge, die uns aus dem Jahr 1986 vor liegen, sind mehr als 40 Prozent des Eigenkapitals der U.S.-Unternehmen und mehr als zwei Drittel des Eigenkapitals der 1 000 größten Unternehmen in der Hand der US-amerikanischen Renten- und Pensionsfonds. Die Fonds großer Institutionen (von Unternehmen, Einrichtungen der Bundesstaaten, Gemeinden, Behörden und von gemeinnützigen Einrichtungen wie Universitäten, Schulen und Krankenhäusern) machen drei Viertel dieser Holdinggesellschaften aus. Die Rentenfonds individueller Einzahler (Mitarbeiter kleiner Unternehmen und Selbständige) dekken das fehlende Viertel ab. Weitere 5 bis 10 Prozent des Eigenkapitals im Lande sind in der Hand von Versicherungsfonds, die in erster Linie aus Ersparnissen von Lohn- und Gehaltsempfängern finanziert werden und nicht so sehr aus dem Vermögen von »Kapitalisten«.

Diese Zahlen dokumentieren, daß die Renten- und Pensionsfonds bereits zu den größten Kapitalgebern der Vereinigten Staaten geworden sind. Und in der Tat, es ist fast unmöglich, ein Unternehmen zu gründen oder zu expandieren, wenn kein Geld aus Renten- oder Pensionsfonds verfügbar ist. Im Laufe der nächsten Jahre werden die Anteile der Gesellschaften noch größer werden. Es reicht schon aus, wenn der Pensionsfond der Mitarbeiter der Bundesregierung sich entschließt, in Stammaktien zu investieren. Vorausgesetzt, daß diese Entwicklung anhält, werden die Pensions- und Rentenfonds bis zum Jahr 2000 mindestens zwei Drittel des Eigenkapitals aller US-Unternehmen halten (wenn die kleinsten Unternehmen aus dieser Rechnung herausgenommen werden). Über ihre Pensions- und Rentenfonds werden die Arbeiter und Angestellten zu den wahren Eigentümern der Produktionsmittel des Landes.

Eine ähnliche Entwicklung findet mit einer Verzögerung von etwa 10 Jahren in Großbritannien, Japan, Deutschland und Schweden statt. In Frankreich, Italien und den Niederlanden zeichnet sie sich ebenfalls ab. Diese überraschende Entwicklung war nicht vorherzusehen, doch sie war das unausweichliche Ergebnis verschiedener voneinander unabhängiger Faktoren. Ein Grund ist die Veränderung der Einkommensverteilung, wonach um die 90 Prozent des Bruttosozialproduktes der Industrienationen in die Lohn- und Gehaltszahlungen fließen (die Zahlen schwanken von 85 Prozent in den Vereinigten Staaten bis zu 95 Prozent oder mehr in den Niederlanden und in Dänemark). In wirtschaftlicher Hinsicht haben die »Reichen« in den entwickelten Industrienationen keinen Einfluß mehr, auch wenn sie es sind, die die Boulevardzeitschriften und TV-Sendungen dominieren. Selbst die Reichsten der Reichen sind im Laufe dieses Jahrhunderts wesentlich ärmer geworden, weil ihre Einkommen über die Besteuerung und Inflationsprozesse angepaßt wurden. Um den Größenordnungen eines »Tycoon« um die Jahrhundertwende entsprechen zu können, wäre heute ein Nettovermögen von 50 Milliarden Dollar, wenn nicht 100 Milliarden zuzüglich der Einkünfte notwendig. Einige arabische Scheichs mögen über ein derartiges Vermögen verfügen, doch mit Sicherheit niemand in den Industrienationen.

Zur gleichen Zeit ist das Realeinkommen der Einkommens- und Lohnempfänger deutlich gestiegen. Nur wenige Arbeiter konnten es sich im Amerika um die Jahrhundertwende leisten, neben ihren Hypothekenzahlungen und den Einzahlungen in eine Sterbekasse etwas beiseite zu legen. Doch seit dieser Zeit sind Realeinkommen und Kaufkraft der US-Industriearbeiter um das 20- bis 30fache gestiegen, obwohl die Arbeitszeit um 30 Prozent gesunken ist. Die gleiche Entwicklung war auch in allen anderen Industrienationen zu beobachten. In Japan ist dieser Prozeß am schnellsten vollzogen worden. Das Realeinkommen der Industriearbeiter ist nun dreißig mal so hoch wie vor 80 Jahren.

Die Entwicklung dieses Einkommens ist annähernd unbegrenzt, vor allem, da auch wir uns wieder mitten in einer besonders kreativen Periode befinden. In den sechzig Jahren zwischen 1856 und dem Ersten Weltkrieg wurde im Durchschnitt alle 14 Monate eine Innovation eingeführt, die fast immer unmittelbar eine neue Industrie nach sich zog. Die explosionsartige Unternehmensentwicklung war der Grund für den Auftieg der »Tycoons«. Menschen wie J. P. Morgan, John D. Rockefeller Sr., Andrew Carnegie, Friedrich Krupp und die Mitsui-Familie, die imstande waren, ganze Industrien aus ihrem privaten Vermögen zu finanzieren, wurden dringend gebraucht. Heute werden soziale und technische Innovationen mit ähnlicher Geschwindigkeit auf den Weg gebracht. Für die Umsetzung benötigen Staaten und Unternehmen enorme Kapitalmengen, um schritthalten oder an der Spitze dieser Entwicklung stehen zu können. Die Summen übertreffen bei weitem das, was im Rahmen der Finanzierungsmöglichkeiten eines Tycoons vor achtzig Jahren lag.

Das Bruttoeinkommen der 1 000 einkommensstärksten Amerikaner würde kaum ausreichen, um den Kapitalbedarf der Privatindustrie des Landes länger als drei bis vier Tage zu decken. Das gilt für alle entwickelten Länder. In Japan zum Beispiel entspricht das Bruttoeinkommen der 2 000 einkommensstärksten Bürger gerade dem, was die Privatwirtschaft innerhalb von zwei bis drei Tagen investiert.

Diese wirtschaftlichen Entwicklungen machten es notwendig, aus Industriearbeitern »Kapitalisten« und somit Eigentümer des produktiven Kapitals zu machen. Der Grund dafür, daß die Pensionsfonds und nicht Versicherungsfonds oder private Direktinvestitionen, wie das vor dreißig Jahren überall angenommen wurde, zum Instrument dieser Entwicklung geworden sind, ist eine Konsequenz aus den demographischen Veränderungen, im Zuge derer die Lebenserwartung in den entwickelten Ländern von Vierzig auf Mitte bis Ende Siebzig gestiegen ist. Die Zahl der älteren Menschen wäre viel zu groß, und der Zeitraum, innerhalb dessen sie ein Einkommen benötigen, wäre viel zu lang, als daß sie sich auf eine Unterstützung durch ihre Kinder verlassen könnten. Sie sind auf Mittel angewiesen, die sie während ihres Berufslebens zur Seite gelegt haben – und diese Mittel müssen langfristig angelegt werden.

Die moderne Gesellschaft macht die Notwendigkeit eines Interessensausgleiches zwischen Unternehmern und Arbeitnehmern erforderlich. Zu dieser Erkenntnis gelangten nicht nur Sozialisten wie Saint-Simon und Fourier in Frankreich oder Robert Owen in Schottland, sondern auch klassische Ökonomen wie Adam Smith und David Ricardo. Versuche, diesen Ansprüchen der Beteiligung von Arbeitern am Betriebseigentum gerecht zu werden, sind mehr als 150 Jahre alt. Sie sind jedoch ohne Ausnahme gescheitert.

Zum einen deckt die Teilhabe des Arbeitnehmers dessen grundlegenden finanziellen und ökonomischen Bedürfnisse nicht. Alle finanziellen Mittel der Mitarbeiter fließen wieder in das Unternehmen, in dem sie beschäftigt sind. Doch die Bedürfnisse der Arbeiter und Angestellten sind in erster Linie langfristig, besonders der Wunsch nach einer sicheren Altersversorgung in späteren Jahren steht hier im Vordergrund. Um eine sichere Investition für die im Unternehmen beschäftigten Eigentümer zu sein, muß ein Unternehmen über einen sehr langen Zeitraum florieren. Kaum mehr als eines von 50 Unternehmen ist in der Lage, das zu gewährleisten, und nur die wenigsten Unternehmen überleben einen solch langen Zeitraum überhaupt. Letztlich zerstört die Beteiligung von Arbeitnehmern am Unternehmenseigentum die Unternehmen. Sie führt immer zu unangemessen geringen Kapitalbindungen und zu unangemessenen Investitionen in Forschung und Entwicklung und bedingen in der Regel die hartnäckige Weigerung, veraltete und erlösschmälernde Produkte, Prozesse, Fertigungsanlagen, Arbeitsplätze und Bestimmungen abzuschaffen.

Zeiss, das älteste Unternehmen, das seinen Mitarbeitern gehört, hat seine Vormachtstellung im Bereich optischer Gebrauchsgeräte aus genau diesem Grund an amerikanische und japanische Unternehmen verloren. Nach einiger Zeit war auch bei Zeiss zu beobachten, daß die im Unternehmen beschäftigten Eigentümer kurzfristige Bedürfnisse wie höhere Gehälter, Bonussysteme und Zulagen in den Vordergrund stellten, die Investitionen in Forschung, Produktentwicklung und die Erschließung neuer Märkte jedoch vernachlässigt hatten. Die Mitarbeiterbeteiligungen sind zudem gegenwärtig für den Beinahe-Kollaps der jugoslawischen Wirtschaft verantwortlich. Die Unzulänglichkeiten dieser Unternehmensform behindern die wirtschaftliche Entwicklung in China so sehr, daß die verantwortlichen politischen Führer des Landes den Weg in ein »Vertragsmanagement« ebnen wollen. So soll die Autonomie des Managements gestärkt und die Macht der Betriebsräte sowie der am Unternehmen beteiligten Mitarbeiter kontrolliert werden.

Doch trotz all dieser Probleme ist die Teilhabe der Mitarbeiter an den Produktionsmitteln eines Unternehmens nicht nur ein solides Konzept, sondern geradezu unvermeidlich. Ein altes Axiom besagt, daß Macht sich auf Eigentum gründet. Sowohl James Madison (mit den *Federalist Papers*) als auch Karl Marx übernahmen diese Einsicht von James Harrington, einem englischen Philosophen des 17. Jahrhunderts, der sie wiederum von Aristoteles übernommen hatte. In frühen Schriften des Konfuzius ist sie ebenfalls zu finden. Seitdem sich die Eigentumsverhältnisse in allen entwickelten Ländern zugunsten der Lohn- und Gehaltsempfänger verschoben haben, ist die Macht dieser Verschiebung gefolgt. Wie keine andere Form zuvor bewahrt und sichert der Sozialismus der Pensionsfonds die Autonomie und die Berechenbarkeit des Managements und der Unternehmen, die Freiheit des Marktes, den Wettbewerb und die Fähigkeit zur Veränderung und zur Innovation.

Die Mechanismen des Pensionsfonds-Sozialismus funktionieren bislang noch nicht vollständig. Doch die finanziellen und wirtschaftlichen Probleme sind lösbar. Wir wissen zum Beispiel, daß ein Pensionsfonds nur einen kleinen Bruchteil seines Vermögens (etwa 5 Prozent) in Aktien des eigenen Unternehmens oder in die eines beliebigen anderen investieren darf. Wir wissen ein wenig, doch nicht annähernd genug darüber, wie das Geld aus Pensionsfonds sinnvoll angelegt werden kann. Ein grundlegendes sozialpolitisches Problem jedoch muß gelöst werden: Wie kann die schon vollzogene Verschiebung der Eigentumsrechte hin zu den Beschäftigten der Unternehmen in der Führungsarbeit sowohl der Fonds als auch der Unternehmen angemessen berücksichtigt werden?

Pensionsfonds haben einen rechtsmäßigen Eigentumsanpruch auf die Unternehmen, in die sie ihre Investitionen fließen lassen. Doch sie nehmen nicht nur ihre Eigentumsinteressen nicht wahr, als Treuhänder der Beschäftigen, den letztlich Begünstigten, sind sie gesetzlich verpflichtet, keine andere Rolle als die eines Investors zu übernehmen, und das geschieht in der Regel auf kurzfristiger Basis. Aus diesem Grund sind es die zu Eigentümern gewordenen Beschäftigten, die feindliche Übernahmen ermöglichen. In ihrer treuhänderischen Funktion sind Pensionsfonds geradezu verpflichtet, zu verkaufen, wenn jemand ein Angebot macht, das über dem Marktpreis liegt.

Inwieweit feindliche Übernahmen den Aktionären nützen, steht im Mittelpunkt heftiger Diskussionen. Es steht außer Frage, daß sie ernstzunehmende wirtschaftliche Folgen nach sich ziehen. Es ist vielleicht nicht nur die Angst vor einer feindlichen Übernahme, die bewirkt, daß in US-amerikanischen Managementetagen alle Bereiche – Marktposition, Produktentwicklung, Service,

Qualtität und Innovationen – kurzfristigen Belangen untergeordnet werden. Doch es ist ein Hauptgrund für diese Entwicklung. Mehr noch, eine feindliche Übernahme ist ein Frontalangriff auf das Management und seine Führungskräfte. Was die bloße Androhung einer feindlichen Übernahme so demoralisierend für das Management macht (besonders für das mittlere Management und die Spezialisten, auf die das Unternehmen angewiesen ist, um Leistungen erwirtschaften zu können), ist die kaum verhohlene Verachtung des Plünderers, die das Management als Verachtung ihrer dem Wohlstand zugute kommenden Arbeit und als Unterwerfung seiner Arbeit unter das Diktat finanzieller Manipulation begreift.

Auf der anderen Seite beanspruchen die Plünderer und ihre Financiers, daß das Management ausschließlich den Aktionären Rechenschaft schuldet, egal welche Wünsche sie formulieren, selbst wenn sie für nichts anderes einstehen als für kurzfristige Spekulationsgewinne und den Ausverkauf des Anlagevermögens *(asset-stripping)*. Genau das fordern zudem unsere Gesetze. Die jedoch sind im Hinblick auf die wirtschaftlichen Bedingungen des 19. Jahrhunderts geschrieben worden, lange Zeit, bevor große Unternehmen und Managementstrukturen Bedeutung erlangten. Wenn auch alle Länder des freien Marktes über ähnliche Gesetze verfügen, halten sich doch nicht alle daran. In Japan zum Beispiel diktiert der Zoll, daß größere Unternehmen in erster Linie ihren Mitarbeitern verpflichet sind, und nur im Falle eines Konkurses greifen andere Regelungen. Das hat weder der Leistungsfähigkeit der japanischen Wirtschaft noch den Aktionären geschadet. Auch in Westdeutschland steht für die Aktiengesellschaften die Verpflichtung gegenüber nationalen Interessen vor den Zielen der Aktionäre.

Sowohl Japan als auch Deutschland gehen einen gesetzlichen Sonderweg, der sich als hocheffektiv erwiesen hat, um das Management der Unternehmen in die Pflicht zu nehmen. Das geschieht mit Hilfe eines Vetorechtes der großen Geschäftsbanken in beiden Ländern. Ein solches System existiert weder in den Vereinigten Staaten noch in Großbritannien und dürfte hier wie dort kaum umsetzbar sein. Selbst in Japan und Deutschland verlieren die Banken recht schnell an Einfluß.

Als Folge dessen müssen wir uns Gedanken darüber machen, wofür das Management verantwortlich sein soll und durch wen es entlastet werden kann. Die langfristigen und kurzfristigen Interessen der Aktionäre sind in dieser Hinsicht nur ein Bereich – und nicht mehr.

Doch jeder, der auch nur über das geringste Verständnis der historischen Entwicklung von Wirtschaft oder Politik verfügt, dürfte wissen: Die aktuelle Beschwörung der absoluten Souveränität der Aktionäre ist das letzte Aufbäumen des 19. Jahrhunderts und somit des vorindustriellen Kapitalismus. Diese Entwicklung verletzt das Rechtsempfinden vieler – das Aufleben populistischer Ansichten und die Anti-Wall Street-Stimmung im Laufe des Präsidentschaftswahlkampfes von 1988 dokumentieren das deutlich.

Volkswirtschaftliche Leistungen können nicht erbracht werden, wenn »Habgierinstinkte« (Thorstein Veblen prägte diese Begriffe vor ungefähr 70 Jahren) dem »Instinkt für ehrliche Arbeit« übergeordnet werden. Moderne Unternehmen, und hier vor allem die großen, können ihren volkswirtschaftlichen Auftrag – der die Gewinnerzielung im Interesse der Aktionäre mit einbezieht – nur dann erfüllen, wenn sie ihre Arbeit auf langfristige Ziele ausrichten. Investitionen, egal ob in Mitarbeiter, Produkte, Fabriken, Verarbeitungsprozesse, in Technologien oder bestimmte Märkte, müssen über Jahre hinweg »ausgebrütet« werden, bevor ein Kücken zum Vorschein kommt, das auch dann lange noch nicht erwachsen ist. Zusammengenommen hängt zuviel – Arbeitsplätze, Aufstiegschancen, die Weiterentwicklung der Gemeinschaft – vom Florieren der großen Unternehmen ab, als daß sie den Interessen einer bestimmten Gruppe vollständig untergeordnet werden könnten, und eben auch nicht ausschließlich dem Interesse der Aktionäre.

Einen Weg zu finden, die Interessen der Aktionäre mit wirtschaftlichen und allgemeinen gesellschaftlichen Ansprüchen und Notwendigkeiten zu vereinbaren, wird das Problem sein, das der Pensionsfonds-Sozialismus lösen muß. Dabei muß ein Weg gefunden werden, der dem Management eine eindeutige Verantwortlichkeit für wirtschaftliche und finanzielle Belange zuweist, ihm aber trotzdem eine langfristige Planung ermöglicht. Wie wir dieses Problem lösen, wird Form und Ansehen des Managements ebenso prägen wie die Struktur der freien Marktwirtschaft. Vielleicht wird ihr Überleben von diesen Entscheidungen abhängen. Ebenso werden sie die globale Wettbewerbsfähigkeit der US-amerikanischen Wirtschaft bestimmen, in der wettbewerbsrelevante langfristige Strategien zunehmend zur Norm werden.

Doch was ist letztlich Management? Ist es eine Kiste voller Techniken und Tricks? Ein Satz analytischer Werkzeuge, die in betriebswirtschaftlichen Studiengängen vermittelt werden? Diese Element sind zweifellos wichtig, so wie das Thermometer und anatomische Kenntnisse für einen Arzt von Bedeutung sind. Doch die Evolution und die Geschichte des Managements lehren, daß das Management – seine Erfolge genauso wie seine Probleme – aus einigen wenigen, wirklich grundlegenden Prinzipien besteht:

① Im Mittelpunkt des Managements stehen die Menschen. Das Management hat die Aufgabe, Menschen eine gemeinschaftliche Leistungsentfaltung zu ermöglichen, damit sie ihre Stärken effektiv zur Geltung bringen können und ihre Schwächen an Bedeutung verlieren. Genau das ist das zentrale Element aller Formen von Organisationen, und es ist der Grund, warum Management der entscheidende und bestimmende Faktor ist. In der Gegenwart arbeiten wir fast ausschließlich – und das gilt vor allem für Menschen mit einer guten Ausbildung – für Institutionen, die nach den Prinzipien des Managements funktionieren, für große und kleine, privatwirtschaftliche und dem Gemeinwohl dienende. Wir sind auf Managementstrukturen angwiesen, um unseren Lebensunterhalt sichern zu können, um unseren Beitrag leisten zu können und um unsere Ziele erreichen zu können. Inwieweit wir in der Lage sind, einen gesellschaftlichen Beitrag zu leisten, hängt üblicherweise genauso vom Management des Unternehmens ab, für das wir arbeiten, wie von unseren eigenen Fähigkeiten, Neigungen und Bemühungen.

② Da die Integration von Menschen in einem gemeinsamen Unternehmen Gegenstand des Managements ist, sind die

Managementstrukturen tief in der jeweiligen Kultur verwurzelt. Manager in Westdeutschland, in Großbritannien, in den Vereinigten Staaten, in Japan oder in Brasilien machen die gleiche Arbeit. Doch es kann sein, daß sie diese Arbeit auf völlig unterschiedliche Weise verrichten. Es ist zum Beispiel eine der grundlegenden Anforderungen an einen Manager in einem Schwellen- oder Entwicklungsland, die Bereiche der eigenen Tradition, Geschichte und Kultur herauszufinden, die als tragende Säulen der Entwicklung genutzt werden können. Der Unterschied zwischen dem wirtschaftlichen Erfog Japans und Indiens relativer Rückständigkeit ist weitestgehend auf die Tatsache zurückzuführen, daß japanische Manager in der Lage waren, importierte Managementkonzepte in ihr eigenes kulturelles Umfeld zu übertragen und sie auszubauen. Ob die Führungskräfte in China in der Lage sein werden, Ähnliches zu leisten, oder ob die große Tradition des Landes ein Hindernis für seine Entwicklung sein wird, bleibt abzuwarten.

③ Jedes Unternehmen bedarf einfacher, verständlicher und der Gemeinschaft zuträglicher Zielsetzungen. Die Unternehmensmission muß ausreichend eindeutig und verständlich sein, um eine gemeinsame Vision prägen zu können. Die Ziele, die damit einhergehen, müssen verständlich und im öffentlichen Interesse sein, und sie müssen immer wieder überprüft werden. Es wird in diesen Tagen sehr viel über Unternehmenskultur geredet – deren wahre Bedeutung ist jedoch die Übereinkunft, überall im Unternehmen einigen gemeinsamen Zielen und Werten verpflichtet zu sein. Ohne eine solche Verpflichtung würde ein Unternehmen nicht funktionieren; es wäre nur eine unkoordinierte Ansammlung von Menschen. Es ist die Aufgabe des Managements, diese Ziele und Werte zu ersinnen, sie aufzustellen und sie zu veranschaulichen.

④ Ebenso ist es die Aufgabe des Managements, das Unternehmen und jeden seiner Mitarbeiter in die Lage zu versetzen, sich weiterzuentwickeln und zu wachsen, wenn Umstände und Möglichkeiten sich verändern. Das heißt: Jedes Unternehmen ist eine lernende und eine lehrende Institution. Training und Ausbildung müssen auf allen Ebenen integriert werden und zwar in einer Form, die nie endet.

⑤ Jedes Unternehmen setzt sich aus Mitarbeitern zusammen, die mit Hilfe unterschiedlicher Fähigkeiten und einer unterschiedlichen Wissensgrundlage verschiedenste Arbeiten verrichten. Darum muß ein Unternehmen auf Kommunikationsstrukturen und individueller Verantwortlichkeit basieren. Jeder am Unternehmen Beteiligte muß sich darüber Gedanken machen, was er oder sie erreichen möchte und gleichzeitig dafür sorgen, daß die anderen Beteiligten das Ziel kennen und verstehen. Jeder muß sich bewußt machen, was er den andern verdankt – und er oder sie muß sicherstellen, daß die anderen das wahrnehmen können und dem zustimmen. Jeder muß sich bewußt machen, was er von den anderen benötigt – und sicherstellen, daß die andern wissen, was von ihnen erwartet wird.

⑥ Weder die tatsächliche Produktion noch die Mindestanforderungen sind ein hinreichendes Bewertungskriterium für die Leistung des Unternehmens oder des Managements. Die Marktposition, die Innovationskraft, die Produktivität, die Mitarbeiterausbildung, der Qualitätsstandard und die finanziellen Ergebnisse sind alle miteinander entscheidend für die Leistungsfähigkeit eines Unternehmens und letztlich für sein Überleben. So betrachtet gleicht ein Unternehmen einem Menschen. Genauso wie wir eine Vielzahl von Daten benötigen, um den Gesundheitszustand und die Leistungsfähigkeit eines Menschen beurteilen zu können, benötigen wir eine Vielzahl von Meßergebnissen, um den Zustand eines Unternehmens beurteilen zu können. Die Leistungsfähigkeit muß als elementarer Bestandteil in Unternehmen und Management verankert werden. Sie muß gemessen oder zumindest beurteilt werden, und sie muß kontinuierlich gesteigert werden.

⑦ Schließlich, und das ist der bedeutendste Einzelfaktor, werden Erfolge und Ergebnisse nicht innerhalb eines Unternehmens erzielt. Der Erfolg eines Unternehmens zeigt sich an der Zufriedenheit seiner Kunden. Erfolg für ein Krankenhaus bedeutet ein gesunder Patient. Der Erfolg einer Schule ist ein Schüler, der etwas gelernt hat und es zehn Jahre später an seinem Arbeitsplatz umsetzen kann. Innerhalb eines Unternehmens fallen nur Kosten an, die Erfolge werden außerhalb verbucht.

Es bliebe noch viel über das Management zu sagen, wie über jeden anderen Bereich menschlicher Arbeit. Werkzeuge müssen beschafft und genutzt werden. Techniken und eine Vielzahl von Prozessen und Abläufen müssen erlernt werden. Doch Manager, die die zuvor aufgeführten Prinzipien wirklich verstanden haben und sich nach deren Maßgabe richten, werden leistungsfähig und erfolgreich sein. Es sind die Manager, die weltweit erfolgreiche, produktive und leistungsfähige Unternehmen aufbauen, die Standards prägen, Vorbilder schaffen und so als logische Folge Vermögen und Visionen fördern.

DIE POSTKAPITALISTISCHE FÜHRUNGSKRAFT

Ein Interview mit Peter F. Drucker

von T. George Harris

Die Herausgeber des *Harvard Business Review* baten *T. George Harris,* Freund und Wegbegleiter Druckers während der letzten 24 Jahre, sich auf den Weg zum Drucker Management Center in Claremont/Kalifornien zu machen, wo er zwei Tage lang intensive Gespräche über den praktischen Nutzen des Buches *»Die postkapitalistische Gesellschaft«* für die heutige Managergeneration führte.

Harris: *Sie verstehen es, Ideen und Trends stets auf den Punkt zu bringen, auf das Level, auf dem Menschen arbeiten und leben. Nun möchten wir wissen, wie Manager in der postkapitalistischen Gesellschaft operieren können.*

Peter F. Drucker: Sie müssen lernen, mit Situationen umzugehen, in denen sie keine Befehlsgewalt haben, in denen sie weder kontrollieren noch kontrolliert werden. Dies ist die grundlegende Veränderung. Die übliche Managementliteratur spricht noch immer von der Führung Untergebener. Aber eine Führungskraft wird schon längst nicht mehr danach beurteilt, wie viele Frauen und Männer ihr untergeordnet sind. Dieser Faktor zählt bei weitem nicht so viel wie die Komplexität der Arbeit, die sie verrichten, das Informationsaufkommen, das sie benötigen und ihrerseits erzeugen, und die Beziehungsgeflechte, die sie benötigen, um ihre Arbeit zu verrichten.
Auch in den Wirtschaftsmagazinen wird Management häufig auf das Führen Untergebener reduziert. Dies aber ist ein Ansatz, der

aus den fünfziger oder sechziger Jahren stammt und nur die Kontrolle Untergeordneter im Auge hat. Die Realität sieht jedoch so aus, daß der multinationale Konzern sehr schnell auf der Liste der bedrohten Arten stehen wird. Bislang konnten Unternehmen nur auf zweierlei Art und Weise wachsen: entweder durch Tradition und harte Arbeit oder durch Aufkäufe. In beiden Fällen übte der Manager die Kontrolle aus. Heute hängt der Erfolg eines Unternehmens von Allianzen, gefährlichen Liaisons und Joint-ventures aller Art ab, die, nebenbei bemerkt, nur sehr wenige Leute durchschauen. Diese neue Form des Wachstums ist ein Ärgernis für jeden traditionellen Manager, der in dem Glauben groß wurde, er oder sie müsse Ressourcen und Märkte besitzen oder wenigstens kontrollieren.

Wie aber wird ein Manager in einer Arbeitsumgebung operieren, die völlig frei ist von althergebrachten Hierarchien?

Können Sie sich vorstellen, tagtäglich mit Menschen zu tun zu haben, die für Sie arbeiten, aber nicht Ihre Angestellten sind? Eine Möglichkeit wäre, bestimmte Tätigkeiten in zunehmendem Maße auszulagern. Es ist vorherzusehen, daß Unternehmen in zehn Jahren alle Geschäftszweige, in die die Konzernspitze nicht direkt eingreifen muß, nach draußen geben – schon um die Produktivität zu steigern. Dort muß dann natürlich ein eigenes Management installiert werden. Glauben Sie mir, der Trend, Arbeit auszulagern, hat viel weniger mit Wirtschaftlichkeit zu tun als vielmehr mit Qualität und Qualitätssicherung.

Können Sie mir ein Beispiel nennen?

Nehmen Sie ein Krankenhaus. Jeder, der dort arbeitet, weiß, wie wichtig Sauberkeit ist, aber Ärzte und Schwestern werden sich niemals persönlich darum scheren, ob auch wirklich jeder Winkel geputzt wird. Das liegt außerhalb ihres Horizonts. Sie benötigen ein Unternehmen für die Reinigung des Krankenhauses. Eine der Firmen, die ich im Süden Kaliforniens kennenlernte, beschäftigt eine Frau, die aus Mittelamerika stammt und Analphabetin ist.

Diese Frau ist großartig. Sie entwickelte eine Methode, ein Bettlaken so zu falten, daß das Bett eines Patienten selbst dann neu bezogen werden konnte, wenn er auch noch so krank war. Mit ihrer Methode muß der Patient keine 15 Zentimeter bewegt werden, und zusätzlich reduziert sie die Zeit, die man zum Bettenmachen benötigt, von zwölf auf zwei Minuten. Mittlerweise ist sie für sämtliche Reinigungsarbeiten verantwortlich, ohne jedoch eine Angestellte des Krankenhauses zu sein und ohne daß die Krankenhausleitung ihr eine Anweisung geben kann.
Der Punkt ist, daß Manager noch immer davon reden, daß sie »Untergebene« haben, obwohl doch dieser Begriff längst aus dem Manager-Vokabular hätte gestrichen werden müssen. Informationen ersetzen Autoritäten. Der Finanzexperte eines Unternehmens, der auf externe Informationstechnologie zurückgreift, mag vielleicht nur zwei Mitarbeiter und eine Sekretärin haben, seine Entscheidungen in Devisengeschäften aber können Verluste oder Gewinne in Größenordnungen zur Folge haben, die der Rest des Unternehmens in einem ganzen Jahr erwirtschaftet.
Oder. Ein Wissenschaftler entscheidet, welche Forschungsaufgaben er nicht im Großlabor eines Konzerns wahrnimmt. Er mag weder eine Sekretärin noch einen Titel haben, aber sein Werdegang zeigt, daß er nicht gewillt ist, bei derartigen Entscheidungen übergangen zu werden.

Unter diesen veränderten Umständen ist jeder bemüht, das Ideal eines Unternehmens zu verwirklichen, abgespeckt, mit einer kleinen Führungsriege, unmittelbar abhängig von den Kundenwünschen. Aber wie werden Manager fit für das Leben in dieser neuen Welt?

Vor allem muß jede und jeder einzelne mehr Verantwortung für sich selbst übernehmen, statt sich auf Gedeih und Verderb dem Unternehmen auszuliefern. In unserem Land, in Europa und sogar in Japan können Sie nicht erwarten, daß Sie innerhalb von fünf Jahren in einem Unternehmen eine Position erreichen, die Sie noch innehaben, wenn Sie sich in vierzig Jahren zur Ruhe setzen. Genausowenig können Sie erwarten, daß Sie in den vierzig Jahren Ihrer Tätigkeit für ein Unternehmen tun und lassen kön-

nen, was Sie wollen. Im Gegenteil: Wenn Sie auf einen beliebigen Konzern setzen, ist die Chance, daß er innerhalb der nächsten zehn Jahre neu strukturiert wird, größer als die Chance, daß er so bleibt, wie er jetzt ist.
Das ist ein relativ junger Trend. Die großen Konzerne sind schon vor dem Ersten Weltkrieg zu festen Bestandteilen der Gesellschaft und in den zwanziger Jahren in ihrer jetzigen Form sozusagen »eingefroren« worden. Viele haben die Weltwirtschaftskrise dann ohne Veränderungen überstanden. In den folgenden dreißig oder vierzig Jahre wurden die Wolkenkratzer um ein paar Geschosse und Unternehmenszentralen um einige Flügel erweitert. Heute aber baut kein Konzern mehr Wolkenkratzer. Innerhalb der letzten zehn Jahren hat sich der Anteil der Arbeitnehmerschaft, der von den *»Fortune-500«*-Unternehmen beschäftigt wird, von 30 auf 13 Prozent verringert.
Unternehmen, die einst für die Ewigkeit gebaut zu sein schienen wie ägyptische Pyramiden, ähneln heute eher Zelten. Morgen schon sind sie verschwunden oder im Chaos versunken. Und dies ist eine Tatsache, nicht nur weil Konzerne wie Sears oder GM oder IBM in den Schlagzeilen auftauchen.Technologien sind ebenso schnellebig wie Märkte und Strukturen. Man kann nicht sein ganzes Leben um eine Zeiterscheinung – wie ein Konzern es nun einmal ist – organisieren.
Lassen Sie mich ein einfaches Beispiel dafür geben, wie die Arbeitsbedingungen sich ändern. Die meisten Männer und Frauen, die ich in meinen Managementseminaren trainiere, sind um die 45 Jahre alt und haben entweder eine Position unterhalb des Vorstandes inne oder leiten selbst ein mittelständisches Unternehmen. Als wir vor fünfzehn oder zwanzig Jahren anfingen, haben Leute in ihrer Position gefragt: »Wie können wir uns auf die nächste Kampagne vorbereiten?« Heute fragen sie: »Was muß ich lernen, um entscheiden zu können, was als nächstes getan werden muß?«

Wenn der junge Mann im grauen Flanellanzug den Angestelltentyp repräsentiert, der ein Leben lang seiner Firma treu bleibt, wie muß man sich dann den neuen Mitarbeitertypus vorstellen?

Eigenverantwortlich und unabhängig von nur einem Unternehmen. Ebenso wichtig ist es, die eigene Karriere selbst in die Hand zu nehmen. Die Trittleiter ist verschwunden, und geblieben ist noch nicht einmal die Aussicht auf eine Strickleiter. Es ist eher wie ein Abenteuerurlaub am Amazonas, zu dem Sie Ihre eigene Machete mitbringen. Sie wissen nicht, was Sie als nächstes tun werden oder ob Sie in einem eigenen Büro oder in einem Aquarium oder sogar von zu Hause aus arbeiten werden. Sie müssen die Verantwortung dafür übernehmen, sich selbst kennenzulernen, um angemessene Berufsfelder zu finden, die Ihrer eigenen Weiterentwicklung dienen und der zunehmenden Bedeutung, die Ihre Familie in Ihren Werten spielt, entgegenkommen.

Das ist eine deutliche Abweichung von dem, was Manager in der Vergangenheit erwarten konnten.

Nun, die Veränderungen, die die Arbeit der Manager betreffen, treten überall in Erscheinung, wenn auch etwas zeitversetzt. Ich stelle zum Beispiel fest, daß die zahlreichen japanischen Teilnehmer meiner Seminare wesentlich mehr Sorgen um ihre Karriere haben als noch vor einigen Jahren. Sie sind völlig durcheinander. Obwohl die Japaner ein wesentlich strukturierteres Leben führen, als wir es jemals getan haben, sitzen sie plötzlich zwischen zwei Stühlen: Auf der einen Seite das totale Management, auf der anderen Seite die Notwendigkeit, Verantwortung für sich selbst übernehmen zu müssen. Was sie so dermaßen verwirrt ist die Tatsache, daß ihre Titel nicht mehr den Stellenwert wie früher haben. Ob sie in Indien waren oder in Frankreich, ob sie ein Direktionsassistent in der Marktforschung waren – jeder wußte, was sie getan hatten. Heute trifft das alles nicht mehr zu, wie uns das Beispiel eines multinationalen Konzerns zeigt: Eine Frau, die gerade eine Fortbildung für Führungskräfte abgeschlossen hatte, erzählte mir, daß sie in fünf Jahren die Assistentin des zweiten Vorstandsvorsitzenden ihrer Bank sein würde. Ich mußte ihr aber leider sagen, daß sie die Stelle zwar vielleicht wirklich bekommen würde, daß es aber lange nicht mehr so viel bedeuten würde, wie sie annahm.

Also nur eine weitere Sprosse auf der Leiter?

Ja, das ist die typische Mentalität der Angestellten in Großunternehmen. Die meisten Angestellten halten die Personalabteilung für eine Art »Übervater«. Als die Personalabteilung von AT&T vor ungefähr dreißig Jahren ihren Höhepunkt erreicht hatte, war sie der eigentliche Machtfaktor des Unternehmens. Mit ihren zahlreichen Tests und Karriereplanungen wußte man genau, daß ein ganz bestimmter 27jähriger es mit 45 nicht weiter als bis zum Assistenten des Betriebsleiters gebracht haben würde. Sie wußten zwar nicht, ob er in Nebraska oder in Florida sein würde. Aber solange er nicht etwas ganz Außergewöhnliches tat, war seine berufliche Laufbahn bis zur Pensionierung vorgezeichnet.
Die Zeiten haben sich sicherlich geändert. Und eigentlich haben die Angestellten der Telefongesellschaften es immer noch besser getroffen als die meisten anderen, weil sie die Veränderung auf sich haben zukommen sehen. Sie konnten sie nicht ignorieren. Dennoch haben die meisten Angestellten noch immer diese Großkonzernmentalität im Hinterkopf. Wenn sie ihren Job bei Sears verlieren, bewerben sie sich umgehend bei K-Mart, ohne sich darüber im klaren zu sein, daß kleine Firmen die meisten neuen Arbeitsplätze schaffen und dabei oft genauso viel Sicherheit bieten wie die Großen.
Selbst heute sind bemerkenswert wenige Amerikaner in der Lage, sich ihren idealen Beruf vorzustellen. Wenn Sie sie fragen: »Wissen Sie, was Sie besonders gut können? Kennen Sie Ihre Grenzen?«, sehen sie Sie ganz verwundert an. Oder sie geben subjektives Wissen zu besten, aber das ist die falsche Antwort. Wenn sie an ihrem Lebenslauf arbeiten, neigen sie immer noch dazu, Positionen aufzulisten wie die Stufen einer Leiter. Wir sollten endlich aufhören, Berufe und Laufbahnen so zu beurteilen wie bisher, und statt dessen daran denken, eine Herausforderung nach der anderen anzunehmen.

Wie bereitet man sich denn auf diese neuen Managementkarrieren vor?

Eine gute Ausbildung genossen zu haben ist nicht länger ausreichend; noch nicht einmal eine Ausbildung zur Führungskraft. Man sagt, die Verwaltungen arbeiteten neue Beschreibungen solcher Berufsfelder aus, die auf persönlicher Erfahrung beruhen. Ich denke, daß wir die Suche nach objektiven Kriterien wahrscheinlich einfach überspringen und uns der Subjektivität zuwenden müssen, dem, was ich *Kompetenz* nenne. Mögen Sie es wirklich, unter Druck zu stehen? Bewahren Sie die Fassung, wenn es drunter und drüber geht? Fällt es Ihnen leichter, Informationen schriftlich, mündlich oder über Grafiken und Zahlen aufzunehmen? Kürzlich fragte ich einen Manager: »Wenn Sie mit einem Mitarbeiter oder einer Mitarbeiterin zusammensitzen, wissen Sie, worüber Sie reden sollen?« Das Vermögen, sich auf unterschiedliche Menschen einstellen zu können, ist eine extrem wesentliche Fähigkeit. Ich halte diese Form der Selbsteinschätzung schon seit Jahren für wichtig, inzwischen ist sie eine entscheidende Grundlage, um zu überleben.

Menschen, vor allem junge, wünschen sich jede nur erdenkliche Freiheit, jedoch ist es ein Weg voller Schwierigkeiten und Zweifel, herauszufinden, wer man ist und was man am besten kann. Wenn man unser Erziehungssystem unter dem Aspekt betrachtet, ob und wie jungen Menschen Hilfestellungen geleistet werden, damit sie lernen, Verantwortung zu tragen, so erweist es sich mehr und mehr als kontraproduktiv. Je länger die Schulzeit ist, desto weniger Entscheidungen muß man treffen. So hängt zum Beispiel die Entscheidung, ob man Französisch II oder Kunstgeschichte wählt, allen Ernstes oft genug davon ab, ob jemand gern früh aufsteht. Und an Universitäten ist es noch schlimmer.

Wissen Sie, warum das Berufsleben der meisten jungen Menschen bei großen Unternehmen beginnt? Weil viele Hochschulabsolventen nicht in der Lage sind, sich selbst und ihre Fähigkeiten einzuschätzen, wenn die Unternehmen ihre Headhunter aussenden. Doch sobald die Neulinge nach dem Trainerprogramm mit ihrem Job beginnen, müssen sie Entscheidungen für die Zukunft treffen, und niemand nimmt ihnen diese Arbeit ab.

Und wenn sie es dann gewohnt sind, Entscheidungen zu treffen, wandern viele der guten Kräfte innerhalb von drei bis fünf Jahren zu mittelständischen Unternehmen ab, da dort eher die Möglichkeit besteht, ins Topmanagement vorzurücken. Ohne Rücksicht auf das Dienstalter ist es hier einem Mitarbeiter möglich, in die Chefetage zu gehen und zu sagen: »Ich arbeite seit drei Jahren im Rechnungswesen und bin nun in der Lage, in die Marketingabteilung zu wechseln.« Wenn der zweite Job ebenfalls in einem großen Unternehmen gemacht wird, so hängt das meist damit zusammen, daß die Menschen eine Familie gründen und sich mehr Sicherheit wünschen. In Familien mit Doppelverdienern kann das jedoch zu Problemen führen. Wer in kleineren Unternehmen arbeitet, hat eher die Möglichkeit, Arrangements zu treffen, die es sowohl dem Mann als auch der Frau gestatten, den Job innerhalb der gleichen Stadt zu wechseln.

Einige der psychologischen Tests, die zur Zeit entwickelt werden, sind gut geeignet, wenn es darum geht, spezifische Fähigkeiten einzuschätzen. Doch wenn die Weltwirtschaft sich von einem hierarchischen Modell zu einem wissensbestimmten Modell wandelt, warum sollte dann nicht der Grad der Ausbildung bestimmen, wer welchen Job erhält?

Leider neigen wir dazu, eine Person nicht nach ihrem Leistungsvermögen, sondern nach ihren Zeugnissen und Referenzen zu beurteilen. Auch wenn es merkwürdig erscheint, der größte Rückschlag für ein wissensbasiertes Wirtschaftssystem wäre der Trend zu einer Hierarchie der Kopfnicker. Eine derart schleichende Beurteilungshörigkeit läßt sich überall ausmachen. Warum sollten Menschen es für nötig halten, mich darüber aufzuklären, was einen wirklich guten Wissenschaftler ausmacht, wenn er nicht einmal einen Doktortitel hat? Man läuft Gefahr, Irrtümern zu unterliegen, denn wissenschaftliche Abschlüsse stehen einzig und allein auf dem Papier. Um die wahren Fähigkeiten einer Person einschätzen zu können, bedarf es jedoch einer gehörigen Portion Beurteilungsvermögen.

Im Falle einer informationsbasierten Organisationsform hat dieses Problem ein noch größeres Gewicht. Wie Michael Hammer vor drei Jahren im *Harvard Business Review* feststellte, wird, wenn der Umbau eines Unternehmens von einem informations-

orientierten Muster geprägt ist, die Mehrzahl der Managementebenen überflüssig. Die meisten stellen sich im nachhinein als einfache Schaltstellen im Informationsgefüge heraus. Daraus folgt, daß jede Ebene jetzt ein Mehr an Informationsverantwortung trägt. Die meisten großen Unternehmen haben die Anzahl dieser Managementverzweigungen um mindestens 50 Prozent gekürzt, selbst in Japan. Bei Toyota etwa verringerte sich die Anzahl von mehr als zwanzig auf elf. GM hat die Anzahl von achtundzwanzig auf zur Zeit wahrscheinlich neunzehn reduziert, und selbst bei dieser Anzahl wird der Prozeß nicht stehenbleiben. Die Verwaltungen werden immer straffer organisiert.
Dieser Trend führt in Japan zur Zeit zu echten Panikreaktionen, da man dort traditionsgemäß in einer hierarchischen Gesellschaft lebt, die auf sehr subtilen Statusstrukturen basiert. Jeder hat das Ziel, ein *kachó* zu werden, ein Vorgesetzter also oder ein Abteilungsleiter.
Doch auch in den Vereinigten Staaten hat man bislang keine befriedigende Antwort auf dieses Problem gefunden. Auch uns ist nicht klar, wie wir Belohnung und Anerkennung zu nutzen haben, um wirklich kompetente Persönlichkeiten in die wenigen Managementpositionen zu befördern, die noch verbleiben. Ich halte nichts von der populären Theorie, daß eine Generation von Unternehmern unsere Probleme lösen kann. Unternehmer sind von einer Idee besessen. Manager dagegen können unterschiedliche Fähigkeiten miteinander verknüpfen, sie haben das Vermögen, Gelegenheiten und Zeitpunkte förmlich »zu riechen«. Heute ist eine gute Auffassungsgabe viel wichtiger als analytisches Denkvermögen. Die neue Generation von Organisationsformen erfordert die Fähigkeit, grundlegende Muster zu erkennen, um über den eigenen Tellerrand hinaussehen zu können. Man benötigt den durch nichts zu ersetzenden Zuhörer, der einem sagt: »Ich höre uns allen bei dem Versuch zu, das neue Produkt zu verdammen – nur um das alte zu retten.«

Wie finden Sie diese Menschen?

Ein Weg wäre es, kleine Unternehmen als Talentschmieden zu nutzen. Einer meiner fähigsten Freunde wirbt Außenseiter für

kleine Unternehmen seiner Branche ab. Als ich ihm sagte, das mache keinen Sinn, erwiderte er: »Ich fördere Talente. Ich plaziere meine hellsten Köpfe in diesen kleinen Unternehmen, damit sie dort ihren eigenen Arbeitsbereich haben. Sie haben dort all die Aufgaben zu bewältigen, die ein CEO in einem großen Unternehmen wahrnimmt.«
Und wissen Sie, was diese jungen Führungskräfte in ihren neuen Positionen vor allem anderen lernen müssen? Mein Freund fuhr fort: »Wir haben wesentlich mehr Doktoren der Biologie und Chemie als Pförtner, und die müssen erst lernen, daß weder ihre Kunden Doktortitel tragen noch die Leute, die die eigentliche Arbeit verrichten.« Mit anderen Worten: Sie müssen lernen, mit Menschen zu reden, statt Formeln an Tafeln zu schreiben. Sie müssen lernen, Menschen zuzuhören, die nicht wissen, was eine »Regressionsanalyse« ist. Im Endeffekt müssen sie lernen, was Respekt bedeutet und wie wichtig er ist.

Schon das zu lernen, ist schwierig, wie ist es dann möglich, es anderen zu vermitteln?

Sie müssen sich auf die Leistung einer Person konzentrieren. Jeder muß für sich selbst entscheiden, was sein Beitrag sein könnte. Wir müssen fordern – und »fordern« ist in diesem Zusammenhang das richtige Wort, nicht »zulassen«, daß Leute sich Gedanken darüber machen, wie in den nächsten achtzehn Monaten oder zwei Jahren ihr Beitrag zum maximalen Nutzen des Unternehmens aussehen könnte. Dann müssen sie sicherstellen, daß dieser Beitrag von jenen,für die und mit denen sie arbeiten, akzeptiert und verstanden wird.
Die meisten Menschen stellen sich diese Frage erst gar nicht. Wenn ich bei meinen Seminarteilnehmern nachhake, was sie zum Unternehmen beisteuern, blühen sie regelrecht auf und lieben es, darauf zu antworten. Und wenn ich sie dann frage: »Haben Sie auch mit anderen Leuten darüber gesprochen?«, dann lautet die Antwort oft: »Nein, das wäre dumm, weil die es wissen.« Aber natürlich wissen »die« es nicht. Wir haben die simplen Wirtschaftsstrukturen, in denen den meisten bekannt war, was die

anderen taten, vor hundert Jahren hinter uns gelassen. Bauern wußten, was die meisten anderen Bauern taten, und Arbeiter wußten, was andere Fabrikarbeiter taten. Hausangestellte waren mit der Arbeit anderer Hausangestellter vertraut, und genauso ging es der vierten großen Gruppe dieses Wirtschaftszeitalters, den Kaufleuten im Einzelhandel. Niemand mußte etwas erklären. Heute jedoch weiß niemand, was genau der oder die andere tut, selbst innerhalb eines Unternehmens.
Alle, mit denen Sie arbeiten, müssen Ihre Stärken und Schwächen und Vorlieben kennen. Wenn Sie nicht fragen und wenn Sie nichts erzählen, werden sowohl Ihre Kollegen als auch Ihre Untergebenen Sie falsch einschätzen.

Welche Folgen hat dieser Mangel an Kommunikation?

Wenn wir nicht miteinander reden, werden wir nicht die Dinge tun können, die wir wirklich können. Lassen Sie mich ein Beispiel nennen: Die Ingenieure in meinen Seminaren beklagen ohne Ausnahme, daß sie die Hälfte ihrer Zeit damit verbringen, an Berichten herumzufeilen und sie dann herauszugeben – mit anderen Worten, mit einer Sache, zu der sie am wenigsten qualifiziert sind. Sie sind sich noch nicht einmal dessen bewußt, daß sie sie wieder und wieder schreiben müssen. Dabei arbeiten in ihrer unmittelbaren Umgebung unzählig viele mit einer geisteswissenschaftlichen Ausbildung, die diese Aufgaben viel besser wahrnehmen könnten. Die Menschen nehmen ihre tatsächlichen Stärken viel zu selten wahr. So hat mir zum Beispiel ein Ingenieur nach langem Nachdenken erzählt, daß er zwar sehr gut darin sei, das grobe Design, die Grundidee zu formulieren, den letzten Schliff für das endgültige Produkt, die Feinarbeiten, jedoch lieber anderen überlassen würde. Bis dahin hatte er das niemandem, noch nicht einmal sich selbst, eingestanden.

Sie empfehlen aber doch nicht ausschließlich Selbstanalyse, oder?

Nein. Sie müssen nicht nur lernen, Ihre eigenen Fähigkeiten zu verstehen, Sie müssen auch lernen, die Stärken der Männer und Frau-

en einzuschätzen, an die Sie Aufgaben delegieren, aber auch die Ihrer Kollegen und Vorgesetzten. Zu viele Manager gehen immer noch vom Durchschnitt aus. Sie reden noch immer von »unseren Ingenieuren«. Und ich sage: »Mein Freund, Sie haben nicht einfach »Ingenieure«. Sie haben Joe und Mary und Jim und Bob, und jeder von ihnen ist anders.« Sie können nicht länger »die Belegschaft« managen – Sie managen Individuen. Sie müssen sie so gut kennen, daß Sie zu ihnen gehen und ihnen sagen können: »Mary, Sie glauben, daß Sie eine neue Aufgabe bewältigen können. Nun gut, dann müssen Sie lernen, nicht dauernd diesen Komplex mit sich herumzutragen. Vergessen Sie, daß Sie eine Frau sind; Sie sind eine Ingenieurin. Und Sie müssen ein wenig rücksichtsvoller sein. Schneien Sie nicht erst am Freitagnachmittag um zehn vor fünf herein, um den Leuten zu sagen, daß sie Überstunden machen müssen, wenn Sie es schon um neun Uhr morgens wissen.«
Für Menschen, die eine wissensbasierte Arbeit leisten, liegt der Schlüssel zur Produktivität in der Konzentration auf die wirklichen Aufgaben. Wissen Sie, warum die meisten Beförderungen sich nicht auszahlen? Ein Drittel bildet meiner Erfahrung nach komplette Katastrophen, ein weiteres Drittel verursacht hartnäckige Kopfschmerzen. Nicht mehr als ein Drittel ist wirklich erfolgreich. Die falsche Person am falschen Platz! Der klassische Fall ist die Beförderung des Star-Verkäufers zum Manager im Vertrieb. Dieser Job kann jedem der folgenden vier Aufgabenfelder entsprechen: dem Management der Vertriebsleute, dem Management eines Marktsegments, dem Management einer Marke oder der Weg zum Superverkäufer, der ein völlig neues Gebiet erschließt. Aber niemand macht sich die Mühe, herauszufinden, was wirklich angemessen wäre. Mit dem Ergebnis, daß der Mann oder die Frau, die befördert worden ist, lediglich versucht, mehr von dem zu machen, was zu der Beförderung geführt hat. Das aber ist die sicherste Methode, alles falsch zu machen.

Lassen Sie uns noch einmal darauf zurückkommen, was Ihrer Meinung nach den verantwortlichen Umgang mit Informationen ausmacht und wie dieser in die postkapitalistische Gesellschaft einzuordnen ist.

Viel zu viele Manager denken, Computerspezialisten wüßten, was sie brauchen, um ihren Job zu machen, und welche Informationen sie wem schulden. Computergestützte Informationen sind jedoch tendenziell zu sehr auf unternehmensinterne Informationen gerichtet, nicht auf externe Quellen und wichtige Informationen von und über Kunden. In einem modernen Unternehmen müssen Sie die Verantwortung für Informationen selbst übernehmen, weil dies Ihr wichtigstes Werkzeug ist. Leider wissen die meisten Menschen aber nicht, wie sie damit umzugehen haben. Nur wenige sind Informationsmündig.

Ein Beispiel: Der Manager eines großen Pharmaunternehmens versuchte, die wissenschaftlichen Unterlagen über das Produkt zu bekommen, das er vermarktet. Daraufhin beschwerte sich die für die Dokumentation verantwortliche Mitarbeiterin des Konzerns bei ihrem Vorgesetzten, denn nach deren Vorgaben werden die streng wissenschaftlichen Unterlagen nur an die Wissenschaftler und Juristen des Konzerns herausgegeben. Er mußte sich also an einen externen Berater wenden, der ihm Zugang zu einer Datenbank und damit zu ungefähr zwanzig Artikeln aus verschiedenen Zeitschriften über sein Produkt verschaffte, so daß er auf dieser Grundlage eine sachlich informierende Werbekampagne entwickeln konnte. Der Punkt ist, daß dieser Manager allen anderen meilenweit voraus ist: 99 Prozent seiner Kollegen wissen nicht, daß sie diese Art von Informationen für ihre heutige Kundschaft benötigen, geschweige denn, wie sie an diese Informationen herankommen können. Der erste Schritt ist getan, wenn man sagt: »Ich brauche die Informationen.«

Und viele Menschen erkennen die Bedeutung dieses Schrittes nicht. Ich berate einen Informationsmanager in einer großen Finanzinstitution, die 1,5 Milliarden Dollar in Informationssysteme investiert hat. Wir redeten den ganzen Morgen mit den acht Frauen und zehn Männern, die in seiner Abteilung arbeiteten. Sie waren alle äußerst intelligent, aber niemand hatte sich ernsthafte Gedanken darüber gemacht, welche Informationen sie benötigten, um ihre Kunden bedienen zu können. Als ich sie mit meiner Feststellung konfrontierte, sagten sie: »Aber werden wir das nicht vom Chef erfahren?« Wir entschlossen uns schließlich, uns einen

Monat später noch einmal zu treffen, so daß sie die harte Arbeit hinter sich bringen konnten, zu definieren, welche Informationen sie benötigten, und – noch wichtiger – welche sie nicht benötigten.

Also beginnt der Weg eines Managers zum verantwortlichen Umgang mit Informationen beim Aufspüren von Wissenslücken?

Genau. Wer das kleine Einmaleins der Informationskunst beherrschen will, muß erst einmal lernen, was er überhaupt wissen muß. Es wird viel zuviel über Technologie geredet oder, noch schlimmer, über die Geschwindigkeit – immer muß alles schneller, schneller werden. Diese Technikverliebtheit führt dazu, daß wir die eigentliche Natur der Information in modernen Unternehmen aus dem Auge verlieren. Um festzulegen, auf welche Weise ein Auftrag ausgeführt wird, müssen Sie ein bestimmtes Aufgabenfeld definieren, dann den tatsächlichen Informationsbedarf berücksichtigen und schließlich das menschliche Beziehungsgeflecht, das notwendig ist, damit diese Arbeit geleistet werden kann, einbeziehen.
Ein Unternehmen wirklich neu zu strukturieren heißt heute, die Wende vom Warenverkehr zum Informationsverkehr zu schaffen. Der Computer ist in diesem Prozeß nichts anderes als nur ein Werkzeug. Oder, um es in die Worte des Verlagswesens zu fassen, wer mit einer Schreibmaschine umgehen kann, ist noch lange kein Schriftsteller. Nun, da weltweit Wissen den Platz des Kapitals als treibende Kraft eines Unternehmens einnimmt, ist es nur allzu leicht, Daten mit Wissen zu verwechseln und Informationstechnologie mit Information.

Welches ist das größte Problem, das sich den Managern stellt, die mit »Informationsexperten« zusammenarbeiten?

Eine der gravierendsten Verschlechterungen der letzten vierzig Jahre ist die Annahme, daß sie »gewöhnlich« sind – nur weil sie sich verständlich machen können. Als ich aufwuchs, galt es als sicher, daß Wirtschaftswissenschaftler, Physiker, Psychologen – im Endeffekt Meinungsführer einer jeden Disziplin – sich verständlich machen können. Einstein hat Jahre mit drei verschiedenen Mitarbeitern zugebracht, nur um dem Laien seine Relativitätstheorie zugänglich zu machen. Selbst John Maynard Keynes tat sein Bestes, um seine Wirtschaftslehre in verständliche Worte zu fassen. Aber gerade vor ein paar Tagen hörte ich, wie ein älterer Wissenschaftler die Arbeit eines jüngeren ablehnte, weil mehr als fünf Leute verständen, woran er arbeite!

Wir können uns eine solche Arroganz nicht leisten. Wissen ist Macht, deshalb haben die Menschen in der Vergangenheit oftmals ein Geheimnis daraus gemacht. Im Postkapitalismus entsteht die Macht erst durch die Verarbeitung von Informationen, dadurch daß sie produktiv gemacht wird, nicht dadurch, daß man sie vorenthält.

Das heißt, daß Sie intellektueller Arroganz gegenüber intolerant sein müssen. Auf welchem Niveau auch immer. Menschen, die wissensbasierte Arbeit leisten, müssen sich verständlich machen, und aus welcher Branche ein Manager auch kommt, er oder sie muß alles daran setzen, andere zu verstehen. Das mag die wesentliche Aufgabe eines Managers sein, der mit Technikern zusammenarbeitet sein. Er oder sie muß nicht nur als Dolmetscher fungieren können, sondern auch die Balance zwischen Spezialisierung und Offenheit finden.

Sich anderen Disziplinen öffnen zu können, ist eine wesentliche Fähigkeit. Nehmen Sie das etwas exotische Beispiel der Wettervorhersage. Dort arbeiten heute Meteorologen, Mathematiker und andere Spezialisten mit Expertenteams für Satellitendaten zusammen. Die Europäer haben versucht, diese verschiedenen Disziplinen miteinander zu verbinden, indem sie Informationsmanager als Vorgesetzte beschäftigten. Die Amerikaner dagegen setzen Leute schon sehr früh im Rotationsverfahren ein. Stellen Sie sich vor, ein Doktor der Meteorologie hat für drei Jahre den Vorsitz in einem Team, das an einem neuen mathematischen Modell für Hurricanes arbeitet. Er ist kein Mathematiker, aber er wird der Arbeitsweise von Mathematikern ausgesetzt, er lernt, wie Mathematiker denken, was sie annehmen, was sie ausschließen, wo ihre Grenzen liegen. Durch diese Kombination von Übersetzung und Offenheit ist die Treffsicherheit der Amerikaner zu Sturmwarnungen um ein Dreifaches genauer als die der Europäer, habe ich mir sagen lassen. Und das Konzept des Sichöffnens eignet sich dafür, jedes beliebige Expertenteam zu leiten.

Ist die Tatsache, daß manche Teams sowohl Offenheit als auch Vermittlung betonen, ausschlaggebend für die große Bedeutung, die das Team heute hat?

Natürlich gibt es auch viel unsinniges Gerede über die Rolle des Teams – als sei das etwas völlig Neues! Wir haben schon immer in Teams gearbeitet. Während es aber beim Sport unzählige Ausprägungen des Teams gibt, können wir für unsere Zwecke nur aus einigen wenigen Modellen auswählen. Der kritische Punkt ist die Auswahl des adäquaten Modells für eine ganz bestimmte Arbeit. Sie können Fußball und ein Tennisdoppel nicht miteinander verbinden.
Es ist abzusehen, daß das traditionellste Team in einigen Jahren seine Auferstehung feiern wird, nämlich dasjenige, das erst forscht, dann die Idee zur Weiterentwicklung an die Ingenieure und schließlich zur endgültigen Fertigstellung an die Herstellung gibt – wie in einem Baseballteam.
Die große Stärke des Baseballteams ist, daß Sie sich auf eine Sache konzentrieren können. Da ist etwa der Schläger – und Sie arbeiten an der Schlagtechnik. Es gibt fast keine Überschneidungen der Aufgaben im Gegensatz zum Fußball oder zur Jazz Combo, dem heutzutage meist praktizierten Teammodell. Das Fußballteam bewegt sich im Einklang, aber jeder behält seine ungefähre Position inne. Die Jazz-Combo verfügt über eine noch größere Flexibilität, weil jeder einzelne den anderen so genau kennt, daß sie alle genau fühlen, wann es an der Zeit ist, der Trompete den Solopart zu überlassen. Dieses Modell verlangt nach ungeheurer Disziplin und wird deshalb vermutlich fallengelassen werden, besonders in der japanischen Autoindustrie, weil wir einfach nicht mehr mit so großer Geschwindigkeit neue Modelle entwickeln müssen wie bisher.
Ich kenne viele deutsche Unternehmen, die dem Baseballteam-Modell nacheifern, ob sie es nun wissen oder nicht. Ihre Stärke liegt

auf der Hand: Sie sind großartig darin, altes Wissen auszuschöpfen und weiterzuentwickeln, und Deutschlands mittelständische Unternehmen mögen deshalb so viel besser sein als ihre großen Schwestern, weil sie schlicht und ergreifend konzentrierter arbeiten. Wenn es jedoch darum geht, etwas Neues zu entwickeln – von der Elektronik bis zur Biotechnologie –, mögen Deutschlands Wissenschaftler zwar gute Arbeit leisten, ihr berühmtes Ausbildungssystem bremst Innovationsleistungen aber ungemein.

Unabhängig von den üblichen Euphorien: Können Teams einer Führungskraft wirklich helfen, eine postkapitalistische Gesellschaft zu steuern?

Wenn wir über Teamarbeit nachdenken, hilft uns das, das etwas allgemeinere Problem des Umgangs mit Wissen zu beleuchten. Wenn es um die Schaffung grundlegend neuen Wissens geht, sind die britischen Teams, die ich kennenlerne, allen anderen meilenweit voraus. Allerdings haben sie nie besonders viel Nutzen daraus ziehen können, zum Teil, weil zahlreiche britische Unternehmen Technikern nicht allzu große Wertschätzung entgegenbringen. Ich kenne nicht einen einzigen Ingenieur, der dort im Topmanagement säße. Bei meinen japanischen Freunden dagegen ist es genau umgekehrt: Während sie sich noch immer nicht auf speziellen wissenschaftlichen Gebieten hervortun, sind sie in der Lage, Wissen sehr schnell und produktiv umzusetzen. In den USA haben wir es, was diese Fähigkeit angeht, auch noch nicht sehr weit gebracht. Die Automobilindustrie war bis vor kurzem noch mit den Leistungen zufrieden, die sie schon 1939 erbracht hat. Wie wir aber in Ansätzen in der Computerindustrie und in der Biotechnologie sehen, wachsen wir vielleicht über uns selbst hinaus, wenn es um bahnbrechende neue Technologien geht.

Welche Schlüsse sollte der Manager aus all diesen Erkenntnissen ziehen?

Folgern Sie daraus, daß die Produktivität des Wissens sowohl eine qualitative als auch eine quantitative Dimension hat.

Obwohl wir sehr wenig darüber wissen, erkennen wir, daß Führungskräfte sowohl Spezialisten leiten als auch Verbindungen zwischen zahlreichen Wissensbereichen schaffen sollten. Diese Situation ist für den traditionellen Manager, der um keinen Preis als Intellektueller gelten will, so gefährlich wie für den Intellektuellen, der fürchtet, zu kommerziell zu sein, um noch Ansehen in seiner Disziplin zu genießen. In der postkapitalistischen Gesellschaft aber müssen Intellektuelle und Nichtintellektuelle gemeinsam in einem Team spielen.

Das hört sich sehr demokratisch an. Wird in der postkapitalistischen Gesellschaft, die mehr von Wissen als von Kapital abhängt, das Gleichheitsideal verwirklicht werden?

Nein. Beide Begriffe treffen den Kern nicht. Demokratie bezieht sich auf eine begrenzte politische und gesetzliche Organisation. Ebensowenig will ich den irreführenden Begriff der Partizipation verwenden. Noch schlimmer hört sich das Konzept des Empowerment an. Es ist kein großartiger Fortschritt, oben Macht wegzunehmen und unten zuzuführen. Macht muß vielmehr durch Verantwortung ersetzt werden.
Und da wir schon beim Thema sind: Ich bin auch mit der Bezeichnung *Führungskraft* nicht mehr einverstanden, weil sie zwangsläufig die Existenz Untergebener impliziert. Ich empfinde mich eher als ausführende Kraft, weil das auch die Verantwortlichkeit für einen bestimmten Bereich umfaßt, aber nicht notwendigerweise die Gewalt über andere Menschen. Das Wort »Boß«, das während des Zweiten Weltkrieges entstanden ist, ist insofern hilfreich, als es die Rolle des Mentors suggeriert, der Ihnen in Ihren Entscheidungen den Rücken stärken kann. Moderne Unternehmen müssen die Vorgesetzten-Untergebenen-Polaritäten hinter sich lassen und sich statt dessen einer Mischung aus Sponsoren-Mentoren-Beziehungen zuwenden. Im traditionellen Unternehmen – dem der letzten hundert Jahre – entsprach das Skelett, oder die innere Struktur, einer Kombination aus Rang und Macht. Die nun entstehenden Unternehmen müssen auf gegenseitiges Verständnis und Verantwortung setzen.

ANMERKUNGEN

EINFÜHRUNG

1 Es gibt keinen besseren – und unterhaltsameren – Weg, um zu erfahren, wie Drucker dazu kam, die Managementstrukturen bei GM zu untersuchen, als sein Buch *»Adventures of a Bystander«* (New York, 1979) zu lesen. Es sind seine Erinnerungen an die Leute und Ereignisse, die ihm dazu verhalfen, seine Vision der Welt zu erschaffen. Das gilt auch für das Buch, aus dem die Zitate in der Einführung stammen. Die Themen seiner Artikel reichen von Anekdoten über seine Lehrer im Wien vor Ausbruch des Ersten Weltkrieges über seine Erfahrungen in der Bank Freedberg & Co in London bis hin zu Begegnungen mit Persönlichkeiten wie Sigmund Freud oder Henry Luce (Time Life). Druckers enorme Neugierde und seine intellektuelle Energie, seine analytischen Fähigkeiten und sein Auge für vielsagende Details, sein Mißtrauen gegenüber alten Weisheiten und nicht zuletzt sein Hang zu unkonventionellen Entscheidungen spiegeln sich in all seinen Werken wieder: Kurz, dies sind die Qualitäten, die seine Arbeiten über das Management definieren und die es so interessant machen, seine Artikel nicht nur einmal, sondern immer wieder zu lesen.

2 Seit 1959 wählt eine unabhängige Jury aus CEO und Managementberatern jährlich die beeindruckendsten Artikel aus, die in der *Harvard Business Review* veröffentlicht wurden, und verleiht ihren Autoren Preise, die von der McKinsey-Stiftung zur Verfügung gestellt werden.

KAPITEL 3

(Die grundlegenden Prinzipien)
Nach dem Peter-Prinzip neigt jeder Angestellte in einer Hierarchie dazu, sich so lange weiterzuentwickeln, bis er sein Inkompetenz-Niveau erreicht hat.
(Laurence J. Peter und Raymond Hull, *The Peter Principle: Why Things Go Wrong,* New York, 1969)

KAPITEL 4

1 Siehe Theodore Levitt, *»Creativity Is Not Enough«, Harvard Business Review* 41, Nr. 3 (1963), S. 72

KAPITEL 6

1 Sehr deutlich wurde dies dargelegt von J. Roger Morrison und Richard F. Neuschel in ihrem Beitrag *»The Second Squeeze on Profits«, Harvard Business Review* Jg. 40, Nr. 4 (1962), S. 49; siehe auch Louis E. Newman und Sidney Brunell, *»Different Dollars«, Harvard Business Review* Jg. 40, Nr. 4 (1962), S. 74.
2 Morrison und Neuschel, *»Second Squeeze on Profits«;* John Dearden, *»Profit-Planning Accounting for Small Firms«, Harvard Business Review* Jg. 41, Nr. 2 (1963); S. 66.

KAPITEL 7

1 James P. Womack und Daniel T. Jones, *»From Lean Production to the Lean Enterprise«, Harvard Business Review,* Jg. 72, Nr. 2 (1994), S. 93–103
2 EVA habe ich in beträchtlicher Länge in meinem Buch aus dem Jahre 1964 dargestellt: *»Managing for Results«;* aber die letzte Generation der klassischen Ökonomen, Alfred Marshall in

England und Eugen Böhm-Bauwerk in Österreich, diskutierte sie schon in den späten 90er Jahren des 19. Jahrhunderts.

3 C. K. Prahalad und Gary Hamel, *»The Core Competence of the Corporation«*, *Harvard Business Review*, Jg. 68, Nr. 3 (1990), S. 79–91

KAPITEL 8

1 Siehe Philip Woodruff, *»The Men Who Ruled India«*, insbesondere Band I, *»The Founders of Modern India«* (New York 1954) Wie das System im Alltag funktionierte, wird in *»Sowing«* (New York 1962), Band I der Autobiographie von Leonard Woolf (Virginia Woolfs Ehemann) hervorragend geschildert.

2 Alfred D. Chandler Jr. hat diesen Prozeß in seinen zwei Büchern *»Strategie und Struktur«* (Cambridge 1962) und »The Visible Hand« (Cambridge, Harvard University Press, 1977) meisterhaft nachgezeichnet – sicherlich die beste Studie über die Verwaltungsgeschichte einer großen Institution. Den Prozeß selbst und seine Ergebnisse habe ich in zweien meiner Bücher, *»The Concept of the Corporation«* (New York 1946) und *»The Practice of Management«* (New York 1954) präsentiert und analysiert.

KAPITEL 10

Ein gutes Beispiel ist der Artikel von Myles Mace *»The President and the Board of Directors«* in der *Harvard Business Review*, Jg. 50, Nr. 2 (1972), S. 37

KAPITEL 11

1 Zu den wenigen Versuchen, das *working smarter* auf die Krankenpflege anzuwenden, gehören die Arbeit Roxanne Spitzers:

»Nursing Productivity: The Hospitals Key to Survival and Profit« (Chicago 1986) sowie das Buch *»Creating New Health Care Ventures«* von Regina Herzlinger (Gaithersburg 1991).

2) Siehe Michael Hammer, *»Reengineering Work: Don't Automate, Obliterate«, Harvard Business Review,* Jg. 68, Nr. 4 (1990), Seite 104–112; sowie Peter F. Drucker, *»Permanent Cost Cutting«, Wall Street Journal,* 11. Januar 1991.
3) Siehe Boris Emmet und John E. Jeucks, *»Catalogues and Counters: A History of Sears, Roebuck & Company«* (Chicago 1965)
4) In meinen Büchern aus dem Jahre 1942, *»The Future of Industrial Man«* (Westport 1978, Neuauflage des Originals) und aus dem Jahre 1950, *»The New Society«* (Neuauflage, 1982), postulierte ich den »verantwortlichen Arbeiter« als »Teil des Managements«. Edwards W. Deming und Joseph M. Juran entwickelten das, was wir heute als »Qualitätszirkel« und »Total Quality Management« kennen, aus den Schlußfolgerungen ihrer Kriegserfahrungen. Schließlich wurde dieses Konzept von Douglas McGregor in seinem Buch aus dem Jahre 1960 *»The Human Side of Enterprise«* (New York 1985, Neuauflage zum 25. Geburtstag) auf beeindruckende Weise dargestellt (siehe »Theorie X« und »Theorie Y«)

KAPITEL 12

1) Robert Kaplan: *»Yesterdays Accounting Undermines Production«, Harvard Business Review,* Jg. 62, Nr. 4 (1984), S. 95–101

ÜBER DEN AUTOR

»Die Kunst des Managements« ist die Veröffentlichung des dreißigsten Buches von Peter F. Drucker. In dreizehn der vorausgegangenen 29 Bücher – das erste erschien im Jahr 1939 – steht das Thema Management im Mittelpunkt. 13 weitere beschäftigen sich mit Gesellschaft, Wirtschaft und Politik, zwei Erzählungen und eine Autobiographie runden das Werk ab.
Hinzu kommt, daß Peter F. Drucker mehr als dreißig Artikel in der *Harvard Business Review* veröffentlicht hat. Viele dieser Artikel sind mit dem McKinsey Award ausgezeichnet worden. Immer wieder hat er Beiträge für Zeitschriften wie *The Atlantic Monthly* verfaßt und war von 1975 bis 1995 Kolumnist des *Wall Street Journal*.
Seinen ersten Vertrag als Unternehmensberater schloß er 1940 ab. Seitdem hat er diese Tätigkeit überall auf der Welt ausgeübt, in den Vereinigten Staaten, in Europa, Lateinamerika und Asien, hat große und kleine Unternehmen, Regierungsbehörden und gemeinnützige Organisationen beraten. Er ist Ehrenvorsitzender der *Peter F. Drucker Foundation for Nonprofit Management*.
Nachdem er von 1939 bis 1942 am Sarah Lawrence College in New York und von 1942 bis 1949 am Bennington College in Vermont unterrichtet hatte, wurde Peter F. Drucker 1950 zum Professor für Management an die *Graduate Business School* der New York University berufen. 1971 erhielt er die Clarke-Professur für Sozialwissenschaften und Management an der *Graduate Management School* der Claremont University. Dort unterrichtet er auch heute noch.
Ihm zu Ehren benannte die Claremont University ihren Graduiertenstudiengang für Managementwissenschaften nach seinem Namen. Ehrendoktorwürden von Universitäten in den USA, in Belgien, der Tschechischen Republik, Japan, Spanien, der Schweiz und Großbritannien wurden ihm zuerkannt.

REGISTER